DaF
im
Unternehmen B1/B2

Übungsbuch

Ilse Sander
Nadja Fügert
Regine Grosser
Claudia Hanke
Klaus F. Mautsch
Daniela Schmeiser

B1

B2

Ernst Klett Sprachen
Stuttgart

Symbole in DaF im Unternehmen B1/B2 Übungsbuch:

▶ 2|36 Verweis auf CD und Tracknummer

› G: 2.1 Verweis auf den entsprechenden Abschnitt in der Grammatik zum Nachschlagen

› KB: B2 Verweis auf die passende Aufgabe im Kursbuch

› ÜB: B3 Verweis auf die passende Übung im Übungsbuch

B ⓟ Aufgabentyp aus dem Sprachstandstest BULATS Deutsch-Test für den Beruf

T ⓟ Aufgabentyp aus der Prüfung „telc Deutsch B1+ Beruf" bzw. „telc Deutsch B2+ Beruf"

Ⓖ Grammatikregel

Ⓩ Zusatzübung

Alle Hörtexte und Filme als Audio-CD bzw. DVD im Medienpaket und gratis auf: **www.klett-sprachen.de/daf-im-unternehmen-online**

1. Auflage 1 3 2 1 | 2020 19 18 17

Autoren: Ilse Sander, Nadja Fügert, Regine Grosser, Claudia Hanke, Klaus F. Mautsch, Daniela Schmeiser
Fachliche Beratung: Andreea Farmache, Radka Lemmen, Udo Tellmann
Beratung (Österreich): Edit Hackl (Lienz)
Beratung (Schweiz): Andrea Frater-Vogel (Schaffhausen)

Redaktion: Angela Fitz-Lauterbach, Iris Korte-Klimach
Layoutkonzeption und Herstellung: Alexandra Veigel
Gestaltung und Satz: Franzis print & media GmbH, München
Illustrationen: Juan Carlos Palacio
Umschlaggestaltung: Anna Wanner
Reproduktion: Meyle + Müller GmbH + Co. KG, Pforzheim
Druck und Bindung: Druckerei Plenk GmbH + Co. KG, Berchtesgaden
Printed in Germany

978-3-12-676464-3

MIX
Paper from responsible sources
FSC® C005370
www.fsc.org

Arbeiten mit DaF im Unternehmen B1/B2

DaF im Unternehmen führt von A1 bis B2. In der zweibändigen Ausgabe (A1/A2 bzw. B1/B2) liegen Kurs- und Übungsbuch jeweils in getrennten Büchern vor. Daneben gibt es eine vierbändige Ausgabe (A1, A2, B1 und B2), bei der das Kurs- und Übungsbuch jeweils in einem Band integriert sind. In der vorliegenden zweibändigen Ausgabe kann man den Wechsel vom B1- zum B2-Niveau (bei Lektion 11) an der Farbe erkennen: Der B1-Teil hat die Hauptfarbe Türkis, der B2-Teil hat die Hauptfarbe Blau.

Das Lehrwerk **DaF im Unternehmen** richtet sich an Lernende, die aus beruflichen Gründen Deutsch lernen wollen, weil sie bereits in Deutschland, Österreich oder der Schweiz arbeiten, dort arbeiten wollen oder deutschsprachige Geschäftspartner haben. Es eignet sich auch für junge Erwachsene, die noch nicht im Berufsleben stehen, aber wirtschaftsbezogenes Deutsch lernen wollen.

DaF im Unternehmen vermittelt eine umfassende Handlungsfähigkeit am Arbeitsplatz, indem es von der ersten Lektion an grundlegende berufliche Kompetenzen und Kommunikationssituationen trainiert – oft in Zusammenhang mit real existierenden deutschen Unternehmen. Im Fokus steht die Vermittlung wichtiger sprachlicher und berufsbezogener Fertigkeiten, wie geschäftliche E-Mails verstehen und schreiben, Anweisungen verstehen und geben, Diagramme beschreiben, mit Kunden verhandeln, eine Geschäftsidee oder Produkte vorstellen, eine Selbstpräsentation halten. Daneben werden Grundlageninformationen über Wirtschaftsbereiche sowie landeskundliche Informationen vermittelt, z.B. zu Rechtsformen, Aktien und Börse, internationalem Handel, Messen, Versicherungen oder zur Rolle von Betriebsrat und Gewerkschaften in Deutschland.

Film|1 Zudem informiert **DaF im Unternehmen** über existierende Unternehmen in Deutschland, Österreich und der Schweiz. Das Kursbuch B1/B2 enthält sechs **Firmenporträts** – diese umfassen jeweils einen Film des Unternehmens sowie eine Doppelseite mit Informationen zur Firma und Aufgaben zum Film. Die Filme finden Sie auf der DVD im Medienpaket sowie gratis online unter: **www.klett-sprachen.de/daf-im-unternehmen-online**

DaF im Unternehmen B1/B2 besteht aus einem Kursbuch und einem Übungsbuch mit je 20 Lektionen. Im **Kursbuch B1/B2** ist jede Lektion in fünf Doppelseiten (A bis E) untergliedert, wovon vier (A bis D) jeweils einen thematischen Teil umfassen. Am Ende der Doppelseite D befindet sich der Abschnitt „Aussprache" mit für die Kommunikation relevanten Ausspracheübungen. Auf der linken Seite der Doppelseite E „**Schlusspunkt**" findet man kleine Szenarien. Diese bieten die Möglichkeit, die in der Lektion vermittelten kommunikativen Fertigkeiten in realistischen Rollenspielen selbstständig anzuwenden. Auf der rechten Seite steht jeweils der Lernwortschatz. Im Anhang vom B1-Teil gibt es zusätzlich noch kleine Szenarien in den **Datenblättern** für Partner A und B. Im B2-Teil findet man

stattdessen passend zu jeder Lektion ein doppelseitiges **Schreibtraining**, da die Schreibkompetenz, besonders auf diesem fortgeschrittenen Sprachniveau, eine zentrale Rolle im Berufsleben spielt. In diesem Schreibtraining werden jeweils der Aufbau und passende Stil- bzw. Redemittel einer Textsorte erarbeitet und geübt.

Jede Lektion im **Übungsbuch B1/B2** umfasst acht Seiten. Hier werden der Lektionswortschatz, die Redemittel und die Grammatik in sinnvollen Zusammenhängen geübt. Im Unterschied zum Kursbuch sind die vier Lerneinheiten (A bis D) unterschiedlich lang, je nachdem wie viel Übungsmaterial der Lernstoff in der Kursbuchlektion erfordert. Damit man das Übungsmaterial in Heimarbeit erarbeiten kann, findet man die Lösungen zu den Übungsbuchlektionen im Anhang. Es gibt auch fakultative Übungen – mit **Z** für Zusatzübung gekennzeichnet – die bestimmte Aspekte vertiefen oder besonders hervorheben. Im B1-Teil befindet sich am Ende der siebten Seite der Abschnitt „Rechtschreibung" mit kleinen Übungen zur Orthographie. Je nach Aussprachethema in der Kursbuchlektion korrelieren diese miteinander. Im B2-Teil gibt es keine Übungen zur Orthographie, da im Kursbuch der Schwerpunkt der Rubrik „Aussprache" auf Satzakzent und -melodie liegt und es somit keine korrelierenden Rechtschreibübungen geben kann.

B **P** In **DaF im Unternehmen B1/B2** werden die Lernenden zudem mit Aufgabentypen aus dem **T** **P** Sprachstandstest „BULATS Deutsch" und der Prüfung „telc Deutsch B1+ Beruf" bzw. „telc Deutsch B2+ Beruf" vertraut gemacht.

Der Zusammenhang von Kurs- und Übungsbuch wird durch klare Verweise verdeutlicht.
› KB: B2 Im Übungsbuch wird auf das Kursbuch verwiesen, hier z.B. auf die Aufgabe 2 im Teil B.
› ÜB: B3 Im Kursbuch wiederum gibt es einen entsprechenden Verweis auf das Übungsbuch, hier z.B. auf die Übungssequenz 3 im Teil B.

› G: 2.1 Bei jeder Grammatikaufgabe im Kurs- oder Übungsbuch findet man einen Abschnittsverweis auf die entsprechende Erklärung in der **Grammatik zum Nachschlagen** im Anhang des Kursbuchs, hier z.B. auf den Abschnitt 2.1.

▶ 2|36 Zu **DaF im Unternehmen B1/B2** gibt es ein Medienpaket mit vier Audio-CDs. Auf CD 1, 2, 3 und 4 findet man die Hörtexte zum Kursbuch, auf CD 2 und 4 außerdem die Hörtexte zum Übungsbuch. Bei den **Hörtexten** ist die passende CD samt Tracknummer angegeben, hier z.B. CD 2, Track 36. Darüber hinaus finden Sie alle Hörtexte als MP3 gratis online unter: **www.klett-sprachen.de/daf-im-unternehmen-online**

Das Autorenteam und der Verlag wünschen Ihnen viel Spaß und Erfolg bei der Arbeit mit **DaF im Unternehmen**!

Inhalt B1

Inhalt B2

A Branchen und Produkte

1 Deutsche Unternehmen: In welcher Branche sind sie tätig und was produzieren sie?

a Bilden Sie aus den Silben und dem Nomen „Industrie" Branchennamen und ordnen Sie sie den Produkten
1 bis 10 zu. › KB: A1b

| ~~auto~~ | be | ~~bil~~ | che | dungs | elek | ge | IT | ke | klei | kos | ma | me | mie | mit |
| ~~mo~~ | nah | phar | rungs | stahl | tel | tik | trän | tro |

1. LKWs: *die Automobilindustrie, -n*

2. Hosen: _____

3. Pflanzenschutzmittel: _____

4. Computernetzwerke: _____

5. Apfelsaft: _____

6. Parfum: _____

7. Zucker: _____

8. Aspirin: _____

9. Lampen: _____

10. Blech: _____

b Zu welcher Branche aus 1a gehören die Unternehmen? Formulieren Sie aus den Elementen Sätze. › KB: A1d

1. VW – gehören zu … – und – herstellen – Fahrzeuge

   VW gehört zur Automobilindustrie und stellt Fahrzeuge her.

2. SAP – gehören zu … – und – produzieren – Software

   _____

3. BASF – tätig sein in … – und – herstellen – z. B. Kunststoffe

   _____

4. ThyssenKrupp – arbeiten in … – und – produzieren – z. B. Verpackungsstahl

   _____

5. Bosch – tätig sein in … – und – herstellen – z. B. Produkte – für Haushalt – oder – Fahrzeugbau

   _____

B Wirtschaftsbereiche

1 Nomen und Verben › KB: B1b

a Ergänzen Sie die Ausdrücke mit den passenden Verben.

| ausüben | sein | ~~decken~~ | dienen | erbringen |

1. den Bedarf *decken* _____   A. eine Arbeit für jemanden machen   1. *C*

2. der Herstellung von Waren _____   B. tätig sein   2. ⊔

3. eine Dienstleistung _____   C. das, was jemand braucht, liefern   3. ⊔

4. eine Arbeit _____   D. es gehört einem Betrieb   4. ⊔

5. im Besitz eines Betriebs _____   E. das benutzt man für die Produktion   5. ⊔

b Ordnen Sie die Bedeutung A bis E den Ausdrücken in 1a zu.

2 Was für ein Handwerk, was für Konsumgüter? › KB: B1b

a Lesen Sie die Definition von Handwerk im Kursbuch 1B, 1b, noch einmal und ergänzen Sie das Diagramm.
Notieren Sie auch Beispiele.

Handwerk

1. *produzierendes Handwerk*	2. _____
a. *Schokoladenherstellung (kleiner Betrieb)*	a. _____
b. _____	b. _____

b Erstellen Sie ein Diagramm wie in 2a für Konsumgüter und vergleichen Sie es mit
einem Partner oder schauen Sie in den Lösungen nach.

3 Wessen Dienstleistung? –
Der Genitiv und die Ersatzform mit „von" › KB: B2 › G: 2.1

a Lesen Sie den Tipp und die Regeln im Kursbuch 1B, 2, und ergänzen Sie den Genitiv
in der richtigen Form.

1. die Arbeit d*es* Maler*s* , die Beratung d____ Anwältin____ ,

    die Tätigkeit d____ Arzt____ und d____ Team____

2. die Bearbeitung d____ Aufträge, die Liste d____ Firmen, die Öffnungszeiten d____ Geschäfte

3. die Reparatur ein____ PKW____ , das Streichen ein____ Wand____ , der Bau ein____ Haus____

4. die Reparatur von PKW____ , das Streichen von Wänd____ , der Bau von Häuser____

> **TIPP**
>
> **Genitivendung „-es":**
> 1. Immer bei Nomen im Maskulinum und Neutrum Singular auf „-s", „-ß", „-x", „-z", z. B. der Bu**s** → des Buss**es**, der Gru**ß** → des Gruß**es** das Fa**x** → des Fax**es**, der Besit**z** → des Besitz**es**,
> 2. Öfter bei einsilbigen Nomen, z. B. die Leistung des Arzt**(e)s**, besonders wenn man das Wort dann besser aussprechen kann.

b Lesen Sie die E-Mail an die Geschäftsführerin eines Reisebüros. Was war das Hauptproblem?

a. ☐ Der Mitarbeiter hatte kein Interesse an den Kunden.   b. ☐ Es gab keinen Direktflug.

→ ✉ frauke.simon@travelReisen.de   _ □ ✕

Betreff: Beschwerde

Sehr geehrte Frau Simon,

leider muss ich mich heute über das Verhalten ==Ihres Mitarbeiters==, Herrn Rühl, beschweren.
Mit der Buchung meiner Geschäftsreise gab es ein großes Problem: Ich wollte einen preiswerten Direktflug nach Rio de Janeiro – kein Problem, dachte ich. Aber: Herr Rühl hat sich absolut keine Mühe gemacht: Der Preis keines Fluges, den er mir vorgeschlagen hat, lag unter 2.000 Euro! Außerdem war keiner seiner Vorschläge ein Direktflug, sondern man musste zum Teil zweimal umsteigen. Ich habe ihm erklärt, dass mir seine Vorschläge nicht zusagen. Erfolglos! Er war komplett gelangweilt! Nennen Sie das Dienstleistung?! Als Geschäftskunde erwarte ich mehr Engagement von den Mitarbeitern unseres Reisebüros, sonst muss unsere Firma in Zukunft mit einem anderen Reisebüro zusammenarbeiten.

Mit freundlichen Grüßen

H. Storm
Geschäftsführer Ring GmbH

---

c Lesen Sie die E-Mail in 3b noch einmal markieren Sie die Genitivformen vom Negativartikel („kein-") und vom
Possessivartikel („mein-", „dein-", . . .).

d Schreiben Sie die markierten Genitivformen in die Tabelle und ergänzen Sie die Regel.

	Maskulinum (M)	Neutrum (N)	Femininum (F)	Plural (M, N, F)
Possessiv-artikel	mein_es_ Flug_(e)s_	unser____ Büro____	mein____ Reise	sein____ Vorschläge
Negativ-artikel	kein____ Flug____	keines Büros	keiner Reise	keiner Vorschläge

Die Genitivendungen des Possessivartikels „mein-", „dein-", ... und des Negativartikels „kein-" sind
im Singular: _–es_ , _____ , _____.
Im Plural ist die Endung: _____.

e Lesen Sie den Tipp und die Regeln im Kursbuch 1B, 2, und ergänzen Sie die Genitivformen
oder die Ersatzform mit „von" in den Informationstexten A und B.

A Eine **Dienstleistung** ist eine Arbeit oder Leistung [1] d_er___ Wirtschaft. Sie dient nicht direkt

der Herstellung [2] _____ Ware_____, sondern man erbringt sie sehr oft im Auftrag

[3] ein_____ Kunde_____. Typische Dienstleistungen sind z. B. die Tätigkeiten

[4] _____ Anwälte_____, Berater_____ oder Ärzte_____. Auch die Arbeit [5] ein_____

Handwerker_____ in einem Privathaushalt ist meist eine Dienstleistung.

> **TIPP**
>
> Die meisten Nomen der
> n-Deklination haben auch im
> Genitiv die Endung „-n",
> z. B. der Kunde → des Kunde**n**
> Ausnahmen:
> z. B. der Name → des Name**ns**,
> der Gedanke → des Gedanke**n**
> das Herz → des Herz**ens**

B Investitionsgüter nennt man auch Produktions- oder Kapitalgüter. Die Wahl

[1] d_____ Name_____ hängt vom Gebrauch [2] d_____ Gut_____ ab. Wenn es zur technischen Ausrüstung

[3] ein_____ Betrieb_____ gehört, z. B. Arbeitsmaschinen oder auch die Gebäude [4] d_____ Firma,

nennt man es eher „Kapitalgut". Wenn es als Werkstoff zur Herstellung [5] _____ Erzeugnisse_____ dient,

wie z. B. Kunststoff oder Stahl, verwendet man eher den Begriff „Produktionsgut".

C Wirtschaftsnachrichten

1 Boehringer Ingelheim – ein globales Pharmaunternehmen › KB: C1b

Lesen Sie die Meldungen 1, 3 und 4 im Kursbuch 1C, 1a, noch einmal und ordnen Sie
die Wörter der passenden Bedeutung zu.

1. der Stammsitz	A. Wichtigster Bereich, in dem eine Firma tätig ist.	1. _C_
2. der Schwerpunkt	B. Systematische Suche nach neuen Kenntnissen.	2. ___
3. die Forschung	C. Ort, an dem die Firma seit ihrer Gründung ist.	3. ___
4. die Markteinführung	D. Man bekommt ein Medikament ohne Erlaubnis vom Arzt.	4. ___
5. die Selbstmedikation	E. Etwas tun, damit etwas anderes nicht passiert.	5. ___
6. vorbeugen	F. Ein neues Produkt auf den Markt bringen.	6. ___
7. rezeptfrei	G. Überlegen, ob man etwas macht oder nicht.	7. ___
8. erwägen	H. Sich selbst ohne Arzt mit Medikamenten behandeln.	8. ___

2 Nebensätze mit „damit" und „um … zu" › KB: C2 › G: 4.2, 4.4

› KB: C2 › G: 4.2, 4.4

a Lesen Sie den Tipp und schreiben Sie Sätze mit „um … zu".

1. Das Unternehmen plant neue Markteinführungen.
   (Ziel: Es will weiter wachsen.)

   Das Unternehmen plant neue Markteinführungen, um weiter zu wachsen.

2. Die Geschäftsführer treffen sich. (Zweck: Sie wollen über die Unternehmensziele diskutieren.)

3. Sie erhöhen die Investitionssumme. (Ziel: Sie wollen den Forschungsbereich ausbauen.)

4. Das Unternehmen erwägt einen strategischen Tausch. (Ziel: Es möchte den Bereich „Tiermedizin" weiterentwickeln.)

5. Sanofi plant eine Konferenz. (Ziel: Es möchte die Konditionen des Tauschs besprechen.)

TIPP

- Bei trennbaren Verben steht das „zu" zwischen Vorsilbe und Verbstamm, z. B. Man plant den Tausch, um den Bereich Tiermedizin auszubauen.
- In Sätzen mit „um … zu" oder „damit" sind die Modalverben „wollen" / „möchte-" oder „sollen" nicht möglich, weil das Ziel schon durch „um … zu" oder „damit" ausgedrückt ist.
- In „damit-Sätzen" verwendet man oft das Modalverb „können".

b Formulieren Sie nun die Sätze in 2a mit „damit".

1. Das Unternehmen plant neue Markteinführungen, damit es weiter wachsen kann.

c Schreiben Sie die Sätze mit „um … zu" oder „damit" in die Tabelle. Beginnen Sie zuerst mit dem Nebensatz. Einmal passen beide Konnektoren.

1. Wozu hat Sanofi die Investitionssumme erhöht? (Es will zwei neue Gebäude finanzieren.)
2. Wozu baut Sanofi die Gebäude? (Die Medizintechnik soll mehr Platz haben.)
3. Wozu reist der Abteilungsleiter ins Ausland? (Er möchte den neuen Geschäftspartner treffen.)
4. Wozu bearbeitet man den Text über die Firmengeschichte? (Er soll aktuell sein.)

TIPP

„Wozu?"
Das Wort bedeutet „zu was"? (mit welchem Ziel?) (zu welchem Zweck?).

Nebensatz			Hauptsatz	
1. Um	zwei neue Gebäude	zu finanzieren,	hat	Sanofi die Investitionssumme erhöht.
Damit	es zwei neue Gebäude	finanzieren kann,	hat	Sanofi die Investitionssumme erhöht.

Hauptsatz	Nebensatz		
1. Sanofi hat die Investitionssumme erhöht,	um	zwei neue Gebäude	zu finanzieren.
Sanofi hat die Investitionssumme erhöht,	damit	es zwei neue Gebäude	finanzieren kann.

3 Worauf beziehen sie sich? – Die Präpositionaladverbien › KB: C4 › G: 3.6

a Lesen Sie die Sätze. Markieren Sie die Präpositionaladverbien und die Aussagen, auf die sie sich beziehen. Verbinden Sie beide mit einem Pfeil.

1. Sanofi will in Frankfurt bauen. Dafür hat man sich nach langen Beratungen entschieden.

2. Die Geschäftsführung informiert die Mitarbeiter darüber, dass der Bau bald beginnt.

3. Die Unternehmen planen einen strategischen Tausch. Davon wurde in der Presse berichtet.

4. Beide Unternehmen sehen einen Vorteil darin, dass sie die Bereiche tauschen.

b Schreiben Sie Fragen zu den Sätzen in 3a und antworten Sie kurz.

1. Wofür hat man sich nach langen Beratungen entschieden? – Dafür, dass Sanofi in Frankfurt baut.

4 Wofür? – Dafür./Für wen? – Für den Chef. › KB: C4 › G: 3.6

TIPP

a Lesen Sie den Tipp und stellen Sie dann Fragen zu den markierten Teilen in den Sätzen.

1. Die Personalabteilung hat sich für die Einstellung von Herrn Jürgens entschieden.

   Wofür hat sich die Personalabteilung entschieden?

2. Die Personalabteilung hat sich für Herrn Jürgens entschieden.

   Für wen hat sich die Personalabteilung entschieden?

3. Die Kollegen haben über den neuen Mitarbeiter gesprochen.

   _____

4. In der Firma hat man sehr viel über den Tausch der Geschäftsbereiche gesprochen.

   _____

5. Es geht um die Erhöhung des Umsatzes.

   _____

6. In dem Gespräch geht es auch um die Mitarbeiter in Deutschland.

   _____

> **TIPP**
>
> Wofür?, Womit?, Worüber? etc. fragen nach Sachen oder Handlungen, z. B. Worüber sprecht ihr? – Über den Tausch.
> Für wen?, Mit wem?, Über wen etc. fragen nach Personen, z. B. Über wen sprecht ihr? – Über den Chef.

Z b Antworten Sie auf die Fragen. Verwenden Sie dabei Präpositionaladverbien wie im Beispiel.

1. Worum geht es im Gespräch? (Man will eine neue Strategie entwickeln.)

   Es geht *darum, dass man eine neue Strategie entwickeln will.*

2. Worum kümmert sich die Assistentin? (Die Mitarbeiter bekommen die Informationen.)

   Sie kümmert sich _____.

3. Worüber beschweren sich die Mitarbeiter? (Sie bekommen die Informationen zu spät.)

   Sie beschweren sich _____.

4. Womit ist der Chef einverstanden? (Ein Kollege hilft der Assistentin.)

   Er ist _____.

D Eine Firma präsentieren

1 Das Franchisesystem › KB: D1a

Ergänzen Sie die passenden Wörter in den Lücken.

> betreibt | Dienstleistungen | Franchisegebühren | Franchisenehmer | Schulungen | unterstützt | vereinbart | Vertriebssystem

Franchise ist ein [1] *Vertriebssystem*, das auf Partnerschaft basiert. Ein Unternehmen, der Franchisegeber,

[2] _____ mit einem Partner, dem [3] _____, dass dieser unter dem Namen

und mit den Produkten oder [4] _____ des Unternehmens selbstständig ein Geschäft

[5] _____. Der Franchisegeber [6] _____ den Partner durch Beratung und

[7] _____. Und der Franchisenehmer zahlt in der Regel Eintritts- und [8] _____.

2 Präsentationen halten › KB: D1d

a Welche Teile der Redemittel für Präsentationen gehören zusammen? Ordnen Sie zu.

1.	Ich freue mich,	A.	alle zusammen! (informell)	1. _C_
2.	Dann will ich	B.	ziehe ich ein Fazit.	2. ___
3.	Und zum Schluss	C.	dass ich Ihnen … vorstellen kann.	3. ___
4.	Drittens möchte ich etwas	D.	einige Geschäftszahlen vorstellen.	4. ___
5.	Danach haben wir	E.	über die Vor- und Nachteile sagen.	5. ___
6.	Hallo,	F.	also mit …	6. ___
7.	Ich begrüße Sie herzlich	G.	kurz etwas zu …	7. ___
8.	Zuerst erzähle ich	H.	zweiten Punkt, zu …	8. ___
9.	Zunächst möchte ich Ihnen kurz sagen,	I.	eine Viertelstunde Zeit für Fragen.	9. ___
10.	Damit komme ich zum	J.	ich danke Ihnen für Ihr Interesse.	10. ___
11.	Meine Damen und Herren,	K.	was Sie in … erwartet.	11. ___
12.	Ich beginne	L.	zu meiner Präsentation. (formell)	12. ___
13.	Nun komme ich	M.	ist: …	13. ___
14.	Mein Fazit	N.	zu …	14. ___

b Ordnen Sie die Redemittel der Struktur einer Präsentation zu und notieren Sie sie in der richtigen Reihenfolge.

1. Begrüßung und Einleitung: *Hallo, alle zusammen! (informell), …* _____

   _____

2. Vorstellung der Punkte der Präsentation: *Zunächst …* _____

   _____

   _____

   _____

3. Bei der Präsentation den nächsten Punkt nennen: _____

   _____

4. Schluss und Dank: _____

   _____

3 Arbeitsalltag › KB: D1g

a Lesen Sie die vier kurzen E-Mails. Es fehlt jeweils der Betreff. Entscheiden Sie, welcher Betreff (A bis H) am besten zu welcher Mail passt, und notieren Sie ihn.

Betreff: *Terminabsage*

Sehr geehrter Herr Meyer,
an der Schulung am Freitag kann ich leider nicht
teilnehmen, da ich einen wichtigen Termin bei der Bank
habe. Ich wollte den Termin verlegen, aber leider ist mein
Ansprechpartner ab nächsten Montag in Urlaub und ich
muss unbedingt über meinen Kredit mit ihm sprechen. Bitte
haben Sie Verständnis dafür, dass ich nicht kommen kann.

Mit freundlichen Grüßen – Anna Seele

1

Betreff:

Lieber Klaus,
du wolltest ja diesen Freitag mit mir zur Bank gehen.
Jetzt ist mein Ansprechpartner dort krank geworden.
Man hat mir einen Termin am Montag in vierzehn Tagen
um 17:00 Uhr angeboten. Könntest du da?
Es ist sehr wichtig für mich, denn es geht um die
Konditionen für den Kredit für mein neues Geschäft.

Liebe Grüße – Anna

2

Betreff:

Sehr geehrte Frau Seele,
ich konnte jetzt wegen der Besichtigung der
Geschäftsräume in der Waldstraße mit Herrn Egel
sprechen. Er hat am Donnerstag, den 4.7., und Samstag,
den 6. 7., Zeit – jeweils in der Mittagspause.
Welcher Tag ist für Sie besser?

Viele Grüße – Martin May

3

Betreff:

Sehr geehrter Herr Eckard,
leider muss ich Ihre Rechnung Nr. 25670 vom 05.02.2017
reklamieren: Sie haben nicht 100 weiße Brötchen
berechnet, sondern 100 Muffins.
Bitte schicken Sie mir eine korrekte Rechnung zu.

Mit freundlichen Grüßen – Anna Seele

4

A. Terminabsage C. Krankheit E. Banktermin verschoben G. Falsche Rechnung
B. Falsches Produkt D. Schulung F. Terminzusage H. Termin Besichtigung

---

b ▶ 2|36–38 **Hören Sie Berichte von drei Personen, die sich selbstständig gemacht haben. Was ist richtig (r), was ist falsch (f)? Kreuzen Sie an.**

	r	f
1. Isa Holm-Witt hat lange gebraucht, bis ihr Café erfolgreich war.	☐	☐
2. Horst Lebach war selbstständig, arbeitet jetzt aber wieder in einer Computerfirma.	☐	☐
3. Lara Bäcker ist mit ihrer Selbstständigkeit sehr zufrieden.	☐	☐

Rechtschreibung

1 Wie schreibt man hier den „e"-Laut?

▶ 2|39 **Hören Sie den Text und ergänzen Sie „e", „ee", „eh" oder „ä", „äh".**

Frau [1] S*ee*le [2] h____lt eine Präsentation. Sie begrüßt [3] zun____chst die [4] Teiln____mer. Dann

[5] st____llt sie den Ablauf ihrer Präsentation vor. [6] Zu____rst [7] erz____lt sie von der Gründung ihres

[8] Gesch____fts. Nach einigen Jahren als [9] Ang____stellte wollte sie sich [10] selbstst____ndig machen und

hatte die [11] Id____ mit der [12] B____ckerei. Die [13] Verkaufsfl____che des Shops [14] betr____gt 50 m².

Dort verkauft sie [15] n____ben Brot und Brötchen auch kalte und warme [16] Getr____nke: Wasser, [17] Kaff____,

[18] T____ etc. Das Geschäft [19] g____ht [20] s____r gut!

Grammatik im Überblick

1 Der Genitiv mit possessiver Bedeutung › G: 2.1

Der Genitiv steht in der Regel nicht alleine, sondern als Erklärung oder Attribut zu einem Nomen. Die Frage nach dem Genitiv lautet „Wessen …?, z. B. Wessen Fahrzeuge sind das? – Das sind die Fahrzeuge des Betriebs.

	Maskulinum (M)	Neutrum (N)	Femininum (F)	Plural (M, N, F)
best. Artikel	des Betriebs	des Gut(e)s	der Anlage	der Betriebe / Güter / Anlagen
unbest. Artikel	eines Betriebs eines Kunden	eines Gut(e)s	einer Anlage	Ø Betriebe / Güter / Anlagen / Kunden
Possessivartikel	meines Flug(e)s	meines Büros	meiner Reise	meiner Flüge / Büros / Reisen
Negativartikel	keines Flug(e)s	keines Büros	keiner Reise	keiner Flüge / Büros / Reisen

- **Nomen im Maskulinum und Neutrum** erhalten die Endung „-s" oder „-es",
  z. B. der Betrieb → des Betriebs, der Flug → des Flug(e)s
  immer „-es": Nomen auf „-s", „-ß", „-x", „-z",
  z. B. der Bus → des Busses, der Gruß → des Grußes, das Fax → des Faxes
  öfter „-es": einsilbigen Nomen, z. B. die Leistung des Arzt(e)s, des Gut(e)s, **aber:** des Konsumguts
- **Nomen der n-Deklination:** die meisten Wörter der n-Deklination haben auch im Genitiv die Endung „-n" oder „-en",
  z. B. der Kunde → des Kunden, der Lieferant → des Lieferanten
  Ausnahmen: z. B. der Name → des Namens, der Gedanke → des Gedankens
- **Nomen im Femininum und Plural:** Sie erhalten keine Genitivendung!
  z. B. der Anlage, der Reise, der Haushalte, der Güter
- **Umschreibung mit „von":** Den Genitiv Plural ohne Artikel umschreibt man oft mit „von" + Dativ, wenn es kein Adjektiv gibt, z. B. Herstellung guter Waren → Herstellung von Waren

2 Nebensätze mit „damit" und „um … zu" › G: 4.2, 4.4

Nebensätze mit „damit" und „um … zu" drücken ein Ziel oder einen Zweck aus.

Hauptsatz	Nebensatz		
Sanofi hat die Investitionssumme erhöht,	um	zwei neue Gebäude	zu finanzieren.
Sanofi hat die Investitionssumme erhöht,	damit	es zwei neue Gebäude	finanzieren kann.

Nebensatz			Hauptsatz	
Um	zwei neue Gebäude	zu finanzieren,	hat	Sanofi die Investitionssumme erhöht.
Damit	es zwei neue Gebäude	finanzieren kann,	hat	Sanofi die Investitionssumme erhöht.

Der Nebensatz kann vor oder nach dem Hauptsatz stehen. Wenn das Subjekt in Haupt- und Nebensatz gleich ist, kann man „damit" oder „um … zu" verwenden. Im Nebensatz mit „um … zu" steht kein Subjekt. Hier zeigt der Hauptsatz, wer das Ziel hat, z. B. Boehringer Ingelheim plant den Tausch, um den Bereich Tiermedizin auszubauen.
- In Sätzen mit „um … zu" oder „damit" sind die Modalverben „wollen" / „möchte-" oder „sollen" nicht möglich, weil das Ziel schon durch „um … zu" oder „damit" ausgedrückt ist.
- In „damit-Sätzen" verwendet man oft das Modalverb „können".

3 Präpositionaladverbien › G: 3.6

Präpositionaladverbien kann man zusammen mit Verben und Ausdrücken verwenden, die eine präpositionale Ergänzung brauchen, z. B. sprechen über, sich entscheiden für etc. Sie können sich auf einen Satz beziehen, der vor oder nach dem Haupt- oder Nebensatz steht.

z. B. Sanofi will zwei neue Gebäude bauen. Darüber hat man lange beraten.

z. B. Die Geschäftsführung hat darüber informiert, dass sie eine Vereinbarung unterschrieben hat.

A Krank zur Arbeit?

1 Ich habe starke Bauchschmerzen!

a Krankheiten und Beschwerden: Wie heißen die Nomen? Notieren Sie sie mit dem Artikel. › KB: A1b

bauch-	-cken	er-	-fen	-gen	hals-	hus-	-käl-	-keit	kopf-	ma-	schmer
-schmer-	-schmer-	-schmer-	-schmer-	schnup-	-ten	-tung	rü-	übel-	-zen	-zen
-zen	-zen	-zen

1. *die Bauchschmerzen* _____ 4. _____ 7. _____

2. _____ 5. _____ 8. _____

3. _____ 6. _____ 9. _____

b Arzt und Patient: Lesen Sie den Tipp. Welche Verben passen: a, b oder c? Kreuzen Sie an.
Es passen immer zwei. › KB: A1d

TIPP

1. Krankengymnastik   a. ☒ verschreiben   b. ☒ machen   c. ☐ nehmen
2. Tabletten   a. ☐ essen   b. ☐ nehmen   c. ☐ verschreiben
3. Tropfen   a. ☐ nehmen   b. ☐ geben   c. ☐ trinken
4. mit Salbe   a. ☐ einreiben   b. ☐ einnehmen   c. ☐ behandeln
5. eine Spritze   a. ☐ spritzen   b. ☐ bekommen   c. ☐ geben
6. ein Medikament   a. ☐ einnehmen   b. ☐ einreiben   c. ☐ nehmen

In manchen Sprachen „trinkt" man Medikamente – auf Deutsch sagt man „nehmen" oder „einnehmen".

2 Gründe nennen: „wegen" – Adjektive im Genitiv › KB: A2b › G: 4.3, 4.4, 5.1

a Ergänzen Sie in den Sätzen Nomen aus 1a und die passenden Adjektivendungen im Genitiv nach bestimmtem und unbestimmtem Artikel.

1. Warum macht sich Anton einen Tee? Wegen der stark*en Magenschmerzen* _____.

2. Warum ist er so blass? Wegen der unangenehm__ _____.

3. Warum ist Vera zwei Tage zu Hause geblieben? Wegen des stark__ _____ und
   _____.

4. Wegen eines kompliziert__ _____ problems ist Marga bei der Orthopädin.

5. Wegen einer leicht__ _____ schreibt der Arzt seine Patienten nicht krank.

b Adjektive vor Nomen ohne Artikel. Formulieren Sie Sätze mit den Angaben in Klammern.

1. Wegen starker Übelkeit *fühlt Anton sich schlecht* _____. (Anton – schlecht – sich fühlen)

2. Wegen schrecklicher Schmerzen _____. (Arzt – gehen zum – er)

3. Wegen dauernden Hustens _____. (nehmen – Hustentropfen – Vera)

4. Wegen falschen Sitzens _____. (Marga – haben – Rückenbeschwerden)

c Lesen Sie die Sätze in 2b. Markieren Sie die Genitivendungen der Adjektive, ergänzen Sie die Tabelle und die Regel.

	Maskulinum (M)	Neutrum (N)	Femininum (F)	Plural (M, N, F)
vor Nomen ohne Artikel	wegen dauernd___ Hustens	wegen falsch___ Sitzens	wegen starker Übelkeit	wegen schrecklich___ Schmerzen

Ⓖ

Adjektive im Genitiv vor Nomen ohne Artikel haben folgende Endungen:
Maskulinum und Neutrum Singular: „-_____"; Femininum Singular und Plural (M, N, F): „-_____".

3 Warum fühlte sich das Team nicht wohl? – Adjektive im Genitiv › KB: A2b › G: 4.4, 5.1

a Formulieren Sie Gründe mit den Angaben in Klammern.

1. (der unfreundliche Chef) *Wegen des unfreundlichen Chefs.* _____
2. (eine langweilige Besprechung) _____
3. (dunkle Räume) _____
4. (ein langsamer Kollege) _____
5. (alte Computer) _____
6. (das schlechte Kantinenessen) _____

b Gründe, warum das Team jetzt zufriedener ist. Formulieren Sie das Gegenteil von 3a.

1. *Wegen des freundlichen Chefs.* _____   4. _____
2. _____   5. _____
3. _____   6. _____

Ⓩ 4 Warum? – Wegen ihrer starken Schmerzen: Adjektive im Genitiv nach Possessivartikel › KB: A2b › G: 5.1

a Ergänzen Sie in den Sätzen das passende Nomen.

> Behandlung | Halsschmerzen | Husten | Medikament

1. Wegen ihrer starken *Halsschmerzen* kann Vera kaum sprechen.
2. Vera fühlt sich wegen ihres trockenen _____ nicht gut.
3. Wegen ihrer guten _____ geht es Marga schon besser.
4. Wegen seines guten _____ ist Anton schon wieder gesund.

TIPP

Umgangssprachlich verwendet man „wegen" oft mit dem Dativ, z. B. „wegen seinem kranken Magen".

b Adjektive im Genitiv nach Possessivartikel: Lesen Sie die Sätze in 4a noch einmal, markieren Sie die Adjektivendungen und ergänzen Sie die Regel.

Ⓖ

Adjektive im Genitiv nach dem Possessivartikel haben immer die Endung: „-_____".

B Zum Arzt und danach?

TIPP

Die meisten Menschen gehen zuerst zu ihrem „Hausarzt". In der Regel ist das ein/e Allgemeinmediziner/in.

1 Der richtige Therapeut für ...

a **Wer behandelt welche Beschwerden?**
Notieren Sie die Arzt- bzw. Berufsbezeichnungen.
Manchmal passen zwei. › KB: B1a

1. Erkältung: *Facharzt für Allgemeinmedizin*

2. Rückenbeschwerden: _____

3. Zahnschmerzen: _____

4. Ohrenschmerzen: _____

5. Magenschmerzen: _____

6. Grippe: _____

b ▶ 1|10 **Hören Sie die Ansage auf den Anrufbeantworter im Kursbuch 2B, 1b, noch einmal. Was ist passt: a oder b?**
Kreuzen Sie an. › KB: B1c

1. Sie haben die
   a. ☐ Behandlung   b. ☒ Gemeinschaftspraxis   Menker und Anger angerufen.

2. Unsere Praxis ist wegen einer Fortbildung bis
   a. ☐ Donnerstag, den 16. März   b. ☐ Sonntag, den 19. März   geschlossen.

3. Dr. Mahler übernimmt
   a. ☐ die Vertretung.   b. ☐ die Untersuchung.

4. Wegen der aktuellen Grippe- und Erkältungszeit können Sie sich auch an die HNO-Praxis Dr. Ernst Klinberg
   a. ☐ wenden.   b. ☐ erinnern.

2 Arbeitsunfähigkeit – Das müssen Sie tun! › KB: B3b

T Ⓟ **a** **Lesen Sie den Infotext und ergänzen Sie die Lücken 1 bis 10. Verwenden Sie die Wörter A bis O.**
Jedes Wort passt nur einmal. Es bleiben fünf Wörter übrig.

Bitte [1] *informieren* Sie Ihren Arbeitgeber [2] _____, d. h. vor Dienstbeginn,

telefonisch, per E-Mail oder Fax, dass Sie krank sind. Wenn Sie das nicht können, bitten Sie eine Person,

dass sie das für Sie [3] _____. Wenn der Arzt Sie [4] _____ hat, senden Sie das zweite Blatt

der Krankschreibung „Arbeitsunfähigkeitsbescheinigung" [5] _____ von 3 Tagen an den Arbeitgeber.

Achtung: Vielleicht steht in Ihrem [6] _____ etwas anderes, z. B. dass Sie schon am ersten

Krankheitstag ein [7] _____ vorlegen müssen. Schauen Sie in Ihrem Vertrag nach. Das erste Blatt mit

der [8] _____ schicken Sie bitte auch im [9] _____ von drei Tagen an Ihre Krankenkasse.

Wenn der Arzt Sie noch weiter krankschreibt, informieren Sie den Arbeitgeber noch am selben Tag. Achten Sie auf

diese Regeln. Wenn nicht, kann das ein Grund für eine [10] _____ sein.

A. Arbeitsvertrag   D. berichtet   G. informieren   J. Kündigung   M. unverzüglich
B. Attest   E. Diagnose   H. innerhalb   K. nach   N. Zeitpunkt
C. bald   F. Information   I. krankgeschrieben L. übernimmt   O. Zeitraum

b **„innerhalb": Lesen Sie den Tipp. Was passt: a oder b? Kreuzen Sie an.**

1. a. ☒ innerhalb von 2 Tagen   b. ☐ innerhalb 2 Tage
2. a. ☐ innerhalb der nächsten Woche   b. ☐ innerhalb von der nächsten Woche
3. a. ☐ innerhalb drei Jahre   b. ☐ innerhalb von drei Jahren

TIPP

„innerhalb" + Genitiv
aber vor Zahlen meist
„innerhalb von" + Dativ

3 Krankgeschrieben – Aber was darf man, wenn es nicht schlecht für die Gesundheit ist? › KB: B3c

Was darf man / darf man nicht? Was sollte man / sollte man nicht tun, wenn man krankgeschrieben ist? Lesen Sie die Gründe und formulieren Sie dann Sätze wie im Beispiel.

1. Auto fahren
   (+) Man hat eine Erkältung.   (–) Man hat starke Rückenbeschwerden.

2. fliegen
   (+) Der Arzt ist mit einem Flug einverstanden.   (–) Der Arzt hat es nicht erlaubt.

3. Lebensmittel holen
   (+) Man ist nur noch etwas krank.   (–) Man hat hohes Fieber.

4. vor Ende der Krankschreibung wieder arbeiten gehen
   (+) Man weiß selbst, dass man wieder gesund ist.   (–) Man fühlt sich noch nicht ganz gesund.

5. Sport machen
   (+) Es ist nur eine leichte körperliche Aktivität.   (–) Es ist zu anstrengend.

1. (+) Wenn man eine Erkältung hat, darf man Auto fahren. / Mit einer Erkältung …

(–) Mit starken Rückenbeschwerden sollte man nicht Auto fahren. / Wenn man … hat, …

C Krankgeschrieben – und nun?

1 Die Abwesenheitsnotiz › KB: C1b

a Die Struktur: Ordnen Sie die Elemente in eine sinnvollen Reihenfolge.

Anrede | Telefonnummer / E-Mail der Vertretung | Dank für die Nachricht | Name der Vertretung |
Gruß | eigene Kontaktdaten | Info, wann wieder im Büro

×

1. Anrede: Sehr geehrte Damen und Herren, …

2. Dank für die Nachricht: Vielen Dank für Ihre Nachricht.

---

b Die Redemittel: Ordnen Sie die beiden Teile der Redemittel zu und schreiben Sie sie an die passende Stelle in 1a. Ergänzen Sie die Abwesenheitsnotiz dann mit eigenen Daten.

1. Vielen Dank	A. ab … wieder erreichbar.	1. *C*
2. Bitte wenden Sie sich in dringenden Fällen	B. Grüßen	2. ⌴
3. Ich bin voraussichtlich	C. für Ihre Nachricht.	3. ⌴
4. Mit freundlichen	D. an meine Vertretung, Frau / Herrn …	4. ⌴

c Erreichbar oder nicht? – Verben mit „-bar". Lesen Sie den Tipp und formulieren Sie die Sätze um wie im Beispiel. › G: 7.2

1. Man kann mich ab Dienstag, den 5.4., wieder erreichen.
2. Die Dauer der Krankheit kann man nicht vorhersehen.
3. Die Krankheit kann man aber gut behandeln.
4. Den Arzt kann man immer ansprechen.

1. Ich bin ab Dienstag, den 5.4., wieder erreichbar.

TIPP

„-bar"
Wenn man die Nachsilbe „-bar" an den Stamm eines Verbs anhängt, z. B. erreich**en** → erreich**bar**, erhält dieses die Bedeutung „man kann …". Sätze formuliert man mit dem Verb „sein": Er **ist** erreich**bar** = Man kann ihn erreichen.

2 Warum? Weshalb? – Aus diesem Grund: „deshalb"/ „daher"/„darum"/„deswegen" › KB: C2b › G: 4.1, 4.4

a Lesen Sie zuerst den Tipp. Formulieren Sie dann Sätze wie im Beispiel um und schreiben Sie sie in die Tabelle.

1. Vera war in der HNO-Praxis, weil ihr Hausarzt nicht da war.
2. Weil der Arzt eine Lungenentzündung vermutete, schlug er eine Röntgenaufnahme vor.
3. Da es in der HNO-Praxis kein Röntgengerät gibt, musste Vera zum Internisten gehen.
4. Vera ist sehr froh, weil sie „nur" eine schwere Bronchitis hat.
5. Anton soll beim Marketing anrufen, weil die Chefin die Flyer braucht.

TIPP

„deshalb"/„daher"/ „darum"/„deswegen" können **vor** und **nach** dem Verb des 2. Hauptsatzes stehen.

1. Hauptsatz	2. Hauptsatz
1. *Veras Hausarzt war nicht da.*	*Darum war sie in der HNO-Praxis.*
2. *Der Arzt vermutete eine Lungenentzündung.*	*Er schlug deshalb eine Röntgenaufnahme vor.*
3.	
4.	
5.	

b Was passt: „weil"/„da" oder „deshalb"/„daher"/„darum"/„deswegen"? Achten Sie auf die Stellung vom Verb.

1. Vera hat mehr gehustet als sonst, _weil / da_ sie einen großen Schreck bekommen hat.

2. Der HNO-Arzt hat kein Röntgengerät, _____ hat er Vera zum Internisten geschickt.

3. _____ sie eine schwere Bronchitis hat, muss sie ein Antibiotikum nehmen.

4. Vera kann nicht arbeiten gehen. _____ schreibt sie Anton eine E-Mail.

5. Die Kunden warten auf Nachricht, _____ muss Anton die Anfrage schnell bearbeiten.

3 Die Präpositionen „aus" und „vor" › KB: C2b › G: 4.3, 4.4

Lesen Sie den Tipp und ergänzen Sie „aus" oder „vor".

1. _Vor_ Schreck hat Vera mehr als sonst gehustet.

2. Sie ist krank. _____ diesem Grund bleibt sie zu Hause.

3. Ihr Kind ist wieder gesund. _____ Freude hat sie geweint.

4. Er muss im Bett bleiben. _____ Langeweile sieht er fern.

5. _____ Angst bekam der Patient starke Herzschmerzen.

6. _____ Vorsicht gab ihm der Arzt ein Medikament.

TIPP

Gründe mit „**aus**" oder „**vor**"
- „aus" verwendet man oft mit abstrakten Nomen, z. B. „aus Langeweile"
- „vor" gebraucht man besonders zusammen mit Gefühlen, auf die eine körperliche Reaktion folgt, z. B. „vor Angst zittern", „vor Freude weinen".

D Job und Gesundheit

1 Krankheit und Gesundheitsförderung im Betrieb › KB: D1c

B P **Welches Wort passt: a, b, c oder d? Kreuzen Sie an.**

1. Viele Arbeitnehmer *klagen* über Schmerzen.
   a. ☐ behandeln   b. ☐ haben   c. ☒ klagen   d. ☐ untersuchen

2. Wenn man sich krank fühlt, sollte man zu Hause bleiben und _____.
   a. ☐ sich anstrengen   b. ☐ sich ausruhen   c. ☐ arbeiten   d. ☐ fernsehen

3. Arbeitnehmer, die krank zur Arbeit kommen, können leicht ihre Kollegen _____.
   a. ☐ anstecken   b. ☐ belasten   c. ☐ beschäftigen   d. ☐ krankschreiben

4. Manche Arbeitnehmer _____, dass sie ihre Arbeit verlieren, wenn sie oft krank sind.
   a. ☐ bedauern   b. ☐ erkennen   c. ☐ freuen sich   d. ☐ fürchten

5. Wenn _____ im Beruf sehr hoch ist, steigt das Krankheitsrisiko.
   a. ☐ das Problem   b. ☐ die Arbeit   c. ☐ die Belastung   d. ☐ die Zufriedenheit

6. Ein guter Arbeitgeber _____ auf die Gesundheit seiner Mitarbeiter.
   a. ☐ achtet   b. ☐ aktiviert   c. ☐ fördert   d. ☐ verbessert

2 Der BGF-Gesundheitspreis für erfolgreiche Unternehmen › KB: D1c

B P **Lesen Sie den Artikel. Welche Antwort ist jeweils richtig: a, b oder c? Kreuzen Sie an.**

Gesundheitspreis für Hilti Logistikzentrum in Oberhausen – *Der Mensch im Mittelpunkt*

Für besonders erfolgreiche Gesundheitsprojekte in Betrieben gibt es vom Institut für betriebliche Gesundheitsförderung (BGF-Institut) der AOK Rheinland / Hamburg jährlich einen Gesundheitspreis von 10.000 Euro. 2015 hat die Firma Hilti Deutschland Logistik GmbH in Oberhausen zum zweiten Mal nach 2001 diesen Preis bekommen. In der Firma arbeiten ca. 100 Mitarbeiterinnen und Mitarbeiter. Sie laden, lagern, verpacken und organisieren die Transporte von Hilti-Produkten. Das Zentrum liefert direkt an die Hilti-Kunden in Deutschland, in den Niederlanden, Belgien und Luxemburg. Seit 14 Jahren ist nun die Förderung der Mitarbeitergesundheit ein Thema. Das Ergebnis: Der Krankenstand in der Firma ist sehr niedrig. Es gibt so wenige Krankmeldungen wie noch nie vorher. Die Mitarbeiterinnen und Mitarbeiter nehmen sehr gern an den Veranstaltungen zum betrieblichen Gesundheitsmanagement teil. Viermal pro Jahr trifft sich eine Arbeitsgruppe aus Unternehmensleitung, interessierten Mitarbeitern, Betriebsrat sowie Mitarbeitern der AOK und des BGF-Instituts. Sie macht Vorschläge zur Verbesserung der Gesundheitsförderung in der Firma, z.B. ergonomische Arbeitsplätze, Maschinen, die das Tragen und Packen leichter machen, Schutzkleidung, frisches Obst und Fisch in der Kantine sowie Gesundheitsberatung und -schulungen. An regelmäßigen Gesundheitstagen gibt es z.B. individuelle medizinische Beratung, Informationen zu Arbeitssicherheit oder Entspannungskurse. Der Erfolg: gesunde und motivierte Mitarbeiter!

(Quelle: Hilti Deutschland AG)

1. Preise bekommen vom BGF-Institut Firmen, die
   a. ☒ sehr viel für die Gesundheit der Mitarbeiter tun.
   b. ☐ die Gesundheitsprojekte der AOK fördern.
   c. ☐ der AOK im Rheinland und in Hamburg gehören.

2. Das Logistikzentrum liefert an Kunden
   a. ☐ europaweit.
   b. ☐ direkt nach Holland, Belgien und Luxemburg.
   c. ☐ von Hilti in vier europäischen Ländern.

3. Der Krankenstand in der Firma
   a. ☐ ist seit 14 Jahren ständiges Thema.
   b. ☐ ist sehr stark gesunken.
   c. ☐ ist so niedrig wie immer.

4. Die Arbeitsgruppe macht Vorschläge, z.B.
   a. ☐ zur Verbesserung des Kantinenessens.
   b. ☐ zur Produktion von leichten Maschinen.
   c. ☐ zur Motivation der Mitarbeiter.

3 Wortschatz „Gesundheit und Krankheit" › KB: D1c

› KB: D1c

Lesen Sie den Tipp. Ordnen Sie den Wortschatz dieser Lektion, den Sie lernen wollen, den Kategorien zu. Versuchen Sie es zuerst aus Ihrem Gedächtnis und schauen Sie sich dann die Lektion noch einmal an, um Wörter zu notieren.

1. Krankheit: *die Erkältung, -en, ...*

2. Termin beim Arzt: *Ich hätte gern einen Termin., ...*

3. Ärzte: *der Hausarzt, ̈-e, ...*

4. Behandlung: *ein Schmerzmittel verschreiben, ...*

5. Krankschreibung: *das Attest, -e, ...*

6. Betrieb und Gesundheit: *die Abwesenheit, -en, ...*

> **TIPP**
>
> **Wortschatz lernen**
> Notieren Sie Wörter und Redemittel unter Kategorien oder Oberbegriffen, z. B.
> – Kategorie „Arzt":
>   der Hausarzt, der Internist, ...
> – Kategorie „Behandlung":
>   verschreiben, eine Spritze geben, ...

Rechtschreibung

1 Groß- und Kleinschreibung

a Lesen Sie die Rechtschreibregeln. Markieren Sie dann die Fehler in den Sätzen und notieren Sie die Nummer der Regeln, die man hier nicht beachtet hat.

> 1. Das erste Wort vom Satz schreibt man groß.
> 2. Nach einem Komma schreibt man klein.
> 3. Nach einem Doppelpunkt schreibt man groß, wenn danach ein ganzer Satz kommt.
> 4. Nomen schreibt man groß. Man erkennt Nomen am Artikel oder an der Endung, z. B. „-ung", „-heit", ...
> 5. Die anderen Wortarten, z. B. Verben, Adjektive, Adverbien usw., schreibt man in der Regel klein.
> 6. Man kann die Wortarten in Regel 5 nominalisieren mit dem Artikel „das", z. B. das Lesen, das Schöne.
> 7. Namen, Länder, Kontinente und Sprachen schreibt man groß.

1. Die krankheit war leider Sehr schwer. *4, 5*

2. der Arzt hat marga eine Spritze gegeben. _____

3. Vera macht das arbeiten Spaß, sie arbeitet sehr Viel. _____

4. Das schöne war: sie wurde schnell wieder gesund. _____

5. Die krankschreibung kam zu spät, Denn die Adresse war falsch. _____

6. Der Arbeitgeber war Nicht zufrieden. und er beschwerte sich. _____

b Arbeiten Sie zu zweit. Partner 1 diktiert Text A, Partner 2 Text B. Achten Sie auf die Groß- und Kleinschreibung. Korrigieren Sie sich dann gegenseitig Ihre Texte.

A
Gesundheitsförderung im Betrieb Das Gute ist, dass sich immer mehr Arbeitgeber für die Gesundheit ihrer Mitarbeiter interessieren. Gesundes Essen, Betriebssport oder Entspannungskurse sind Beispiele dafür. Das Arbeiten in so einem Betrieb ist angenehmer und die Motivation steigt. Für die Firma lohnt sich das, denn das Positive ist: Gesunde Mitarbeiter arbeiten besser.

B
Das Klagen der Angestellten über eine zu hohe Arbeitsbelastung ist heute fast „normal". Häufig fehlt Geld, um mehr Personal einzustellen, der Einzelne muss mehr oder zu viel leisten, er fühlt sich nicht wohl und das Krankheitsrisiko steigt. Arbeitgeber sollten auf Beschwerden achten und Lösungen suchen, denn die Gesundheit der Mitarbeiter ist das Kapital einer Firma.

Grammatik im Überblick

1 Gründe ausdrücken – die Präpositionen „wegen", „aus" und „vor" › G: 4.3, 4.4

Mit den Präpositionen „wegen" + Genitiv, „aus" + Dativ und „vor" + Dativ kann man Gründe ausdrücken.
- „wegen" kann man mit allen Nomen verwenden,
  z. B. Wegen des Wetters / Wegen meiner Angst / Wegen der Baustelle gibt es Probleme.
- „aus" verwendet man häufig mit abstrakten Nomen bzw. bei Gefühlen,
  z. B. „aus Angst", „aus Freude", „aus Langeweile" oder in dem Ausdruck „aus diesem Grund".
- „vor" verwendet man oft mit Gefühlen, auf die eine körperliche Reaktion folgt,
  z. B. „vor Kälte zittern", „vor Angst / vor Freude weinen"

2 Adjektive im Genitiv › G: 5.1

	Maskulinum (M)	Neutrum (N)	Femininum (F)	Plural (M, N, F)
bestimmter Artikel	wegen des starken Schmerzes	wegen des kleinen Problems	wegen der leichten Erkältung	wegen der starken Schmerzen
unbestimmter Artikel	wegen eines starken Schmerzes	wegen eines kleinen Problems	wegen einer leichten Erkältung	wegen starker Schmerzen
Possessiv-artikel	wegen meines starken Schmerzes	wegen meines kleinen Problems	wegen meiner leichten Erkältung	wegen meiner starken Schmerzen
Null-Artikel	wegen starken Hustens	wegen falschen Sitzens	wegen leichter Übelkeit	wegen starker Schmerzen

Die Adjektive im Genitiv haben fast immer die Endung „-en".
Ausnahme: Adjektive nach dem Nullartikel Ø im Genitiv Femininum Singular und im Genitiv Plural: Endung „-er".

3 Gründe nennen: Hauptsätze mit „deshalb" / „daher" / „darum" / „deswegen" › G: 4.1, 4.4

Die Verbindungsadverbien „deshalb" / „daher" / „darum" / „deswegen" bedeuten dasselbe wie „aus diesem Grund".
Sätze mit „deshalb" / „daher" / „darum" / „deswegen" sind Hauptsätze. Sie beziehen sich auf einen Grund, der bekannt ist. Dieser Grund steht in dem Satz direkt vor dem Satz mit „deshalb" / „daher" / „darum" / „deswegen".

1. Hauptsatz = Grund	2. Hauptsatz = bezieht sich auf Satz 1
Die Chefin braucht den Katalog morgen.	Darum ist es dringend.
Mein Hausarzt war leider nicht da,	ich war deshalb in einer HNO-Praxis.

4 Gründe nennen: Sätze mit „weil" / „da" › G: 4.2, 4.4

Nebensatz = Grund	Hauptsatz
Weil / Da die Chefin den Katalog morgen braucht,	ist es dringend.

Hauptsatz	Nebensatz = Grund
Es ist dringend,	weil / da die Chefin den Katalog morgen braucht.

5 Wortbildung: Bildung von Adjektiven › G: 7.2

- Wenn man die Nachsilbe „-bar" an den Stamm eines Verbs anhängt, bildet man ein Adjektiv. Dieses Adjektiv hat die Bedeutung „man kann …",
  z. B. erreichen → erreichbar

- Sätze formuliert man mit dem Verb „sein",
  z. B. Er ist erreichbar. → Man kann ihn erreichen.

A Unternehmen stellen sich vor

1 Begriffe aus der Wirtschaftswissenschaft › KB: A1b

a Lesen Sie zuerst die Definitionen. Ordnen Sie dann den drei Begriffen aus der Wirtschaft die passende Definition zu.

1. Dienstleistung
2. Handwerk
3. Industrie

A. Wirtschaftsbereich, in dem Betriebe mit Maschinen Waren in großer Menge herstellen.

B. Wirtschaftsbereich, in dem man keine Waren produziert, sondern mit Waren handelt. Man kann auch für den Kunden als Service ein Problem lösen oder eine Arbeit übernehmen.

C. Wirtschaftsbereich, in dem man meist mit der Hand und ohne große industrielle Maschinen kleine Mengen von Waren (oder Einzelstücke) herstellt oder repariert.

1. ⌐
2. ⌐
3. ⌐

b Welches Produkt, welcher Service gehört zu welchem Wirtschaftsbereich? Manchmal passen die Produkte zu mehreren Wirtschaftsbereichen.

Autos | Bier | Brot | Computerdisplays | Hochzeitsbuffet | Kleidung | Lampen | Medikamente | Mobiltelefone | Möbel | Physiotherapie | Partyservice | Reinigung | Telefonanlagen | Torten | Unternehmensberatung | Umzugsservice

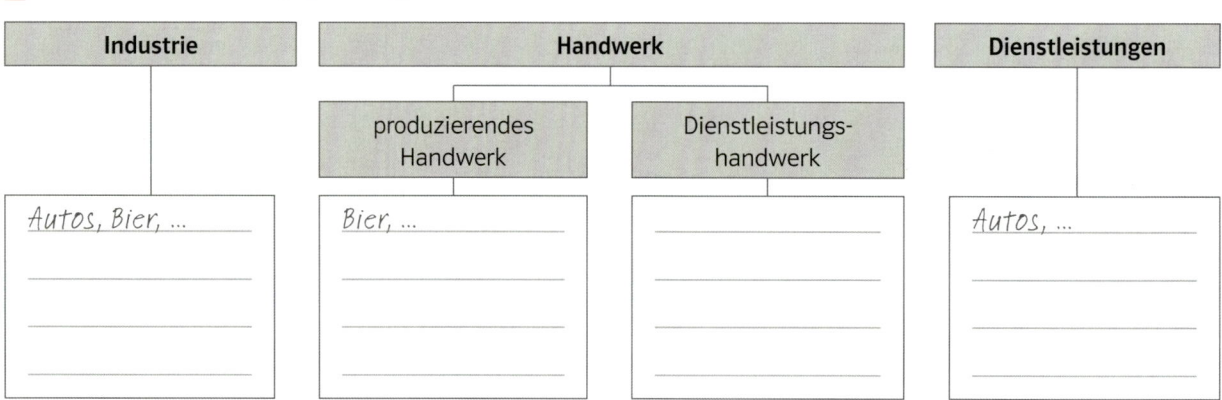

Industrie	Handwerk		Dienstleistungen
	produzierendes Handwerk	Dienstleistungs-handwerk	
Autos, Bier, …	*Bier, …*		*Autos, …*

2 Toi-MäXX – ein Unternehmen präsentieren › KB: A4b

Ergänzen Sie die Wörter aus dem Schüttelkasten in der richtigen Form.

Branche | Dienstleistung | Kunden | Markt | Produkte | Produktpalette | Unternehmen | vertreiben über

Das [1] *Unternehmen* heißt Toi-MäXX. Toi-MäXX ist in der [2] Spielwaren_____ tätig.

Toi-MäXX [3a] _____ die Spielwaren [3b] _____ das Internet und in zwei Geschäften in

Dresden und Leipzig. Toi-MäXX ist ein modernes Unternehmen und entwickelt ständig neue [4] _____:

Vor vier Jahren hat Toi-MäXX Sportgeräte für Kinder in seine [5] _____ aufgenommen und seit einem

Jahr bietet Toi-MäXX eine [6] _____ an: Das Unternehmen organisiert Events für Kinder, zum Beispiel

Kindergeburtstage mit Spielen. Die [7] _____ für diesen Service kommen aus der Region, das

Unternehmen verkauft seine Produkte aber in ganz Deutschland. Der [8] _____ ist groß, denn alle Kinder

wollen spielen.

B Die Geschäftsidee

1 Märkte › KB: B1d

a Bilden Sie zusammengesetzte Nomen mit dem Wort „Markt" und ergänzen Sie den Artikel.

1. die Wirtschaft: *die Marktwirtschaft*
2. die Größe: _____
3. das Ausland: _____
4. die Lücke: _____
5. das Bier: _____
6. der Anteil: _____
7. die Analyse: _____
8. die Einführung: _____

b Welche Erklärung passt zu welchen Ausdrücken in 1a?

A. Wirtschaftssystem: Angebot und Nachfrage für ein Produkt regeln, wie viel der Verkäufer von einem Produkt produziert und zu welchem Preis er es verkauft.   *1*

B. Ein Unternehmen möchte ein neues Produkt verkaufen und untersucht, ob das neue Produkt auf dem Markt Käufer findet.   ⌐⌐

C. Auf dem Markt gibt es noch nicht alles: Hier ist noch Platz für ein neues Produkt.   ⌐⌐

D. Verkaufte Menge eines Produkts in Prozent auf dem Gesamtmarkt.   ⌐⌐

E. Zeigt, wie groß der Markt für ein bestimmtes Produkt ist.   ⌐⌐

F. Prozess, in dem ein Unternehmen den Kunden ein neues Produkt anbietet.   ⌐⌐

G. Der Markt für Bier.   ⌐⌐

H. Der ausländische Markt.   ⌐⌐

2 Elizabeth und Thomas sprechen über Werbung und Vertrieb › KB: B1e

a Ergänzen Sie die Wörter aus dem Schüttelkasten.

> annoncieren | Direktverkauf | lokale Kunden | Mund-zu-Mund-Propaganda | Vertriebskosten | Werbung

Ein wichtiger Punkt ist der Verkauf unserer Biere. Wir möchten keine hohen

[1] *Vertriebskosten* . Wir möchten unsere Biere in der Region an [2] _____ verkaufen.

Wir wollen den Kunden in unserem Ladenlokal Bier anbieten und außerdem beabsichtigen wir, unsere Biere im

[3] _____ an Gastronomiebetriebe und Caterer zu vertreiben. Wir haben schon einige Zusagen.

Wir hoffen, dass uns unsere Kunden weiterempfehlen, denn wir wollen von der [4] _____ profitieren.

Das spart Geld für [5] _____ . Aber wir erstellen natürlich eine Webseite und [6] _____

in der Lokalzeitung.

Ⓩ b Welche Verben passen? Ordnen Sie zu.

1. den Markt
2. in eine Marktlücke
3. einen Marktanteil
4. einen Finanzplan
5. Kunden
6. Werbekosten

A. stoßen
B. vergrößern
C. analysieren
D. gewinnen
E. einplanen
F. erstellen

1. *C*
2. ⌐⌐
3. ⌐⌐
4. ⌐⌐
5. ⌐⌐
6. ⌐⌐

3 Infinitiv mit „zu": Elizabeths und Thomas' Plan für die Brauerei › KB: B2 › G: 4.4

a Verbinden Sie die Satzteile mit dem Infinitiv mit „zu".

1. Wir planen: als Team zusammenarbeiten – die Familienbrauerei weiterführen

   1. Wir planen, als Team zusammenzuarbeiten und die Familienbrauerei weiterzuführen.

2. Wir beabsichtigen: alkoholfreies und kalorienarmes Bier brauen – in eine Marktlücke stoßen

   _____

3. Unsere Idee ist: ein Ladenlokal eröffnen – unser Bier lokalen Kunden anbieten

   _____

4. Wir sind sicher: bald neue Kunden gewinnen – unseren Anteil am Biermarkt vergrößern

   _____

5. Wir hoffen: von der Bank einen Kredit bekommen – viele Kunden gewinnen

   _____

b Infinitiv mit „zu" nach Präpositionaladverbien. Formulieren Sie die Sätze wie im Beispiel. › G: 3.6, 4.4

1. Elizabeth – sich darüber ärgern – nicht genug Eigenkapital haben
2. Thomas und Elizabeth – schon lange daran denken – einen Kredit aufnehmen
3. Elizabeth – davon sprechen – einen Termin mit der Bank vereinbaren
4. Thomas – sich darauf freuen – bald mit der Arbeit beginnen
5. Er – sich darum kümmern – alle Unterlagen zusammenstellen

1. Elizabeth ärgert sich darüber, nicht genug Eigenkapital zu haben.

c Lesen Sie die „dass"-Sätze und die Infinitivsätze. Markieren Sie das Subjekt im Haupt- und im „dass"-Satz. Was ist gleich? Kreuzen Sie dann in der Regel an.

1a. <mark>Elizabeth und Thomas</mark> haben beschlossen, dass <mark>sie</mark> die alte Brauerei modernisieren.
1b. Elizabeth und Thomas haben beschlossen, die alte Brauerei zu modernisieren.
2a. Sie haben sich überlegt, dass sie zu einer Unternehmensberatung gehen.
2b. Sie haben sich überlegt, zu einer Unternehmensberatung zu gehen.

Man kann Infinitivsätze bilden, wenn das Subjekt im Haupt- und Infinitivsatz a. ☐ gleich b. ☐ nicht gleich ist.

d „dass"-Sätze oder Infinitivsätze – was ist möglich? Markieren Sie die Subjekte und verbinden Sie die Sätze.

1. <mark>Die Bank</mark> gibt ihnen den Kredit. <mark>Elizabeth und Thomas</mark> hoffen das.
2. <mark>Die Brauerei</mark> will junge Kunden gewinnen. <mark>Sie</mark> plant das.
3. Thomas möchte den Kontakt zur regionalen Gastronomie pflegen. Er hat das vor.
4. Elizabeth und Thomas haben eine gute Unternehmensberaterin. Es ist wichtig.

1. Elizabeth und Thomas hoffen, dass die Bank ihnen einen Kredit gibt.

2. Die Brauerei plant, junge Kunden zu gewinnen.

e Infinitiv mit „zu" nach „Es ist ..." + Adjektiv

1. Es ist schön, *dich zu treffen* . (dich treffen)

2. Es ist ungesund, _____. (zu viel Alkohol trinken)

3. Es ist wichtig, _____. (Brauerei weiterführen)

4. Es ist verboten, _____. (hier rauchen)

4 Unser Unternehmen … – Redemittel für die Präsentation einer Geschäftsidee › KB: B3a

Lesen Sie die Redemittel und ordnen Sie sie den Abschnitten einer Präsentation zu.

> Uns fehlen … Euro. / Wir brauchen einen Kredit in Höhe von … Euro. | Wir produzieren … / Wir bieten … an. | ~~Guten Tag, wir sind … und wir freuen uns, dass wir Ihnen unsere Geschäftsidee vorstellen dürfen.~~ | Unser Unternehmen heißt … | Ich möchte Ihnen unser Team vorstellen: Wir sind … | Wir möchten … / Wir planen … / Wir beabsichtigen, … | Wir wollen unser Produkt über … verkaufen. / Wir bieten unsere Dienstleistung über … an. | Wir haben den Markt für unser Produkt / unsere Dienstleistung analysiert: … | Der Markt für unser Produkt / unsere Dienstleistung ist … | Als Startkapital bringen wir … Euro Eigenkapital und … in Sachwerten mit.

1. Begrüßung / Einleitung: *Guten Tag, wir sind … und wir freuen uns, dass wir Ihnen …*

2. Die Geschäftsidee: _____

3. Name des Unternehmens: _____

4. Produkt oder Dienstleistung: _____

5. Team: _____

6. Marketing: _____

7. Vertrieb: _____

8. Finanzplan: _____

9. Bitte um Kredit: _____

C Welche Rechtsform passt?

1 Konjunktiv II in Empfehlungen, Ratschlägen und Vorschlägen › KB: C2 › G: 1.4

a Schreiben Sie die Formen von „sollen" im Konjunktiv II in die Tabelle und kreuzen Sie in der Regel an.

ich	du	er / sie / es	wir	ihr	sie	Sie (Sg. + Pl.)
sollte						

Die Konjunktiv-II-Formen und die Präteritumformen von „sollen" sind a. ☐ gleich. b. ☐ nicht gleich.

(G)

b Lesen Sie die Tipps in einem Gründerforum im Internet und ergänzen Sie die Formen von „sollen", „können", „sein" und „werden" im Konjunktiv II. Manchmal gibt es zwei Lösungen.

Wenn man sich mit einer Geschäftsidee selbstständig machen will, [1] *sollte* man auf folgende Punkte achten: Der Name Ihres Unternehmens ist wichtig. Sie [2] _____ den Namen für Ihr Unternehmen gut wählen. Ihr Team [3] _____ zuverlässig sein. Haben Sie genug Startkapital? Wenn ich Sie [4] _____, [5] _____ ich mir eine professionelle Beratung suchen und an Ihrer Stelle [6] _____ ich mich zuerst auf einem Gründerforum informieren. Auch die richtige Rechtsform für Ihr Unternehmen ist wichtig. Wenn Sie wenig Startkapital haben, [7] _____ das eine Mini-GmbH sein. Mit mehr Startkapital [8] _____ Sie eine GmbH gründen – dafür brauchen Sie 25.000 Euro. Aber ich [9] _____ zu einem Beratungstermin bei der IHK gehen, wenn ich Sie [10] _____. Sie [11] _____ auch die Berater eines Jobcenters oder einer Arbeitsagentur fragen.

2 Vermögen › KB: C3

a Die markierten Wörter sind im falschen Satz. Wie heißen die Sätze richtig? Korrigieren Sie.

1. Die Gründer haben 142.000 € gespart und von den Eltern 200.000 € an ~~Sachwerten~~ erhalten.   *Vermögen*
2. Der Onkel von Thomas Wehrle lebt nicht mehr. Thomas hat von ihm Geld bekommen: ein ~~Verlust~~ in Höhe von 95.000 Euro.
3. Auf dem Konto hat Elizabeth 16.000 Euro und an ~~Vermögen~~ eine Immobilie und ein Firmenauto im Wert von 270.000 Euro.
4. Die Brauerei von Thomas und Elizabeth läuft nicht gut. Die beiden machen mit ihrer Firma Minus, nach einem Jahr haben sie schon 200.000 Euro ~~Gewinn~~ gemacht.
5. Die Gründer haben 140.000 Euro und eine Immobilie im Wert von 230.000 Euro in ihr Unternehmen investiert. Das ist ihr ~~Erbe~~.
6. Der Brautmoden-Onlinehandel macht gute Geschäfte. Die Ein-Euro-GmbH hat dieses Jahr schon 10.000 Euro ~~Firmenkapital~~ gemacht.

b Wie heißt das Gegenteil?

1. volle Haftung	A. Produzent	1.	C
2. freiberuflich	B. Verlust	2.	
3. bankrott gehen	C. haftungsbeschränkt	3.	
4. Gewinn	D. unselbstständig	4.	
5. Firmenvermögen	E. wirtschaftlich arbeiten	5.	
6. Konsument	F. Privatkapital	6.	

3 Frau Parker braucht professionelle Hilfe von einem Unternehmensberater › KB: C3

T Ⓟ Lesen Sie die E-Mails auf der nächsten Seite. Was passt: a, b oder c? Achtung: Die Aufgaben stehen nicht in der gleichen Reihenfolge wie die Informationen im Text.

1. Es geht um einen Auftrag,
   - a. ☐ den eine Unternehmensberatung bekommen hat.
   - b. ☐ den Handwerksbräu erhält.
   - c. ☒ den Handwerksbräu einer Unternehmensberatung geben will.

2. Frau Parker
   - a. ☐ verschiebt den Termin am Mittwoch um 14:30 Uhr.
   - b. ☐ vereinbart einen Termin am Mittwoch um 14:30 Uhr.
   - c. ☐ sagt den Termin am Mittwoch um 14:30 Uhr ab.

3. Frau Dr. Massloff beabsichtigt,
   - a. ☐ mit Frau Parker zum Kredit-Gespräch bei der Waller-Bank zu gehen.
   - b. ☐ am Mittwoch die Preisliste für die Beraterhonorare der Unternehmensgründung mitzubringen.
   - c. ☐ sich an der Unternehmensgründung zu beteiligen.

4. Bei Bedarf
   - a. ☐ findet Frau Parker die Preisliste für die Beraterhonorare in der Mail von Frau Massloff.
   - b. ☐ berät die Unternehmensberatung kostenfrei.
   - c. ☐ bekommen Frau Parker und ihr Geschäftspartner einen Kredit von der Bank.

5. Frau Parker, ihr Geschäftspartner und die Unternehmensberaterin Frau Massloff wollen
   - a. ☐ zusammen ein Unternehmen aufbauen.
   - b. ☐ sich am Mittwoch um 14:30 Uhr im Hause der Unternehmensberatung treffen.
   - c. ☐ einen Vertrag schließen.

von: "Elizabeth Parker" <parker@handwerksbraeu.de>

an: "Dr. Sabine Massloff" <s.massloff@unternehmensberatung-massloff-consult.com>

Betreff: Re: Re: Re: Re: Unternehmensberatung

Liebe Frau Massloff,
unser Gespräch war sehr hilfreich. Ich habe mit meinem Geschäftspartner gesprochen und der Preis
für Ihr Paketangebot sagt uns zu. Wir wollen das schriftlich festhalten, bitte schicken Sie uns die
Vertragsunterlagen.
Elizabeth Parker – Handwerksbräu

S. Massloff schrieb:
>Sehr geehrte Frau Parker,
>Zeit und Ort passen mir sehr gut. Danke für die Info, die Unterlagen bringe ich mit.
>Ich freue mich auf unser Treffen am Mittwoch.
>Mit freundlichen Grüßen
>Dr. Sabine Massloff, Unternehmensberaterin Dr. Massloff-Consult

Elizabeth Parker schrieb:
>>Sehr geehrte Frau Dr. Massloff,
>>vielen Dank für Ihre E-Mail. Der 23.11. passt mir sehr gut, aber wäre Ihnen auch ein Termin
>>nachmittags um 14:30 Uhr bei uns möglich?
>>Zu unserer Firmensituation: Wir sind zwei Geschäftsführer. Ein Finanzplan liegt vor. Wir haben
>>zusammen 80.000 Euro Eigenkapital. In Sachwerten 250.000 Euro – Immobilie, Erbe – und hoffen,
>>von der Bank 50.000 Euro Kredit zu bekommen. Wir möchten eine GmbH gründen, haben aber
>>noch Fragen zur Haftung und zum Mindestkapital. Das wollen wir auch mit Ihnen besprechen.
>>Zu den Kosten Ihrer Beratung: Wir sind an einem Projektpreis interessiert, bringen Sie bitte die
>>Unterlagen mit.
>>Mit freundlichen Grüßen
>>Elizabeth Parker – Handwerksbräu

Sabine Massloff schrieb:
>>>Sehr geehrte Frau Parker,
>>>sehr gerne begleiten wir Sie bei der Durchführung Ihrer Geschäftsidee und bei der Vorbereitung
>>>auf die Kreditverhandlung bei der Waller-Bank bzw. bei der Wahl einer Rechtsform für Ihr
>>>Unternehmen. Als Termin für ein erstes Gespräch schlagen wir Ihnen den 23.11. vormittags vor,
>>>vielleicht so gegen 11:00 Uhr? Am besten Sie schicken uns ein paar Daten, damit wir allgemeine
>>>Fragen schon vorher klären können. Wie viel Startkapital haben Sie? Haben Sie einen
>>>Finanzplan erstellt? Wie groß ist Ihr Team, wie viele Gesellschafter sind Sie? Sind Sie die
>>>einzige Geschäftsführerin?
>>>Zu den Kosten: Wir berechnen pro Tag (8 Stunden) zwischen 940 und 1.500 Euro zzgl. MwSt.
>>>Wir bieten aber auch Projekt- und Paketangebote an. Darüber sprechen wir dann in unserem
>>>kostenfreien Gespräch am Mittwoch. Wenn Sie unsere Konditionen vorher ansehen
>>>wollen, finden Sie im Anhang Informationen.
>>>Mit freundlichen Grüßen
>>>Dr. Sabine Massloff, Unternehmensberaterin
>>>S. Massloff – Dr. Sabine Massloff – Unternehmensberatung – *www.massloff-consult.de*
* Berger Landstraße 122 – 130 * 17291 Prenzlau * Tel: 03984 / 947 245 08

D Wo finden Sie Beratung?

1 Gründerszene › KB: D1a

a Notieren Sie den Wortschatz zum Thema „Existenzgründung" von Doppelseite 3D im Kursbuch.

1. Kredit: *der Kredit, der Sofortkredit, der Zins, der Kreditrechner, die Laufzeit eines Kredits, …*

2. Unternehmen / Geschäft: _____

3. Unterlagen: _____

4. Geld: _____

5. Werbung: _____

6. Beratung: _____

B (P) **b** ▶ 2|40–43 **Sie hören vier kurze Gespräche zum Thema „Existenzgründung". Was passt: a, b oder c? Kreuzen Sie an.**

1. Warum besuchen Gründer das Gründerseminar?
   a. [X] Man bekommt eine gute Beratung.
   b. ☐ Man spricht über Ladenmieten.
   c. ☐ Man macht eine Marketinganalyse.

2. Warum hat sich Frau Markel selbstständig gemacht?
   a. ☐ Sie war unglücklich mit der Arbeit.
   b. ☐ Sie war arbeitslos.
   c. ☐ Sie hatte Probleme mit ihrer Chefin.

3. Wann geht es um das Thema „Steuern"?
   a. ☐ Nach der Pause.
   b. ☐ Morgen Vormittag.
   c. ☐ Morgen Nachmittag.

4. Warum brauchen Gründerinnen oft eine spezielle Beratung?
   a. ☐ Weil sie andere Fragen und Wünsche haben als männliche Gründer.
   b. ☐ Weil sie keine Kredite von der Bank bekommen.
   c. ☐ Weil sie ein Netzwerk aufbauen wollen.

Rechtschreibung

1 Zusammengesetzte Nomen mit und ohne Knacklaut

a ▶ 2|44 **Hören Sie die Sätze und schreiben Sie sie. Achten Sie besonders auf die Groß- und Kleinschreibung der Wörter.**

1. *ökologisch* – *ökologisch produzieren* – *Ökoprodukte* sind beliebt.

2. _____ – _____ – Sie ist _____ mit eigener Praxis.

3. _____ – _____ – Ein _____ ist oft Freiberufler.

b Lesen Sie die Sätze aus 1 laut und achten Sie auf den Knacklaut. Markieren Sie ihn.

Grammatik im Überblick

1 Infinitivsätze › G: 4.4

Infinitivsätze sind Nebensätze. Man bildet sie mit „zu" + dem Infinitiv des Verbs.
Beim Infinitiv mit „zu" steht kein Subjekt. Das Subjekt vom Hauptsatz ist das gedachte Subjekt vom Nebensatz.
Vor dem Infinitivsatz mit „zu" steht in der Regel ein Komma, wenn er mehr als zwei Wörter hat.

Die Position von „zu":
– „zu" mit dem Infinitiv steht am Ende des Infinitivsatzes.
    z. B. Es war immer unser Traum, eine kleine Brauerei zu gründen.
– Bei trennbaren Verben steht „zu" zwischen Vorsilbe und Verbstamm.
    z. B. Wir haben beschlossen, zusammen ein Geschäft aufzubauen.

„dass"-Sätze und Infinitivsätze
Aus „dass"-Sätzen kann man Infinitivsätze bilden, wenn das Subjekt im Haupt- und Nebensatz gleich ist,
z. B. Elizabeth und Thomas haben beschlossen, dass sie die alte Brauerei modernisieren.
        Elizabeth und Thomas haben beschlossen, die alte Brauerei zu modernisieren.

Nach unpersönlichen Ausdrücken steht oft der Infinitivsatz:

Es ist + Adjektiv	Nach Ausdrücken wie	Nach Verben der Absicht / des Wunsches
Es ist toll, … zu …	Es ist ein Problem, … zu …	Wir beabsichtigen / planen / haben vor, … zu …
Es ist wichtig, … zu …	Oft hat man keine Zeit, … zu …	Wir hoffen / wünschen / erwarten , … zu …
Es ist interessant, … zu …	Ich habe Angst, … zu …	
Es ist nicht gut, … zu …	Er hat keine Chance, … zu …	

2 Konjunktiv II in Empfehlungen, Ratschlägen, Vorschlägen › G: 1.4

Die Formen von „sollen" im Konjunktiv II.

ich	du	er / sie / es	wir	ihr	sie	Sie (Sg. + Pl.)
sollte	solltest	sollte	sollten	solltet	sollten	sollten

– Vorschlag, Ratschlag,
    z. B. Ihr solltet zu einer Bank gehen. / Du könntest eine GmbH gründen. / Ich würde eine GmbH gründen.
– Empfehlung,
    z. B. Welche Gesellschaftsform würden Sie empfehlen?

Ausdrücke, mit denen man einen Vorschlag, einen Ratschlag oder eine Empfehlung einleitet,
z. B. Wenn ich du / Sie wäre, würde ich ein Gründerseminar besuchen.
        An eurer / Ihrer Stelle würde ich zuerst einen Finanzplan machen.
        Wärst du so nett / Wären Sie so nett und würdest / und würden mir einen Rat geben?
        Ich hätte gerne einen Rat, könntet ihr / könnten Sie mir helfen?

A Eine neue Nachricht

1 Telefonalphabete › KB: A2a

a Lesen Sie den Infotext. Was ist richtig (r), was ist falsch (f)? Kreuzen Sie an.

> ### Buchstabiertafeln
>
> Das deutsche Telefonalphabet (oder auch Buchstabiertafel) konnte man zum ersten Mal 1890 in einem Berliner Telefonbuch lesen. Damals benutzte man noch Zahlen für die Buchstaben, also A = 1, B = 2 etc. Erst ab dem Jahre 1903 verwendete man Namen mit dem Anfangsbuchstaben, so wie wir das heute kennen.
> Es gibt verschiedene Buchstabiertafeln in den deutschsprachigen Ländern: Die österreichische Buchstabiertafel hat einige andere Namen als die deutsche Buchstabiertafel. Auch auf der Schweizer Buchstabiertafel findet man andere Namen. Außerdem gibt es in der Schweiz kein Eszett.
> In der internationalen Kommunikation gebrauchte man das NATO-Alphabet: Viele Wörter des NATO-Alphabets sind international und man spricht sie in vielen Sprachen gleich aus. Das macht die Kommunikation zwischen Gesprächspartnern aus verschiedenen Nationen leichter.

		r	f
1.	Im 19. Jahrhundert benutzte man zuerst Zahlen und Buchstaben.	X	☐
2.	Anfang des 20. Jahrhunderts buchstabierte man mit Hilfe von Namen.	☐	☐
3.	Das österreichische Telefonalphabet und das deutsche Telefonalphabet sind gleich.	☐	☐
4.	Die Schweizer haben die deutsche Buchstabiertafel übernommen.	☐	☐
5.	Im NATO-Alphabet stehen Wörter, die international gleich gesprochen werden.	☐	☐

b Sehen Sie sich das österreichische und Schweizer Telefonalphabet an. Markieren Sie die Unterschiede zum deutschen Alphabet.

TIPP

Drucken Sie die Buchstabiertafel aus und legen Sie sie neben das Telefon.

Das österreichische Telefonalphabet

A	Anton	**K**	Konrad	**ß**	scharfes S
Ä	Ärger	**L**	Ludwig	**T**	Theodor
B	Berta	**M**	Martha	**U**	Ulrich
C	Cäsar	**N**	Nordpol	**Ü**	Übel
D	Dora	**O**	Otto	**V**	Viktor
E	Emil	**Ö**	Österreich	**W**	Wilhelm
F	Friedrich	**P**	Paula	**X**	Xaver
G	Gustav	**Q**	Quelle	**Y**	Ypsilon
H	Heinrich	**R**	Richard	**Z**	Zürich
I	Ida	**S**	Siegfried		
J	Julius	**Sch**	Schule		

Das Schweizer Telefonalphabet

A	Anna	**K**	Kaiser	**U**	Ulrich
Ä	Äsch (Aesch)	**L**	Leopold	**Ü**	Übermut
B	Berta	**M**	Marie	**V**	Viktor
C	Cäsar	**N**	Niklaus	**W**	Wilhelm
D	Daniel	**O**	Otto	**X**	Xaver
E	Emil	**Ö**	Örlikon (Oerlikon)	**Y**	Yverdon
F	Friedrich	**P**	Peter	**Z**	Zürich
G	Gustav	**Q**	Quasi		
H	Heinrich	**R**	Rosa		
I	Ida	**S**	Sophie		
J	Jakob	**T**	Theodor		

2 Sich melden und Name, Telefonnummern und E-Mail-Adressen erfragen › KB: A3

a Telefonieren im Beruf: Wie kann man sich am Telefon melden? Kreuzen Sie an.

1. a. ☒ Guten Tag, hier ist Frau Mohr von der Firma Auer.   b. ☐ Guten Tag. Mohr hier, von der Firma Auer.
2. a. ☐ Hallo, ich bin die Clara Mohr.   b. ☐ Hallo, hier spricht Clara Mohr.
3. a. ☐ Guten Morgen, mein Name ist Mohr, ich arbeite bei der Firma Auer.   b. ☐ Morgen, Auer hier.

b Formulieren Sie Fragen zu den Antworten.

1. *Wie lautet Ihre Durchwahl?* _____ ? Meine Durchwahl ist die 35.

2. _____ ? Ich buchstabiere: A wie Anton, B wie Berta, ….

3. _____ ? Die Ländervorwahl von Frankreich ist die 0033.

4. _____ Die E-Mail-Adresse von Herrn Funke ist:

_____ ? j.funke@kma-hamburg.de.

B Eine Nachricht hinterlassen

1 Nicht zu erreichen › KB: B1a

Ordnen Sie die Ausdrücke für das Telefonieren den Bedeutungen zu.

1. Er / Sie ist nicht am Platz.	A. Er / Sie ist nicht in der Firma.	1. _D_
2. Er / Sie ist auf Dienstreise.	B. Er / Sie telefoniert im Moment.	2. ⌐
3. Er / Sie ist außer Haus.	C. Er / Sie ist beim Mittagessen.	3. ⌐
4. Er / Sie ist zu Tisch.	D. Er / Sie ist nicht am Arbeitsplatz.	4. ⌐
5. Er / Sie spricht gerade.	E. Er / Sie hat ein Treffen mit jemandem.	5. ⌐
6. Er / Sie ist gerade in einer Besprechung.	F. Er / Sie ist beruflich unterwegs.	6. ⌐

2 Höflichkeit am Telefon: Der Konjunktiv II › KB: B2b › G: 1.4

a **Welches Verb passt? Ergänzen Sie das Telefongespräch und markieren Sie die Konjunktiv II-Formen.**

ausrichten | ~~durchstellen~~ | erreichen | verbinden mit | weitergeben | weiterhelfen | zurückrufen

▸ Guten Tag, hier spricht Inge Roth von der Firma Steiner & Co. Würden Sie mich bitte zu Frau Lange

[1] *durchstellen* ___ ? Ich müsste sie dringend sprechen. Leider kann ich sie nicht [2] _____ ,

ihr Apparat ist besetzt. Könnten Sie mir bitte helfen?

▸ Ja sicher. Einen Moment bitte, ich kann Sie [3a] _____ Herrn Schütz [3b] _____ ,

das ist ihr Kollege.

▸ Ja, das wäre prima. Vielen Dank.

▸ Hören Sie, er ist auch nicht am Platz. Kann ich Ihnen vielleicht [4] _____ ?

▸ Ja, gern. Ich hätte nämlich eine Nachricht für Frau Lange. Könnten Sie sie bitte [5] _____ : Frau Lange

soll mich bitte wegen der Verträge mit der Firma Chronos so schnell wie möglich [6] _____ .

▸ Gut, das habe ich notiert. Ich [7a] _____ es ihr [7b] _____ . Dürfte ich Sie noch um Ihren

Namen bitten, ich habe ihn am Anfang nicht verstanden.

▸ Aber gern, Roth ist mein Name, mit „t-h".

▸ Vielen Dank, Frau Roth. Auf Wiederhören.

▸ Auf Wiederhören.

b Schreiben Sie die Konjunktiv II-Formen aus 2a in die Tabelle und ergänzen Sie dann die übrigen Formen.

	haben	sein	können	müssen	dürfen	sollen	werden
ich			könnte				
du		wär(e)st					
er / sie / es					dürfte		
wir	hätten						
ihr				müsstet			
sie						sollten	
Sie (Sg. u. Pl.)							*würden*

c Ergänzen Sie die Formen von „haben" und „sein" im Konjunktiv II.

1. *Hätten* Sie morgen Zeit für ein Meeting?
2. _____ Sie damit einverstanden?
3. _____ Sie die Nummer von Herrn Schmitt?
4. Wann _____ er erreichbar?
5. _____ du einen Moment Zeit?
6. _____ es möglich, später anzurufen?

d Formulieren Sie höfliche Fragen und Bitten im Konjunktiv II mit den Modalverben. Schreiben Sie die Sätze in die passende Tabelle.

1. ich – mit Herrn Mayer – sprechen – müssen – .
2. Sie – die Informationen – weitergeben – können – ?
3. Sie – Ihre Handynummer – geben – mir – können – ?
4. Sie – eine Nachricht – hinterlassen – können – .
5. ich – verbinden – dürfen – Sie – mit Frau Sulzer – ?
6. Sie – noch einmal – anrufen – bitte – müssen – .

Satzklammer

	Modalverb im Konjunktiv II		Infinitiv
1. Ich	*müsste*	*mit Herrn Mayer*	*sprechen.*

Satzklammer

Modalverb im Konjunktiv II		Infinitiv
2. Könnten	*Sie die Informationen*	*weitergeben?*

e Der Chef ruft an: Formulieren Sie die Anweisungen in Sätze mit „würde" um und markieren Sie die Verben.

1. Geben Sie die Information über die Entscheidung bitte schnell weiter.
2. Und informieren Sie bitte auch die Mitarbeiter der Personalabteilung.
3. Versenden Sie bitte das Protokoll der letzten Teamsitzung.
4. Kümmern Sie sich bitte um die nötigen Dokumente.
5. Kopieren Sie bitte die Arbeitserlaubnis.
6. Informieren Sie mich bitte sofort über die Änderungen in unserer Personalplanung.

1. Würden Sie bitte die Information über die Entscheidung schnell weitergeben.

f Der Assistent gibt die Aufträge seines Chefs, Herrn Kunz, an die Sekretärin weiter. Formulieren Sie die Anweisungen von Herrn Kunz einmal als direkte Aufforderung mit dem Modalverb „sollen" und einmal indirekt mit dem Modalverb „möchte-".

1. Bitte rufen Sie Frau Syders so schnell wie möglich zurück. (möchte-)
2. Bitte senden Sie Herrn Schneider die Unterlagen per E-Mail. (sollen)
3. Bitte scannen Sie die Dokumente. (möchte-)
4. Bitte kommen Sie sofort in die dritte Etage. (sollen)
5. Bitte erinnern Sie die Buchhaltung an die Abrechnung. (möchte-)

1. Sie möchten Frau Syders bitte so schnell wie möglich zurückrufen.

2. Sie sollen Herrn Schneider die Unterlagen bitte per E-Mail senden.

TIPP

„möchte-" + Infinitiv: Sprecher gibt einen Auftrag **höflich** weiter, z. B. Sie möchten bitte sofort zurückrufen.
„sollen" + Infinitiv: Sprecher gibt einen Auftrag **deutlich und direkt** weiter, z. B. Sie sollen bitte sofort zurückrufen.

3 Gesprächsnotizen › KB: B3

Lesen Sie die Gesprächsnotiz. Was passt: a oder b? Kreuzen Sie unten an.

Datum: *14.9.2016*	Uhrzeit: *15:10 Uhr*
Anruf von: *Herrn Markov*	**Firma:** *Chronos*
Anruf für: *Frau König*	**Anruf angenommen von:** *Tabea Schneider*
Telefonnummer:	**Faxnummer:**
Mail:	

☐ ruft wieder an   ☒ ruft zurück   ☐ erbittet Rückruf   ☐ bittet um: _____

Betreff: *Herr Markov muss Treffen morgen absagen, meldet sich Ende der Wo. wg. Termin übernächste Wo.*

1. Man verwendet   a. ☐ Artikel.   b. ☐ keine Artikel.
2. Personalpronomen sind   a. ☐ nötig.   b. ☐ nicht unbedingt nötig.
3. Verständliche Abkürzungen sind   a. ☐ möglich.   b. ☐ nicht möglich.

4 Eine Nachricht hinterlassen › KB: B4a

Lesen Sie das Telefongespräch und ergänzen Sie die passenden Redemittel.

~~Was kann ich für Sie tun?~~ | Das richte ich gern aus. | Richten Sie ihm bitte aus, dass … | Möchten Sie eine Nachricht hinterlassen? | Hören Sie? | Einen Moment bitte, …

▶ Steiner und Co, Schneider, guten Tag! [1] *Was kann ich für Sie tun?*

▶ Herzberg hier. Könnte ich bitte Herrn Solokowski sprechen?

▶ [2] _____, ich stelle Sie durch. [3] _____?
Herr Solokowski ist nicht am Platz. [4] _____?

▶ Ja, gern. [5] _____ er mich bitte unter der Nummer 0175 89898991.
zurückrufen soll. Es ist dringend.

▶ [6] _____, Herr Herzberg. Auf Wiederhören.

C Wie war das, bitte?

1 Termine vereinbaren › KB: C1

Welche Wörter sind synonym? Schreiben Sie die Wörter hinter den passenden Ausdruck.

etwas ausrichten | es ist möglich | es passt nicht | notieren | ~~vereinbaren~~ | verschieben

1. einen Termin ausmachen: *vereinbaren*

2. eine Nachricht weiterleiten: _____

3. ein Meeting verlegen: _____

4. einen Termin festhalten: _____

5. es geht: _____

6. es klappt nicht: _____

2 Indirekte Fragesätze und Aussagesätze › KB: C2b › G: 4.4

a **Ergänzen Sie die Präpositionen und markieren Sie dann die Präpositionalergänzung.**

an | an | auf | mit | ~~über~~ | über | um | von

1. Wir sprechen heute *über* das neue Projekt.

2. Ich wende mich _____ den Vertriebsleiter.

3. Er will mit mir _____ den Chef sprechen.

4. Ich soll _____ ihm telefonieren.

5. Wir freuen uns _____ den neuen Kollegen.

6. Der neue Kollege profitiert _____ dem Meeting.

7. Es geht _____ das aktuelle Projekt.

8. Wir müssen _____ den Zeitplan denken.

b **Lesen Sie den Tipp und notieren Sie die passenden direkten Fragen.**

1. *Worüber sprechen wir heute?*
2. *An wen wenden Sie sich?*
3. _____
4. _____
5. _____
6. _____
7. _____
8. _____

TIPP

Über wen? / Mit wem? – Worüber? / Womit?
- Frage nach einer **Person** → Präp. + wen? / wem?, z. B. Über wen / mit wem sprichst du?
- Fragen nach einer **Sache** → wo(r) + Präp., z. B. Worüber sprichst du? Womit telefonierst du?

c **Formulieren Sie nun aus den direkten Fragen aus 2b indirekte Fragen und Aussagesätze.**

1. Wissen Sie schon, *worüber wir heute sprechen?*

2. Sagen Sie mir doch bitte, *an wen Sie sich wenden.*

3. Ich kann Ihnen leider nicht sagen, _____.

4. Ich weiß schon, _____.

5. Wissen Sie, _____?

6. Also, Sie fragten, _____?

7. Können Sie mir schon sagen, _____?

8. Sagen Sie mir bitte, _____.

TIPP

Satzzeichen in indirekten Fragesätzen
- Einleitungsatz = Ja- / Nein-Frage → **Fragezeichen**, z. B. Wissen Sie schon, wann …?
- Einleitungssatz = Aussage → **Punkt**, z. B. Ich weiß schon, wann … .

d Ab wann? Von wann bis wann? – Fragen nach Zeitpunkt und Zeitdauer. Schreiben Sie Sätze aus den Elementen wie im Beispiel.

1. sagen – kannst – mir – du / von wann bis wann – das Meeting nächste Woche – dauert
2. weißt – auch – du / das Treffen – beginnt – um wie viel Uhr
3. bitte – mir – sag, / die Sitzung – geht – bis wann
4. weißt – vielleicht – du / erreichbar ist – ab wie viel Uhr – Herr Müller
5. bitte – mich – informier / das Treffen – wie lange – geht
6. ich – gern – wissen – möchte / Frau Schneider im Urlaub – seit wann – ist

1. Kannst du mir sagen, von wann bis wann das Meeting nächste Woche dauert?

3 Verständnis sichern und nachfragen › KB: C3b

Was sagen Sie in welcher Situation? Was passt: a oder b? Kreuzen Sie an.

1. Sie sagen, dass Sie etwas nicht verstanden haben.
   a. ☒ Das ist mir noch nicht ganz klar.
   b. ☐ Ich verstehe das ganz gut.

2. Sie bitten um Wiederholung einer Information.
   a. ☐ Sie sollen das bitte noch einmal wiederholen.
   b. ☐ Könnten Sie das bitte noch einmal wiederholen?

3. Sie notieren einen Termin.
   a. ☐ Ich habe den Termin morgen um 15:00 Uhr festgeschrieben.
   b. ☐ Ich halte fest: Der Termin ist morgen um 15:00 Uhr.

4. Sie möchten prüfen, ob Sie alles richtig verstanden haben.
   a. ☐ Habe ich das richtig verstanden: Das Meeting findet um 16:00 Uhr statt?
   b. ☐ Bitte verstehen Sie mich richtig: Das Meeting findet um 16:00 Uhr statt.

D Rufen Sie bitte zurück!

1 Auf einen Anrufbeantworter sprechen › KB: D2a

Wie heißen die Redemittel? Ordnen Sie die Satzteile zu.

1. Guten Tag, hier	A. sich um das Projekt in Mailand.	1. _B_
2. Würden Sie mich	B. ist Marion Haller von der Firma Xantos.	2. __
3. Sie erreichen mich	C. Ihnen.	3. __
4. Es geht	D. wegen des Termins nächste Woche.	4. __
5. Ich rufe an	E. bitte zurückrufen?	5. __
6. Ich danke	F. um das Projekt in Turin.	6. __
7. Es handelt	G. heute Nachmittag unter der Nummer 0135 7987646.	7. __

2 Etwas machen lassen › KB: D3 › G: 1.7

a Lesen Sie die Sätze und schreiben Sie die Formen von „lassen" in die Tabelle.

1. Ich lasse mir den Namen buchstabieren.
2. Er lässt die Akte von der Sekretärin suchen.
3. Sie lassen das Projekt von einem Ingenieur planen.
4. Du lässt ihm etwas ausrichten.
5. Wir lassen die Dokumente von unserem Praktikanten kopieren.

ich	du	er / sie / es	wir	ihr	sie	Sie (Sg. + Pl.)
lasse				lasst		

b Lesen Sie die Sätze in 2a noch einmal und kreuzen Sie in der Regel an.

"lassen" + Infinitiv bedeutet, a. ☐ dass man selbst etwas tut. b. ☐ dass andere etwas für einen tun.

c Formulieren Sie Sätze mit "lassen" und schreiben Sie sie in die Tabelle.

1. ihr: die Unterlagen von der Kollegin ausdrucken
2. ich: ein Angebot erstellen
3. wir: Sitzung von der Assistentin protokollieren
4. du: die E-Mail-Adresse aufschreiben
5. sie (Pl.): die Reservierungsbestätigung vom Hotel faxen

	Satzklammer		
	"lassen"		Infinitiv
1. *Ihr*	*lasst*	*die Unterlagen von der Kollegin*	*ausdrucken.*
2.			
3.			
4.			
5.			

d Für wen ist der Auftrag? Lesen Sie und kreuzen Sie an. Ergänzen Sie dann die Regel.

	für mich (Auftraggeber)	für eine andere Person
1. Ich lasse mir die Adresse geben.	☒	☐
2. Ich lasse ihr die Adresse geben.	☐	☐
3. Er lässt sich die Unterlagen schicken.	☐	☐
4. Er lässt ihm die Unterlagen schicken.	☐	☐

1. Die Person lässt etwas für sich selbst machen. Sätze: *1,*_____
2. Die Person lässt etwas für eine andere Person machen. Sätze: _____

Rechtschreibung

1 p – b, t – d, k – g: Plosive hören und schreiben

a ▶ 2|45 Welches Wort hören Sie: a oder b? Kreuzen Sie an.

1. a. ☒ leider b. ☐ Leiter
2. a. ☐ dir b. ☐ Tier
3. a. ☐ bar b. ☐ Paar
4. a. ☐ ausbacken b. ☐ auspacken
5. a. ☐ Gasse b. ☐ Kasse
6. a. ☐ Egert b. ☐ Eckert

b ▶ 2|46 Hören Sie die Nachricht auf dem Anrufbeantworter und ergänzen Sie die fehlenden Plosive.

Guten Tag, Frau Wegner, hier ist Frau [1] Abendro*t*, ich wollte nur kurz [2] ___escheid geben, dass sich der

[3] ___ermin für unser Treffen am [4] Frei___agabend um eine Stunde verschiebt. Der [5] Grun___ ist, dass sich der

[6] Flu___ von Frau Möller um eine Stunde verspätet. Sie haben also eine kurze [7] ___ause. Wir bringen noch einen

[8] ___ast mit, Herrn [9] ___onner von unserem [10] Vertriebs___artner. Er kennt sich gut mit dem Thema

[11] "___undenbindung" aus. Er arbeitet mit großem [12] Erfol___ und bekommt von den Kunden viel [13] Lo___.

So, das war's. Bis dann, Frau Wegner. [14] Auf Wie___erhören.

Grammatik im Überblick

1 Konjunktiv II bei höflichen Bitten und Fragen › G: 1.4

Bei „haben", „sein" und den Modalverben „können", „müssen", „dürfen", „sollen" verwendet man in höflichen Bitten und Fragen den Konjunktiv II. Bei anderen Verben gebraucht man „werden" im Konjunktiv II + Infinitiv des Verbs, z. B.   Ich würde gern Herrn Schulze sprechen.

	haben	sein	können	müssen	dürfen	sollen	werden
ich	hätte	wäre	könnte	müsste	dürfte	sollte	würde
du	hättest	wär(e)st	könntest	müsstest	dürftest	solltest	würdest
er / sie / es	hätte	wäre	könnte	müsste	dürfte	sollte	würde
wir	hätten	wären	könnten	müssten	dürften	sollten	würden
ihr	hättet	wär(e)t	könntet	müsstet	dürftet	solltet	würdet
sie	hätten	wären	könnten	müssten	dürften	sollten	würden
Sie (Sg. + Pl.)	hätten	wären	könnten	müssten	dürften	sollten	würden

Wenn man besonders höflich sein will, kann man höfliche Fragen und Bitten mit „werden" im Konjunktiv II formulieren.

	Position 2		Satzende
Ich	müsste	Herrn Mayer dringend	sprechen.
Ich	würde	Herrn Mayer gern	sprechen.

Position 1		Satzende
Könnten	Sie mir bitte die E-Mail	weiterleiten?
Würden	Sie mir bitte die E-Mail	weiterleiten?

2 Indirekte Fragesätze › G: 4.4

Wenn man höflich sein will, stellt man oft keine direkten Fragen, sondern indirekte. In dem Fall beginnt man die Frage mit Ausdrücken wie „Ich möchte wissen, …" oder „Könnten Sie mir sagen, …".

Indirekte Fragesätze sind Nebensätze. Das Verb steht im Nebensatz steht am Satzende.
Wenn die direkte Frage mit einem Fragewort oder -ausdruck beginnt, beginnt der indirekte Fragesatz mit dem gleichen Fragewort oder -ausdruck.
Wenn die direkte Frage eine Ja- / Nein-Frage ist, beginnt der indirekte Fragesatz mit „ob".

Hauptsatz	indirekte Frage (= Nebensatz)		
Sagen Sie mir bitte,	um wieviel Uhr	es Ihnen gut	passen würde.
Können Sie mir sagen,	an wen	ich mich	wenden kann?
Teilen Sie mir bitte mit,	woran	wir bei der Planung	denken müssen.
Wissen Sie schon,	ob	Frau Schulz nächste Woche wieder da	ist?

3 Das Modalverb „lassen" › G: 1.7

ich	du	er / sie / es	wir	ihr	sie	Sie (Sg. + Pl.)
lasse	lässt	lässt	lassen	lasst	lassen	lassen

Das Modalverb „lassen" + Infinitiv bedeutet, dass man etwas nicht selbst tut, sondern andere bittet oder beauftragt, etwas zu tun,
z. B.   Ich lasse die Dokumente kopieren. → Ich mache es nicht selbst. Jemand macht es für mich.

	Position 2		Satzende
Ich	lasse	mir die Nummer von Herrn Mayer	sagen.
Wir	lassen	uns mit der Buchhaltung	verbinden.

A Eine Messe planen

1 Einen Messeauftritt planen ▸ KB: A2b

a Ergänzen Sie die fehlenden Buchstaben und den bestimmten Artikel wie im Beispiel.

1. _der_ Messeauf_tr_it_t
2. ____ Messe__euc__er
3. ____ Messe__ __nd
4. ____ Pr__d__ktp__l__tte
5. ____ Stand__u__sta____ung
6. ____ Stand__i__ri__e
7. ____ Messet__e__e
8. ____ Rol____p
9. ____ Prospekt__tä__de__

b Was will die Firma Rischge auf der Paperworld? Ordnen Sie die Wörter zu.

abbilden | Attraktion | ausstellen | Mittelpunkt | ~~Neuheit~~ | Sortiment | unterscheiden | vorführen | Werbespruch

Die Firma Rischge stellt ihre [1] _Neuheit_____, den „Rischge Digital Pen", in den [2] _____ ihres Messeauftritts und präsentiert ihn mit dem [3] _____ „Der Rischge Digital Pen – mit einem Strich vom Papier in die digitale Welt". Mit dem digitalen Kugelschreiber will Rischge sich von den Mitanbietern [4] _____. Der Stift ist die [5] _____ auf der Messe. Die Messewand [6a] _____ den „Rischge Digital Pen" groß [6b] _____. Die Mitarbeiter [7a] _____ die Funktionen des Kugelschreibers [7b] _____. Die Besucher dürfen ihn natürlich auch ausprobieren. Außerdem [8a] _____ die Firma den „Rischge Traditional" in einer Vitrine [8b] _____. So bekommen die Messebesucher auch einen Eindruck von dem normalen [9] _____.

c Die Lieferanten bringen Waren an die Messestände. Wo ist welcher Stand? Ergänzen Sie die Ortsangaben.

in der Mitte rechts | ~~im Gang~~ | vorne links | hinten links | daneben | gegenüber von

▶ Also, wir sind jetzt [1] _im Gang_____ B von Halle 6.

  Ich habe hier den Plan mit den Firmennamen und Standnummern.

  Für welche Firmen sind die ersten zwei Pakete?

▶ Für die Firmen Noksat und Rüchelt.

▶ Noksat ist am Stand 24. Der ist [2] _____.

  Rüchelt hat die Nummer 30. Dieser Stand befindet sich

  [3] _____.

▶ Wir haben auch ein Paket für Thalkauer.

▶ Die haben den Stand 19 und der ist gleich hier [4] _____.

  [5] _____ ist der Info-Stand.

▶ Ach, sehr gut, für den haben wir ja auch ein Paket.

  Dann bleiben noch die drei Pakete für Stolz & Co.

▶ Stolz … Moment. Das ist Stand 20 und der ist

  [6] _____ Stand 30.

▶ Okay, dann gehen wir zuerst zu Thalkauer, dann zum Info-Stand und danach …

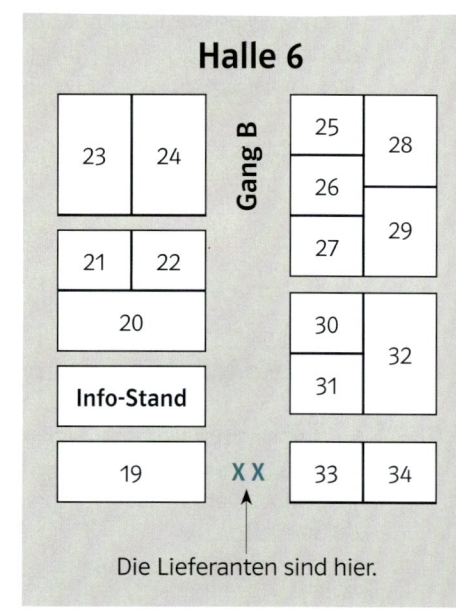

Halle 6

23 | 24
Gang B
25 | 28
26
27 | 29
21 | 22
20
30 | 32
31
Info-Stand
19 | X X | 33 | 34

Die Lieferanten sind hier.

2 Das Passiv Präsens › KB: A4b › G: 1.8

a Lesen Sie die Fragen und Antworten zum „Rischge Digital Pen". Ergänzen Sie die Passivsätze mit einer Form von „werden" und dem Partizip Perfekt des Verbs in Klammern.

1. Wie erfahre ich von Updates für den „Rischge Digital Pen"? – Durch den Newsletter von Rischge!

   Ich habe ihn bestellt und *werde* _____ per Mail über jedes Update *informiert* _____. (informieren)

2. An wen können wir uns wenden, wenn der digitale Stift nicht funktioniert? – An das Servicetelefon.

   Ihr _____ dann mit der Technik-Hotline _____. (verbinden)

3. Ich habe ein Problem mit dem „Pen", aber beim Servicetelefon ist immer besetzt. – Hinterlasse eine Nachricht.

   Dann _____ du von einem Mitarbeiter _____. (zurückrufen)

4. Ich schreibe nicht gut. Erkennt der Stift meine Handschrift? – Ich habe auch eine schlechte Handschrift,

   sie _____ von dem Stift ohne Probleme _____. (erkennen)

b Vergleichen Sie den Aktiv- und den Passivsatz. Was fällt auf? Ergänzen Sie dann die Regel.

Aktiv: Ein Mitarbeiter ruft den Kunden zurück.

Passiv: Der Kunde wird (von einem Mitarbeiter) zurückgerufen.

Die handelnde Person / die Sache (Subjekt) aus dem Aktivsatz kann auch im Passivsatz stehen mit „_____" + Dativ (= das Agens). Das Agens fällt oft weg, da die Handlung im Passivsatz im Vordergrund steht.

Ⓖ

c Markieren Sie in den Aktivsätzen die handelnde Person / die Sache und die Akkusativergänzung. Bilden Sie dann Passivsätze mit und ohne Agens wie im Beispiel.

1. Die Marketingabteilung bestellt neue Glasvitrinen.

   Neue Glasvitrinen werden von der Marketingabteilung bestellt. / Neue Glasvitrinen werden bestellt.

2. Die Messebaufirma transportiert die Messemöbel zur Messe.

   _____

3. Die Messegesellschaft informiert alle Aussteller über das Messeprogramm.

   _____

4. Die Geschäftsführerin plant ein Abendessen mit Großkunden.

   _____

5. Die Mitarbeiter der Firma Rischge richten den Messestand ein.

   _____

6. Die Marketingabteilung stellt die Ideen zum Messeauftritt zusammen.

   _____

7. Der Vertriebsleiter stellt die neue Produktpräsentation vor.

   _____

8. Das Standpersonal testet die Funktionen des „Pen" für die Messe.

   _____

d Was passiert auf Messen? Formulieren Sie Sätze im Passiv ohne Agens.

1. eine Innovation – an einem Messestand – groß präsentieren

   Eine Innovation wird an einem Messestand groß präsentiert.

2. oft – Flyer und Werbegeschenke – an interessierte Fachbesucher – verteilen

   Oft ...

3. auf einem Touchscreen – ein Film über die Herstellung des Produkts – zeigen

   Auf einem ...

4. Kontakte zu alten Kunden – pflegen – und – neue Kundenkontakte – aufbauen

5. an einem Messestand – über das Sortiment des Ausstellers – informieren

B Was wurde schon gemacht?

1 Verben und Nomen › KB: B1b

Wie heißen die Nomen zu den Verben? Schreiben Sie auch den Artikel und den Plural.

1. anmelden: *die Anmeldung, –en*
2. beantragen: *der Antrag, ¨e*
3. überweisen: _____
4. planen: _____
5. bestellen: _____

6. beauftragen: _____
7. verpacken: _____
8. einteilen: _____
9. reservieren: _____
10. liefern: _____

2 Das Passiv Präteritum – Wann wurde die Firma Lamy gegründet? › KB: B2b › G: 1.8

Die Geschichte von Lamy. Schreiben Sie Sätze im Passiv Präteritum in Ihr Heft.

1. 1930: C. Josef Lamy die Orthos Füllfederhalter-Fabrik in Heidelberg (gründen)

   1930 wurde die Orthos Füllfederhalter-Fabrik in Heidelberg von Josef Lamy gegründet.

2. 1939: bereits über 200.000 Füller (produzieren)

3. 1948: die Orthos Füllfederhalter-Fabrik in die C. Josef Lamy GmbH (umwandeln)

4. 1957: die Firma in den Heidelberger Stadtteil Wieblingen (verlegen)

5. 1990: das 60-jährige Jubiläum (feiern)

6. 2014: einen Umsatz von 72 Millionen Euro (erwirtschaften)

3 Das Passiv Perfekt – Ist die Gebühr schon überwiesen worden? › KB: B2b › G: 1.8

Die Mitarbeiter gehen die To-do-Liste durch und besprechen die Messeplanung. Was ist schon gemacht worden? (✔)
Was noch nicht? Schreiben Sie Sätze im Passiv Perfekt.

1. Einschreibegebühr überweisen ✔
2. Messewand mit Werbung bedrucken
3. Strom und WLAN für Messestand bestellen ✔
4. Besprechungsraum für Samstagabend reservieren
5. Parkausweise beantragen ✔
6. Standpersonal für alle Messetage einteilen

TIPP

Im Passiv Perfekt
steht am Ende „worden"
(**nicht** „geworden").

1. Die Einschreibegebühr ist schon überwiesen worden.

2. Die Messewand ist noch nicht mit Werbung bedruckt worden.

C Das Messe-Event

1 Das Passiv mit Modalverben: Präsens und Präteritum › KB: C2 › G: 1.8

T P **a** ▶ 1|38–39 Hören Sie die Besprechung im Kursbuch 5C, 1, noch einmal. Welche Aussagen sind richtig (r),
welche falsch (f)? Kreuzen Sie an.

	r	f
1. Einige Dinge müssen heute noch besprochen werden.	X	
2. Die Zimmer konnten schon umgebucht werden.		
3. Die Einschreibegebühr kann erst morgen überwiesen werden.		
4. 10.000 Flyer sollten letzte Woche gedruckt werden.		
5. Die Einladungen müssen bald verschickt werden.		
6. Die Vorschläge für die Präsentation sollten am letzten Donnerstag besprochen werden.		

b Schreiben Sie die Sätze aus 1a in die Tabelle. Welcher Passivsatz steht im Präsens (A), welcher im Präteritum (B)?
Ergänzen Sie dann die Regel.

Satzklammer

	Position 2: Modalverb		Satzende: Partizip Perfekt + „werden"	
1. *Einige Dinge*	*müssen*	*heute noch*	*besprochen werden.*	*A*
2.				
3.				
4.				
5.				
6.				

G

Die Wortstellung beim Passiv Präsens mit Modalverb und Passiv Präteritum mit Modalverb ist gleich.
Beim Passiv Präsens und Passiv Präteritum mit Modalverb steht das konjugierte Modalverb auf _____
und das Partizip Perfekt des Vollverbs + „werden" stehen am _____.

c **Schreiben Sie Passivsätze mit Modalverben im Präsens und Präteritum.**

1. die Namensschilder – ausdrucken müssen (nächste Woche)

   Die Namensschilder müssen nächste Woche ausgedruckt werden.

2. die neuen Visitenkarten – in der Druckerei – abholen können (in zwei Tagen)

3. der Stand – anmelden sollen (schon vor einem halben Jahr)

4. die Eintrittskartengutscheine – verschicken können (vor zwei Wochen)

5. die neue Messewand – mit Werbung – bedrucken müssen (morgen)

d **Eine Mitteilung. Markieren Sie in den Passivsätzen die richtige Form von „werden".**

> Liebe Kollegen und Kolleginnen,
> bald geht es auf die Paperworld und wir sind gut vorbereitet. Der Stand [1] worden / wurde / wird schon im letzten Jahr angemeldet. Wir präsentieren uns auf der Messe ganz neu: Neue Vitrinentheken sind bestellt [2] worden / wurden / werden. Eine neue Messewand [3] wurden / wurde / worden mit der Werbung für unsere Attraktion, den „Rischge Digital Pen", bedruckt. Und auch unsere Messemitarbeiter sehen dieses Jahr aus wie neu: Die neue Messekleidung [4] wird / werden / wurde in ein paar Tagen geliefert.

Ⓩ 2 Die Firma Rischge wartet auf ihre Flyer. – Das Passiv im Nebensatz › KB: C2 › G: 1.8

a **Lesen Sie die E-Mail von der Druckerei und markieren Sie alle Passivformen.**

> → ✉ s.beyer@rischge.de _ ◻ ✕
>
> Sehr geehrte Frau Beyer,
>
> Sie haben heute Morgen mit meinem Kollegen Herrn Wieland telefoniert, weil Ihre Flyer noch nicht geliefert worden sind. Unser Papierlieferant hatte technische Probleme, die erst gestern Abend gelöst wurden. Es tut uns leid, dass Ihre Flyer deshalb gestern nicht verschickt werden konnten. Der Papierlieferant hat uns für heute Abend eine große Papierlieferung versprochen. Wir beginnen sofort mit dem Druck Ihrer Flyer, wenn das Papier geliefert wird.
> Wir möchten uns in aller Form entschuldigen und bestätigen Ihnen, dass die Lieferung Sie spätestens am Freitag erreicht. Für weitere Fragen können Sie sich zu jeder Zeit an uns wenden.
>
> Mit freundlichen Grüßen
>
> Manfred Spreuner

b **Schreiben Sie die Sätze mit den Passivformen aus 2a in die Tabelle.**

Hauptsatz	Nebensatz		
1. *Sie haben ... telefoniert,*	*weil*	*Ihre Flyer noch nicht*	*geliefert worden sind.*
2.			
3.			
4.			

c Schauen Sie sich die Sätze in 2b noch einmal an und ergänzen Sie dann die Regel.

Ⓖ

Wenn der Passivsatz ein Nebensatz ist, stehen alle Verben am _____. Das konjugierte
_____ ist das letzte Wort im Nebensatz.

d Probleme bei der Messeplanung. Schreiben Sie Passivsätze im Nebensatz. Achten Sie auch auf die Zeitangabe in Klammern.

1. Warum ist die Messekleidung noch nicht da? (sie – erst letzte Woche – bestellen können / Präteritum)

   Sie ist nicht da, weil *sie erst letzte Woche bestellt werden konnte.* _____

2. Ist die neue Messewand schon da? (sie – letzte Woche – liefern / Perfekt)

   Ja, Herr Brühler meint, dass _____

3. Wann entscheiden wir uns für die Messemöbel? (die Standkonzeption – planen / Präsens)

   Wenn _____, dann entscheiden wir uns für die Möbel.

4. Warum sind die Messemöbel nicht verschickt worden? (sie – noch – verpacken müssen / Präsens)

   Weil _____, konnten wir sie noch nicht verschicken.

3 Nomen-Verb-Verbindungen › KB: C4a

a Ordnen Sie die Verben zu. Oft passen zwei Verben.

> bekommen (2x) | erregen (2x) | geben (3x) | machen (2x) |
> sein | stehen | wecken (2x)

TIPP

Lernen Sie Nomen und
Verben immer zusammen.

1. (die) Aufmerksamkeit *erregen / wecken* _____

2. (das) Interesse _____

3. im Mittelpunkt _____

4. in (den) Druck _____

5. Bescheid _____

6. (einen) Eindruck _____

7. in Auftrag _____

8. zum Geschenk _____

b Rischge auf der Paperworld. Ergänzen Sie die Nomen-Verb-Verbindungen aus 3a.

1. Im *Mittelpunkt* des Messeauftritts *steht* _____

   der „Rischge Digital Pen".

2. Die Messemöbel hat die Firma schon im Januar bei der Möbelbaufirma

   in _____.

3. Die Flyer wurden letzte Woche in den _____.

4. Die Druckerei _____, wenn die Flyer fertig sind.

5. Um das _____ vieler Besucher zu _____,

   wird ein Film über den Stift gezeigt.

6. Im Film _____ der digitale Stift _____.

   Deshalb wollen die Besucher ihn auch ausprobieren.

7. Damit Rischge mehr _____, engagiert es einen Künstler, der den Stift vorstellt.

8. Wahrscheinlich _____ sie ihren Großkunden den „Rischge Digital Pen" zum _____.

4 Braucht die Firma Rischge ein Standevent? › KB: C4c

Lesen Sie das Gespräch und ergänzen Sie die Redemittel.

> ~~der Ansicht~~ | eine gute Idee | einverstanden | für … entscheiden | Ihre Argumente | stimme … zu

▶ Unser neuer Stift ist die Attraktion auf der Messe und unser Stand liegt sehr zentral. Ich bin

  [1] *der Ansicht*, dass wir dann kein Standevent brauchen, um Besucher zu wecken.

▶ Damit bin ich nicht [2] _____. Ein guter Stand ist auf den Messen nicht mehr genug.

  Man muss Aufmerksamkeit erregen, damit die Besucher stehen bleiben.

▶ Ich verstehe ja [3] _____, aber das Event muss zu unserem Produkt passen.

▶ Da [4a] _____ ich Ihnen [4b] _____. Ein Moderator aus unserer Region könnte

  das Produkt mit Humor und Charme präsentieren.

▶ Das ist [5] _____, weil er alle Funktionen von dem Stift präsentieren könnte.

▶ Genau. Ich denke, wir sollten uns [6a] _____ einen klassischen Moderator

  [6b] _____.

D Messen in Deutschland

1 Messeziele › KB: D2

Was wollen die Aussteller auf den Messen erreichen? Schreiben Sie die Verben.

1. Steigerung ihrer Bekanntheit		ihre Bekanntheit *steigern* _____.
2. Stammkundenpflege		Stammkunden _____.
3. Neukundengewinnung	Sie wollen	Neukunden _____.
4. Imageverbesserung		ihr Image _____.
5. Erschließung neuer Märkte		neue Märkte _____.
6. neue Vertragsabschlüsse		neue Verträge _____.

Rechtschreibung

1 Die Laute [s] und [ts]

a ▶ 2|47 **Hören Sie die Wörter und schreiben Sie sie in die Tabelle.**

> ~~Checkliste~~ | ~~Zuschauer~~ | Ausweis | Konzeption | äußern | Künstler | Innovation |
> Zubehör | begrüßen | festlegen | Nutzfahrzeug | klassisch | Attraktion | außerhalb |
> Zauberer | Marktplatz | Messe | Azubi

[s]	[ts]
Checkliste, …	*Zuschauer, …*

b **Hören Sie die Wörter in 1a zur Kontrolle noch einmal und vergleichen Sie sie mit Ihren Lösungen.**

Grammatik im Überblick

1 Das Passiv › G: 1.8

Passiv Präsens

ich	werde	benachrichtigt
du	wirst	benachrichtigt
er / sie / es	wird	benachrichtigt
wir	werden	benachrichtigt
ihr	werdet	benachrichtigt
sie	werden	benachrichtigt
Sie (Sg. + Pl.)	werden	benachrichtigt

Passiv Perfekt

ich	bin	beauftragt worden
du	bist	beauftragt worden
er / sie / es	ist	beauftragt worden
wir	sind	beauftragt worden
ihr	seid	beauftragt worden
sie	sind	beauftragt worden
Sie (Sg. + Pl.)	sind	beauftragt worden

Passiv Präteritum

ich	wurde	angerufen
du	wurdest	angerufen
er / sie / es	wurde	angerufen
wir	wurden	angerufen
ihr	wurdet	angerufen
sie	wurden	angerufen
Sie (Sg. + Pl.)	wurden	angerufen

Passiv mit Modalverb

ich	muss	informiert werden
du	kannst	informiert werden
er / sie / es	soll	informiert werden
wir	durften	informiert werden
ihr	wolltet	informiert werden
sie	mussten	informiert werden
Sie (Sg. + Pl.)	sollten	informiert werden

In einem Aktivsatz steht die Person, die Firma etc., die etwas tut, im Vordergrund (Subjekt). In einem Passivsatz steht die Handlung oder der Prozess im Vordergrund.

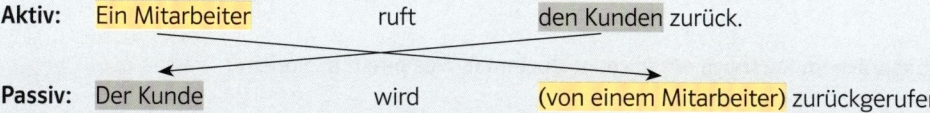

Aktiv: Ein Mitarbeiter ruft den Kunden zurück.

Passiv: Der Kunde wird (von einem Mitarbeiter) zurückgerufen.

Das Agens ist die Person / die Sache, z. B. die Firma, die etwas tut. Im Passivsatz wird sie meist weggelassen, weil die Handlung oder der Prozess im Vordergrund steht. Wenn man das Agens im Passivsatz nennen möchte, steht es mit der Präposition „von" im Dativ,

z. B.   Der Messestand wird von den Mitarbeitern der Firma Rischge eingerichtet.

2 Passiv in Haupt- und Nebensätzen › G: 1.8

	Position 2	Satzklammer	Satzende
Ihre handschriftlichen Notizen	werden	in einen digitalen Text	umgewandelt.
Die Transportfirma	wurde	mit der Verpackung der Laptops	beauftragt.
Die Messebaufirma	ist	noch nicht	beauftragt worden.
Die Einschreibegebühr	muss	noch	bezahlt werden.

Hauptsatz	Nebensatz		
Wir haben heute Morgen telefoniert,	weil	die Messeflyer noch nicht	geliefert worden sind.
Unser Lieferant hatte viele Probleme,	die	erst gestern Abend	gelöst wurden.
Es tut uns leid,	dass	Ihre Flyer gestern nicht	verschickt werden konnten.
Wir können mit dem Druck beginnen,	wenn	das Papier	geliefert wird.

A Auftragsabwicklung perfekt!

1 Handwerker und ihre Aufgaben

a ▶ 1|47 **Wer macht was? Notieren Sie die Verben in der passenden Form.**
Hören Sie, wenn nötig, Teil 1 vom Gespräch im Kursbuch 6A, 1c, noch einmal. › KB: A1c

[beraten | demontieren | einmauern | entsorgen | fliesen | installieren |
kontrollieren | machen | montieren | streichen | verkleiden

Sanitärfachmann: Zuerst [1] *berät*_____ er die Kunden.

Dann [2] _____ er ihnen ein Angebot.

Installateur: Er [3] _____ die alten Sachen aus dem Bad und [4] _____ sie.

Er [5] _____ auch die alten Anschlüsse, um zu sehen, ob sie in Ordnung sind. Am Ende der Arbeiten

[6] _____ er die neuen Sachen: das WC, das Waschbecken, das Zubehör etc.

Trockenbauer: Er [7] _____ die Wände.

Fliesenleger: Er [8a] _____ die neue Badewanne [8b] _____ und [9] _____

die Wände und den Boden.

Maler: Er [10] _____ das Bad, z. B. mit weißer Farbe.

Elektriker: Er [11] _____ die Steckdosen.

B Ⓟ **b** ▶ 1|47–48 **Hören Sie das Gespräch im Kursbuch 6A, 1c–d, noch einmal. Was passt: a, b oder c?**
Kreuzen Sie an. › KB: A1d

1. Frau Herz ist froh,
   a. ☐ weil der Installateur die alten Sachen demontiert.
   b. ☐ weil der Installateur das Bad putzt.
   c. ☒ weil sie die alten Sachen nicht entsorgen muss.

2. Der Fliesenleger kommt, wenn
   a. ☐ der Maler fertig ist.
   b. ☐ die Rohmontage fertig ist.
   c. ☐ alles trocken ist.

3. Die Arbeiten dauern zwei Wochen,
   a. ☐ wenn es keine Probleme gibt.
   b. ☐ wenn es Komplikationen gibt.
   c. ☐ weil das Haus nicht so alt ist.

4. Frau Herz bezahlt,
   a. ☐ wenn alles fertig ist.
   b. ☐ wenn sie die Angebote bekommen hat.
   c. ☐ immer wenn ein Teil der Arbeiten
      abgeschlossen ist.

2 Ich hatte schon angerufen und Sie waren schon gekommen › KB: A3 › G: 1.3

a **Lesen Sie die Regel 1 im Kursbuch 6A, 3, noch einmal und bilden Sie das Plusquamperfekt mit „haben".**

1. ich – anrufen: *ich hatte angerufen*_____

2. du – antworten: _____

3. er / sie – sagen: _____

4. es – anfangen: _____

5. wir – entscheiden: _____

6. ihr – ansehen: _____

7. sie – recherchieren: _____

8. Sie (Sg. + Pl.) – beraten: _____

b Bilden Sie das Plusquamperfekt mit „sein".

1. ich – bleiben: *ich war geblieben*
2. du – kommen:_____
3. er / sie – starten: _____
4. es – passieren: _____
5. wir – gehen: _____
6. ihr – wegfahren: _____
7. sie – laufen: _____
8. Sie (Sg. + Pl.) – abreisen: _____

3 Was war zuerst und was danach? › KB: A3 › G: 1.3, 4.2, 4.4

a Lesen Sie die Sätze. In welchem Satz steht das, was zuerst passiert ist? Markieren Sie.

1. <mark>Frau Herz hat morgens angerufen.</mark> Herr Unger ist zu ihr gekommen.
2. Sie musste abends noch arbeiten. Herr Unger ist gegangen.
3. Herr Unger hat sie beraten. Sie war sehr zufrieden.
4. Sie hat eine Lösung gefunden. Sie hat lange nachgedacht.

b Bilden Sie Sätze mit „nachdem" + Plusquamperfekt und schreiben Sie sie in die Tabelle.

Nebensatz			Hauptsatz	
1. Nachdem	Frau Herz morgens	angerufen hatte,	ist	Herr Unger zu ihr gekommen.

Hauptsatz		Nebensatz		
2. Sie musste …				

c Eine Leserin beschreibt ihre Erfahrungen bei einer Badsanierung. Lesen Sie ihren Bericht in der Wochenendbeilage „Handwerk aktuell" und ergänzen Sie die Verben in der richtigen Zeitform.

> ### Meine unmögliche Badsanierung
>
> Es begann sehr gut: Nachdem der Sanitärberater [1] *gegangen war* (gehen), war ich sehr zufrieden
>
> und [2a] _____ (vorstellen) mir mein tolles neues Bad [2b] _____ . Aber
>
> am nächsten Tag [3a] _____ (anfangen) die Probleme [3b] _____ : Der
>
> Installateur [4] _____ (kommen) erst um 11:00 Uhr, nachdem ich dreimal in der Firma
>
> [5] _____ (anrufen). Nachdem er seine Sachen in die Wohnung [6] _____
>
> (bringen), [7] _____ (machen) er erst einmal Mittag. Nachdem er seine Mittagspause
>
> [8] _____ (beenden), demontierte er die alten Sachen. „Prima", dachte ich, „es geht weiter!"
>
> Aber da war auch schon Schluss: Nachdem er alles [9] _____ (demontieren),
>
> [10] _____ (machen) er Feierabend und ich blieb im Müll sitzen!

d Frau Herz spricht mit ihrer Freundin über ihre guten Erfahrungen. Lesen Sie den Tipp und formulieren Sie Sätze mit „nachdem". Achten Sie auf die Zeitformen der Verben.

1. morgens – ich – eine Mail – schreiben / abends – ich – Herr Unger anrufen
2. er – der Katalog – holen / wir alles – am Telefon – besprechen können
3. zuerst – ich – alles – aussuchen / wir – über Termine – sprechen
4. er – der Terminplan – erklären / ich – eine Änderung – machen müssen
5. er – Angebot – schnell schicken / ich sehr froh – sein

1. Nachdem ich morgens eine Mail geschrieben hatte, habe ich
Herrn Unger abends angerufen.

TIPP

In Sätzen mit einem Nebensa[tz] mit „nachdem" kann der Haup[t]satz im Präteritum oder Perfe[kt] stehen. Das Präteritum verwe[n]det man mehr in schriftlichen Texten, z. B. Berichten oder Geschichten, das Perfekt meh[r] im mündlichen Sprachgebrau[ch]. „sein", „haben" und die Modalverben verwendet man meist im Präteritum.

B Unser Angebot

1 Klein oder groß? › KB: B1b

Wie heißt das Gegenteil? Ordnen Sie zu?

1. klein	A. breit	1. _C_
2. schmal	B. hoch	2. ____
3. niedrig	C. groß	3. ____

4. kurz	D. weit	4. ____
5. flach	E. lang	5. ____
6. nah	F. tief	6. ____

2 Vergleiche: Komparativ und Superlativ – mit Verben und vor Nomen › KB: B2a › G: 5.2

a Ergänzen Sie die Tabelle und markieren Sie die jeweilige Besonderheit.

	Grundform	Komparativ: -er	Superlativ: -(e)st	Besonderheit
1.	klein	kleiner	*am kleinsten*	regelmäßig
2.	lang		am längsten	regelmäßig mit Umlaut
3.	toll	toller		regelmäßig ohne Umlaut
4.	teuer dunkel	 dunkler	am teuersten	Adjektive auf „-er" und „-el": Im Komparativ fällt das „e" in „-el" und „-er" weg.
5.	weit heiß hübsch kurz groß praktisch	 heißer kürzer praktischer	am weitesten am hübschesten am größten	Adjektive auf „-d", „-t", „-s", „-ß", „-sch", „-z": Superlativ auf „-est" (Ausnahme: groß, Adjektive auf „-isch")
6.	nah hoch gut gern viel	 höher lieber	am nächsten am besten am meisten	Sonderformen

b Mit „am" oder ohne „am"? Mit Endung oder ohne Endung? Was passt: a oder b? Kreuzen Sie an.

1. Die größere Dusche ist   a. ☒ praktischer.   b. ☐ praktischere.
2. Frau Herz möchte lieber   a. ☐ ein kleiner   b. ☐ ein kleineres   Waschbecken.
3. 90 x 90 cm ist   a. ☐ das beste   b. ☐ am besten   Maß.
4. Armaturen in Chrom halten   a. ☐ die längsten.   b. ☐ am längsten.
5. Der höhere Spiegel ist   a. ☐ der teuerste   b. ☐ am teuerste   Spiegel.
6. Der Ablauf ist   a. ☐ der komplizierter   b. ☐ der kompliziertere   Teil der Arbeit.

c Sehen Sie sich die Beispiele in 2b noch einmal an und kreuzen Sie in den Regeln an.

ⓖ

1. Mit Verben erhält das Adjektiv im Komparativ   a. ☐ eine   b. ☐ keine   Endung.
2. Mit Verben verwendet man den Superlativ + Endung „-en"   a. ☐ mit   b. ☐ ohne   „am".
3. Beim Superlativ vor Nomen steht   a. ☐ ein   b. ☐ kein   „am".

d Ergänzen Sie die Adjektivendungen der Komparativ- und Superlativformen.

1. der kürzeste___ Anruf
2. für einen höher___ Preis
3. für ein moderner___ Bad

4. wegen komplizierter___ Arbeit
5. das preiswertest___ Angebot
6. mit best___ Ausstattung

7. die einfachst___ Installation
8. ein größer___ Waschbecken
9. nach länger___ Trockenzeit

e Lesen Sie die E-Mail und ergänzen Sie die Adjektive im Komparativ oder Superlativ.

→ ✉ info@unger.xpu	＿ □ ✕

Hallo Herr Unger,

[1] _besten_ (gut) Dank für Ihre gute Beratung. Für mich war das der [2] _____ (interessant) Teil unserer

Besprechung gestern. In [3] _____ (kurz) Zeit haben Sie mir alles sehr gut erklärt – [4] _____ (gut)

geht es nicht! Am [5] _____ (viel) hat mich die Beschreibung des Ablaufs interessiert. Seine Organisation ist,

glaube ich, [6] _____ (kompliziert) als alles andere. Und bitte denken Sie daran: Der [7] _____

(wichtig) Punkt ist für mich, dass die Arbeiten pünktlich abgeschlossen werden. Am 23. August muss wirklich alles fertig sein.

Ein [8] _____ (spät) Termin geht leider wirklich nicht. Also bis zum 7. August und danke noch mal!

Viele Grüße, Hannah Herz

3 Vergleichssätze   › KB: B2a   › G: 5.2

ⓩ

Schreiben Sie Vergleichssätze mit „als", „genauso wie" oder „nicht so wie".

1. eine Badewanne auf Füßen / eine einfache Badewanne – schöner – ich – finden – als
2. die kleinere Badewanne in Weiß / die größere Wanne in Beige – mir – besser – gefallen – als
3. Badarmaturen in Chrom / in Weiß – mir – gut – gefallen – genauso – wie – welche
4. die breitere Dusche / die schmale Dusche – praktischer sein – als
5. ein niedrigerer Spiegel / ein hoher Spiegel – in mein Bad – gut – nicht so – wie – aussehen
6. ein flacheres Waschbecken / ein tieferes Waschbecken – gut – ich – finden – genauso – wie
7. dunklere Fliesen / hellere Fliesen – gut – ins Bad – passen – nicht so – wie

1. Eine Badewanne auf Füßen finde ich schöner als eine einfache Badewanne.

2. Die kleinere Badewanne in Weiß gefällt mir besser als die größere (Wanne) in Beige.

4 Das Angebot und die Zahlungsbedingungen › KB: B3a

a Notieren Sie zusammengesetzte Nomen aus dem Angebot.

> Bedingungen | Bestellung | Datum | Frage | Erteilung | ~~Nummer~~ | Preis | Preis | Stellung

1. Kunden*nummer*
2. An_____
3. Einzel_____

4. Gesamt_____
5. Zahlungs_____
6. Auftrags_____

7. Material_____
8. Fertig_____
9. Rechnungs_____

b Wie heißen die Verben zu den Nomen? Notieren Sie.

1. Angebot: *anbieten*
2. Bezeichnung: _____
3. Demontage: _____

4. Abtransport: _____
5. Entsorgung: _____
6. Erteilung: _____

7. Abschluss: _____
8. Abzug: _____
9. Übertrag: _____

c Welche Wörter aus dem Angebot sind gemeint? Ordnen Sie sie den Erklärungen zu.

> ~~fachgerecht~~ | gültig | innerhalb | ohne Abzug | pauschal | termingerecht | Übertrag |
> zahlbar | zusagen

1. gute Ausführung vom Fachmann: *fachgerecht*
2. im Ganzen berechnet: _____
3. pünktlich, wie vereinbart: _____
4. Summe, die von einer Seite auf die nächste Seite

   übertragen wird: _____

5. etwas gilt: _____
6. im Zeitraum von: _____
7. Man muss zahlen: _____
8. Man hat keinen Rabatt: _____
9. etwas gefällt: _____

C Rechnungen bezahlen

1 Rechnungen – typische Formulierungen › KB: C1

**Die markierten Wörter sind im falschen Satz.
Wie heißen die Sätze richtig? Korrigieren Sie.**

1. Wir bedanken uns für Ihren ~~Abzug~~ *Auftrag* und berechnen
   Ihnen wie folgt …

2. Das ist die Handwerkerrechnung nach

   Rechnungserhalt für Bauleistungen.

3. Die Rechnung ist sofort nach Vergabe- und

   Vertragsordnung (VOB) zahlbar auf eines der Konten
   unten.

4. Die Rechnung ist ohne Auftrag zahlbar innerhalb
   von 14 Tagen ab Rechnungsdatum.

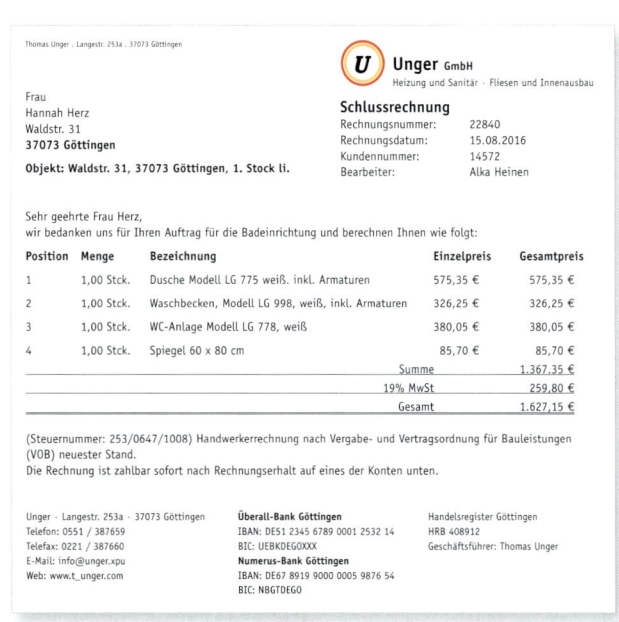

2 Überweisungen – SEPA › KB: C2b

a Notieren Sie sechs Wörter aus einer Überweisung.

> Auf- | Aus- | Be- | -ber- | -ber | ~~-dit-~~ | -dungs- | -füh- | -ge- | -güns- | -ha- |
> -in- | ~~-insti-~~ | Kon- | -kon- | ~~Kre~~ | -min | -rungs- | -ter | -ter- | -tig- | -to- | -to |
> ~~-tut~~ | -trag- | Ver- | -wen- | -zweck

1. Bank: *Kreditinstitut* _____

2. Empfänger des Betrags: _____

3. Wofür das Geld ist: _____

4. Wann der Betrag überwiesen wird: _____

5. Wem das Konto gehört: _____

6. Das Konto des Überweisenden: _____

b Lesen Sie den Infotext einer Bank und beantworten Sie die Fragen.

SEPA (Single Euro Payments Area)

Mit SEPA, dem einheitlichen Euro-Zahlungsverkehrsraum, wurden europaweit einheitliche Verfahren für den bargeldlosen Zahlungsverkehr (Überweisungen, Lastschriften) eingeführt. Sie sind für Euro-Zahlungen in den 28 EU-Staaten, Island, Liechtenstein, Norwegen sowie Monaco, der Schweiz und San Marino verwendbar.
Die IBAN (International Bank Account Number, internationale Bankkontonummer) wurde eingeführt, weil die Kontonummern in jedem Land anders aussahen. Sie ist eine Zahl, die in Deutschland 22 Stellen hat. Sie ist wie folgt aufgebaut:

Was ist eine SEPA-Lastschrift? Wenn Sie z. B. Ihre monatliche Miete bezahlen wollen, können Sie dem Vermieter, also dem Zahlungsempfänger, auch ein „Lastschriftmandat" erteilen. Mit dem Lastschriftmandat geben Sie dem Zahlungsempfänger die Erlaubnis, den Betrag von Ihrem Konto „einzuziehen". Zusätzlich bekommt Ihre Bank den Auftrag, die Lastschrift „einzulösen", d. h. den Betrag auf das Konto des Zahlungsempfängers zu überweisen.

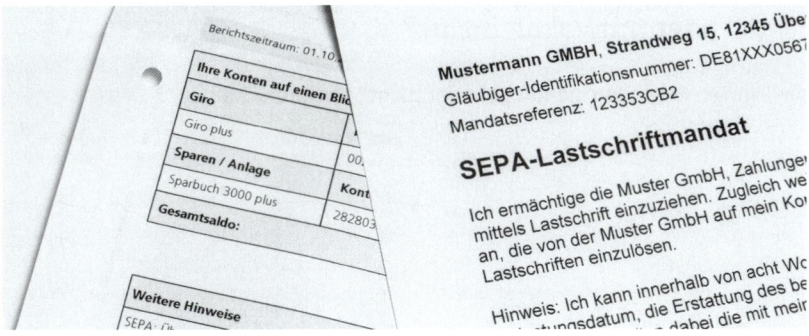

---

1. Was bedeutet die Bezeichnung „SEPA" und was ist SEPA?
2. In wie vielen Staaten kann man SEPA-Überweisungen benutzen?
3. Warum hat man die IBAN eingeführt?
4. Wie erkennt man das Land, aus dem die IBAN kommt?
5. Was erlaubt man dem Zahlungsempfänger, wenn man ihm ein Lastschriftmandat erteilt?
6. Was muss die Bank des Auftraggebers, die bezahlen muss, tun?

1. SEPA bedeutet Single Euro Payment Area. SEPA ist ein einheitliches Zahlungssystem

für die Euroländer in Europa.

D Gewährleistung und Garantie

1 Einen Informationstext verstehen › KB: D1b

BT Ⓟ

Lesen Sie den Text und ergänzen Sie die Lücken. Was ist jeweils richtig a, b oder c?

1. **Gewährleistung:** Jeder Händler muss 24 Monate Gewährleistung – andere Bezeichnung:

   [1] *„Mängelhaftung"* – auf neue Waren und 12 Monate auf gebrauchte Waren [2] _____.

   Die Gewährleistung [3] _____ sich auf Mängel, die ein Produkt schon zum Zeitpunkt des Kaufs

   hatte. Wenn ein Kunde einen Mangel [4] _____, kann er vom Händler verlangen, dass dieser das

   Produkt repariert oder [5] _____, d.h. der Händler [6] _____ für den Mangel.

   Wenn der Händler meint, dass der Schaden erst nach dem Kauf [7] _____ ist, muss er das in den

   ersten 6 Monaten beweisen. Nach 6 Monaten ist es [8] _____: Dann muss der Käufer beweisen,

   dass der Mangel schon zum Zeitpunkt des Kaufs da war.

2. **Garantie:** Die Garantie ist nicht gesetzlich [9] _____. Sie ist eine freiwillige Leistung des

   Herstellers. Daher kann dieser festlegen, wofür und wie lange die Garantie [10] _____.

1.	a. ☐ Mängelgarantie	3.	a. ☐ bezieht	5.	a. ☐ ersetzt	7.	a. ☐ bestanden	9.	a. ☐ festgestellt
	b. ☒ Mängelhaftung		b. ☐ beträgt		b. ☐ entsorgt		b. ☐ entstanden		b. ☐ regeln
	c. ☐ Mängelleistung		c. ☐ hält		c. ☐ erstellt		c. ☐ gestanden		c. ☐ geregelt
2.	a. ☐ machen	4.	a. ☐ hat	6.	a. ☐ hilft	8.	a. ☐ genauso	10.	a. ☐ gilt
	b. ☐ stellen		b. ☐ feststellt		b. ☐ haftet		b. ☐ umgetauscht		b. ☐ gelten
	c. ☐ geben		c. ☐ meint		c. ☐ hält		c. ☐ umgekehrt		c. ☐ gültig

Rechtschreibung

1 Wortanfang: mit „h" oder mit Vokaleinsatz?

a ▶ 2|48 **Hören Sie die Wörter. Beginnen sie mit „h" oder nicht? Notieren Sie sie.**

1. *offen*	5. _____	9. _____	13. _____
2. _____	6. _____	10. _____	14. _____
3. _____	7. _____	11. _____	15. _____
4. _____	8. _____	12. _____	16. _____

b ▶ 2|49 **Hören Sie sechs Sätze und schreiben Sie sie. Korrigieren Sie sie mit einem Partner / einer Partnerin oder schauen Sie in den Lösungen nach.**

1. *Hannah Herz zahlt die Hälfte der Auftragssumme.* _____

2. _____

3. _____

4. _____

5. _____

6. _____

Grammatik im Überblick

1 Das Plusquamperfekt › G: 1.3

Das Plusquamperfekt bildet man mit dem Präteritum von „haben" oder „sein" und dem Partizip Perfekt.
Man verwendet es, wenn man von einem Ereignis in der Vergangenheit berichtet, das schon vor einem anderen
Ereignis stattgefunden hat,

z. B. Herr Unger kam gestern um 8:00 Uhr in die Firma. (= Ereignis 2) Da hatte Frau Herz schon angerufen,
um mit ihm zu sprechen. (= Ereignis 1)

	Verben mit „haben"		Verben mit „sein"	
ich	hatte	angesehen	war	gegangen
du	hattest	angesehen	warst	gegangen
er / sie / es	hatte	angesehen	war	gegangen
wir	hatten	angesehen	waren	gegangen
ihr	hattet	angesehen	wart	gegangen
sie	hatten	angesehen	waren	gegangen
Sie (Sg. + Pl.)	hatten	angesehen	waren	gegangen

2 Nebensätze mit „nachdem" › G: 4.2, 4.4

- Im Nebensatz mit „nachdem" steht das Ereignis in der Vergangenheit, das **vor** einem anderen in der
  Vergangenheit stattgefunden hat. Der Nebensatz kann vor oder nach dem Hauptsatz stehen.
- Im Nebensatz mit „nachdem" steht Plusquamperfekt, im Hauptsatz Präteritum oder Perfekt.
  Das Präteritum verwendet man mehr in schriftlichen Texten, z. B. Berichten oder Geschichten, das Perfekt mehr im
  mündlichen Sprachgebrauch.
  z. B. Nachdem Herr Unger gegangen war, dachte Frau Herz noch über die Badeinrichtung nach.
  Frau Herz hat Herrn Unger angerufen, nachdem sie sich Änderungen überlegt hatte.

3 Vergleiche ausdrücken: Komparativ und Superlativ mit Verben und vor Nomen › G: 5.2

Mit Verben – prädikative Verwendung

- Den Komparativ bildet man mit Adjektiv + Endung „-er",
  z. B. Armaturen in Chrom finde ich schöner, sie sind auch besser.
- Den Superlativ bildet man mit „am" und Adjektiv + Endung „-(e)sten",
  z. B. Das weiße Waschbecken ist am schönsten.
- Adjektive auf „-d", „-t", „-s", „-ß", „-sch", „-z": Im Superlativ Endung „-esten". Ausnahme: groß, Adjektive auf „-isch",
  z. B. kurz – kürzer – am kürzesten, heiß – heißer – am heißesten, aber: groß – größer – am größten
  hübsch – hübscher – am hübschesten, aber: praktisch – praktischer – am praktischsten
- Einsilbige Adjektive mit Stammvokal „a", „o", „u" erhalten oft einen Umlaut,
  z. B. alt – älter – am ältesten, hoch – höher – am höchsten
- Adjektive auf „-er" und „-el": Im Komparativ fällt das erste „-e" weg,
  z. B. teuerer → teurer, dunkeler → dunkler
- Unregelmäßige Adjektive und Adverbien: nah – näher – am nächsten, hoch – höher – am höchsten, gut – besser –
  am besten, gern – lieber – am liebsten, oft – öfter / häufiger – am häufigsten, viel – mehr – am meisten

Vor Nomen – attributive Verwendung

- Der Komparativ wird genauso gebildet wie bei der prädikativen Verwendung.
- Der Superlativ erhält die Endung „-(e)st".
- Den Superlativ verwendet man nur mit dem bestimmten Artikel,
  z. B. das beste Angebot, der kleinste Spiegel
- Vor Nomen steht kein „am" und der Komparativ und Superlativ erhalten die üblichen Adjektivendungen,
  z. B. die größere Dusche; einen höheren Spiegel, ein kleineres Waschbecken, in kürzester Zeit

A Kein guter Start!

1 Die Tätigkeit von Architekten › KB: A1a

a Ordnen Sie die richtigen Wörter den Bildern zu. Notieren Sie auch die Artikel.

Planungsbüro | Baustelle | Bauplan | Mängelcontrolling | Bauherren

1. _der Bauplan_   2. _____   3. _____   4. _____   5. _____

b Im Architekturbüro: Zu welchem der beiden Bereiche: typische Arbeitsabläufe von Architekten (Ar) oder Büroorganisation (Bü) gehören die Begriffe? Kreuzen Sie an.

		Ar	Bü				Ar	Bü
1.	Vergabe	☐	☒		7.	Bauleistungen	☐	☐
2.	Bauplan	☐	☐		8.	Mängelcontrolling	☐	☐
3.	Vorlagen	☐	☐		9.	Arbeitszeiterfassung	☐	☐
4.	Aktennotiz	☐	☐		10.	Organisationsprozesse	☐	☐
5.	Baustelle	☐	☐		11.	Besprechung mit Handwerkern	☐	☐
6.	Aktenstruktur	☐	☐		12.	digitale Projektstruktur	☐	☐

c Welches Wort passt? Ergänzen Sie die Lücken.

Abrechnungen | Architekten | Bauherren | Bauleistungen | Bauplan | Baustelle | Mängelcontrolling | Planungsbüro

Familie Müller möchte ein neues Haus bauen. Zuerst sucht sie einen guten [1] _Architekten_ , mit dem sie lange über ihre Wünsche und die Kosten spricht. Er zeigt den Müllers auch technische Neuheiten für eine bessere Energieeffizienz. Dann wird der [2] _____ für das Haus gezeichnet. Jetzt kann sich Familie Müller besser vorstellen, wie das neue Haus aussieht, und kann noch Dinge ändern. Der Architekt und sein [3] _____ kümmern sich ab jetzt um alle nötigen Schritte: die Baugenehmigung, die Vergabe an die Handwerker, die Kostenkalkulation und darum, dass alle [4] _____ erledigt werden. Wenn die Termine mit den Handwerkern vereinbart sind, kann die Arbeit auf der [5] _____ beginnen. Der Architekt muss alles regelmäßig kontrollieren und die Abläufe organisieren. Auf einer Baustelle können viele Fehler passieren, deshalb ist auch das [6] _____ ein wichtiger Arbeitsbereich der Architekten. Zum Ende, wenn die Bauleistungen erbracht worden sind, kümmert sich das Planungsbüro um die [7] _____ . Ein Jahr später ist das Haus fertig. Die Müllers, die stolzen [8] _____ , freuen sich über ihr neues, modernes Zuhause.

d Bilden Sie Nomen zu den Verben und Adjektiven mit den
Endungen „-(a)tion", „-ion", „-heit", „-keit", und „-ung". › G: 7.1

1. abrechnen: *die Abrechnung*

2. dokumentieren: _____

3. neu: _____   7. organisieren: _____

4. diskutieren: _____   8. zuständig: _____

5. leisten: _____   9. selbstständig: _____

6. einarbeiten: _____   10. tätig: _____

2 Alles hat Folgen! › KB: A3c › G: 4.1, 4.2, 4.4

a Zu welcher Situation passt welche Folge? Ordnen Sie zu.

1. Die Elektriker haben viele Fehler gemacht.	A. Der Bauprozess dauert länger als geplant.	1. _D_
2. Den Bauherren gefällt der Grundriss nicht.	B. Es gibt Ärger mit der Fensterbaufirma.	2. ⌴
3. Die Handwerker haben Terminprobleme.	C. Die Bauherren haben kein Geld mehr übrig.	3. ⌴
4. Die Baukosten sind gestiegen.	D. Sie müssen alles noch einmal neu machen.	4. ⌴
5. Der Architekt ist mit den Fenstern unzufrieden.	E. Der Architekt muss den Bauplan ändern.	5. ⌴

b Verbinden Sie die Sätze in 2a mit „sodass".

1. *Die Elektriker haben viele Fehler gemacht, sodass sie alles noch einmal neu machen müssen.*

2. _____

3. _____

4. _____

5. _____

c Verbinden Sie die Sätze in 2a mit „also" wie im Beispiel.

1. Die Elektriker haben viele Fehler gemacht. Also müssen sie alles noch einmal neu machen. /
Die Elektriker haben viele Fehler gemacht. Sie müssen also alles noch einmal neu machen.

d Lesen Sie zuerst den Tipp und verbinden Sie die Sätze mit „so ... dass" wie im Beispiel.

1. Der Architekt hat sehr viele Aufträge. → Die Bauherren müssen lange warten.
   Der Architekt hat so viele Aufträge, dass die Bauherren lange warten müssen.

2. Die Kredite sind jetzt sehr günstig. → Viele Leute wollen bauen.

   _____

3. Die Mentorin hat sehr viel Stress. → Sie kann sich nicht um die neue Mitarbeiterin kümmern.

   _____

4. Mit der neuen Software geht das Arbeiten sehr einfach. → Wir gewinnen viel Zeit.

   _____

5. Auf der Baustelle gibt es sehr viele Probleme. → Das Projekt ist nicht mehr im Zeitplan.

   _____

e Ergänzen Sie „sodass", „so ..., dass" oder „also".

Frau Kleinfeld wollte eine neue Herausforderung. [1] _Also_____ hat sie sich bei Wennigsen & Partner beworben.

Denn das Planungsbüro Wennigsen & Partner hat viele neue Aufträge bekommen, [2] _____ sie neue

Mitarbeiter einstellen können. Im Büro von Wennigsen & Partner arbeiten [3a] _____ viele Personen,

[3b] _____ Frau Kleinfeld immer noch nicht alle kennt. Das Planungsbüro hat Projekte in ganz Deutschland.

Frau Kleinfeld wird [4] _____ später vielleicht auch in eine andere Stadt geschickt. Die neuen Aufgaben von

Frau Kleinfeld sind [5a] _____ viel schwieriger als ihre alten, [5b] _____ sie jetzt richtig Stress hat.

B Ein Konflikt im Team

1 Was wäre, wenn ...? – irreale Bedingungssätze › G: 1.4, 4.2, 4.4

a Konjunktiv-II-Form oder Form mit „würde"? Ergänzen Sie die Verbformen. › KB: B2a

1. sie arbeitet: _sie würde arbeiten_____
2. wir wissen: _wir wüssten_____
3. ich habe: _____
4. ihr hört: _____
5. du bist: _____

6. ihr kommt: _____
7. er kann: _____
8. ich gehe: _____
9. wir machen: _____
10. sie schreiben: _____

b Ergänzen Sie die Sätze und verwenden Sie den Konjunktiv II. › KB: B2a

1. Wenn Herr Stoll öfter im Büro _wäre_____ (sein), könnte er die Probleme klarer sehen.
2. Wenn Frau Kleinfeld viel Unterstützung _____ (bekommen), würde sie tolle Arbeit machen.
3. Herr Müller würde gern helfen, wenn er nicht im Krankenhaus bleiben _____ (müssen).
4. Frau Martínez würde besser schlafen, wenn sie weniger Stress _____ (haben).

c Lesen Sie zuerst die Sätze und dann die Regel. Was passiert in der Realität, was nicht? Kreuzen Sie an. › KB: B2d

	Realität	Irrealität
1. Wenn die Kollegen Alexandra unterstützen würden, (dann) ginge die Einarbeitung schneller.	☐	☐
2. Alexandras Einarbeitung geht schneller, wenn ihre Kollegen sie unterstützen.	☐	☐

G

Sätze, die nicht über Ereignisse in der Wirklichkeit sprechen, sondern über Ereignisse, die man sich nur vorstellt, nennt man   a. ☐ reale Sätze.   b. ☐ irreale Sätze. Diese Sätze stehen im Konjunktiv II.

d Bilden Sie irreale Bedingungssätze. › KB: B2d

1. Herr Klausner: weniger zu tun haben – mehr Zeit für Frau Kleinfeld haben
2. Frau Hesse: mehr Eigenkapital haben – ein eigenes Planungsbüro gründen
3. Die Mitarbeiter: Frau Kleinfeld besser helfen können – Frau Kleinfeld – zufriedener sein und sich weniger ärgern
4. Der Praktikant: mehr Erfahrung haben – selbstständiger arbeiten dürfen
5. Die Firma: mehr Mitarbeiter einstellen – größere Projekte übernehmen können

_1. Wenn Herr Klausner weniger zu tun hätte, hätte er mehr Zeit für Frau Kleinfeld._____

e Lesen Sie zuerst den Tipp. Markieren Sie dann die Verben im Bedingungssatz wie im Beispiel und formulieren Sie Sätze ohne „wenn". Achten Sie auf die Verbstellung. › KB: B2d

1. Wenn er die Handwerker kontrollieren würde, dann gäbe es weniger Baumängel.
2. Wenn die Kredite jetzt nicht so günstig wären, würden wir kein eigenes Haus bauen.
3. Wenn Sie heute den Mängelbericht fertig machen würden, könnten wir endlich weiter arbeiten.
4. Wenn ich nicht diese Aktennotiz suchen müsste, könnte ich mit euch in die Kantine gehen!

1. Würde er die Handwerker kontrollieren, dann gäbe es weniger Baumängel.

TIPP

Irreale Bedingungssätze kann man auch ohne „wenn" bilden. Am Anfang des Nebensatzes steht dann das Verb im Konjunktiv II, z. B. Hätten wir noch mehr Aufträge, (dann) müssten wir Überstunden machen. / Wenn wir noch mehr Aufträge hätten, müssten wir …

2 Ein Protokoll schreiben › KB: B3c

a Ergänzen Sie in den Ausdrücken die passenden Verben.

arbeiten | bekommen | berichten | sich kümmern | prüfen | sich setzen | treffen | unterstützen

1. *sich* um einen Bereich *kümmern*
2. _____ mit jemandem in Verbindung _____
3. Vereinbarungen _____
4. jemanden bei einer Aufgabe _____
5. über eine Entwicklung _____
6. Verantwortung für etwas _____
7. in einem Bereich _____
8. selbstständig Abrechnungen _____

b Frau Görlich, Mitarbeiterin in einem Planungsbüro, soll das Protokoll einer Teambesprechung schreiben. Ergänzen Sie das Protokoll mit den Informationen aus Frau Görlichs Notizen, verwenden Sie dabei passende Ausdrücke aus 2a.

– Frau Zabler: macht Ausschreibungen für das Projekt Eichenweg
– Herr Gerold: hilft Frau Zabler
– Herr Sand: soll mit der Firma Huber sprechen
– ich: kümmere mich jetzt allein um die komplette Vergabe
– die neue Mitarbeiterin Frau Eck: soll ohne Hilfe die Abrechnungen kontrollieren
– Praktikant Ingo Metz: Bereich Mängelerfassung. Er sagt uns regelmäßig, ob es gut läuft
– Nächste Woche: Projektleiter vereinbart mit Kunden neuen Zeitplan

TOP 2: Arbeitsplan für diese Woche

1. Frau Zabler *kümmert sich* _____ um den Bereich „Ausschreibungen" für das Projekt Eichenweg.
2. Herr Gerold _____ Frau Zabler bei den Ausschreibungen.
3. Herr Sand soll sich mit der Firma Huber _____, um Termine zu vereinbaren.
4. Frau Görlich _____ die Verantwortung für die komplette Vergabe.
5. Unsere neue Mitarbeiterin, Frau Eck, prüft _____ die Abrechnungen.
6. Unser Praktikant, Ingo Metz, _____ im Bereich der Mängelerfassung.
   Er _____ dem Team regelmäßig über die Entwicklung.
7. Nächste Woche trifft der Projektleiter mit den Kunden _____ über den neuen Zeitplan.

C Gute Kommunikation?

1 Probleme im Team besprechen › KB: C1b

▶ 2|3 **Hören Sie das Gespräch zwischen Frau Martínez und Herrn Klausner im Kursbuch 7C, 1b, noch einmal. Was ist richtig (r), was ist falsch (f)? Kreuzen Sie an.**

		r	f
1.	Herr Klausner hat die Kollegen gefragt, wer am Brückentag frei haben will.	X	☐
2.	Herr Klausner hat etwas falsch verstanden.	☐	☐
3.	Frau Martínez möchte ein paar freie Tage, um zu renovieren.	☐	☐
4.	Wenn Herr Klausner an einem Montag Urlaub nimmt, hat er mehr als 3 freie Tage.	☐	☐
5.	Herr Klausner hilft Frau Martínez bei der Mängelkontrolle.	☐	☐
6.	Frau Martínez bekommt einen Brückentag.	☐	☐

2 Österreich, Schweiz, Deutschland: drei Gesprächskulturen › KB: C3b

B P **Lesen Sie den Artikel aus einem Internetforum für interkulturelle Kommunikation und kreuzen Sie die richtigen Antworten an.**

Viele Menschen aus nicht deutschsprachigen Ländern denken, dass Deutschland, Österreich und die deutschsprachige Schweiz eine sehr ähnliche Kultur haben. Es ist also vielleicht
5 eine Überraschung für sie, dass zum Beispiel in Deutschland Kurse im Bereich „Kulturtraining" angeboten werden, in denen deutsche Firmenmitarbeiter auf Verhandlungen und Besprechungen mit österreichischen oder Schweizer
10 Geschäftspartnern vorbereitet werden. Es gibt also Bereiche der Gesprächskultur, die in den drei Ländern anders sind.
Experten nennen mehrere kulturelle Aspekte, die bei Besprechungen mit ausländischen Partnern
15 anders sein können. Interessant ist zum Beispiel, wie aktiv sich der einzelne Gesprächsteilnehmer verhält. Vergleicht man die drei Länder, sieht man bei diesem Punkt große Ähnlichkeiten: Die Mitarbeiter vertreten klar ihre Meinung, auch wenn
der Vorgesetzte dabei ist. Sie dürfen und sollen 20 auch ihre Kompetenz zeigen.
Der Kommunikationsstil in Geschäftsbesprechungen ist in allen drei Ländern rational und konkret, und der Schwerpunkt liegt auf Daten, Zahlen und Informationen. Besonders in der 25 Schweiz und in Deutschland findet man auch feste Vereinbarungen und Pläne sehr wichtig. Man möchte genau festlegen: Wer macht was? Wie und wann wird es gemacht?
Doch manches ist auch anders. Der relativ direk- 30 te, schnelle und kritische Diskussionsstil, den viele Deutsche bevorzugen, ist in Österreich und der Schweiz nicht typisch. In beiden Ländern ist die harmonische Atmosphäre wichtiger, und auch bei Konflikten bleibt man sehr höflich. Kritik wird 35 nur vorsichtig und indirekt gebracht. – Wir sehen: Jedes Land hat seinen eigenen Kommunikationsstil.

1. Deutsche Firmenmitarbeiter lernen in Kursen
   a. ☐ über Kultur zu sprechen.
   b. X mit Schweizern und Österreichern zu verhandeln.
   c. ☐ erfolgreich Geschäfte zu machen.

2. Die Gesprächskultur in den drei Ländern ist
   a. ☐ sehr europäisch.
   b. ☐ in manchen Punkten anders.
   c. ☐ wegen der gemeinsamen Kultur sehr ähnlich.

3. Gesprächsteilnehmer in den drei Ländern
   a. ☐ sagen nicht, was sie denken.
   b. ☐ finden es besser, wenn der Chef nicht da ist.
   c. ☐ sagen, wie sie selbst die Dinge sehen.

4. Der Kommunikationsstil in den drei Ländern ist
   a. ☐ in beruflichen Situationen nicht rational.
   b. ☐ unemotional und an Daten orientiert.
   c. ☐ immer sehr harmonisch.

5. In der Schweiz und Deutschland
   a. ☐ möchte man wenig Informationen.
   b. ☐ sind Zahlen wichtiger als Vereinbarungen.
   c. ☐ werden die Abläufte gern exakt geplant.

6. In Österreich und der Schweiz
   a. ☐ mag man keine direkte Kritik.
   b. ☐ spricht man nicht gern mit Deutschen.
   c. ☐ verhandeln die Menschen sehr schnell.

3 Indefinitartikel und -pronomen: „manch-" und „einig-" › KB: C4 › G: 3.4

a Ergänzen Sie die Endungen der Indefinitartikel „manch-" und „einig-".

Es ist immer ein beliebtes Thema, Länder und Kulturen zu vergleichen, aber dabei gibt es [1] manche____ Probleme.

Denn schon in einem einzigen Land kann man [2] einig____ Unterschiede erkennen. Norddeutsche und Süddeutsche

zum Beispiel finden, dass sie in [3] einig____ Bereichen anders sind. Regionale und religiöse Traditionen können ein

Grund für [4] manch____ Unterschied sein. [5] Manch____ Besucher und [6] manch____ Besucherin ist überrascht

über die vielen regionalen Unterschiede. [7] Manch____ Touristen gefällt es in Bayern besser als im Norden

Deutschlands oder umgekehrt. Beim Kulturvergleich muss man also bei [8] manch____ Punkten vorsichtig sein.

b Welche Indefinitpronomen sind richtig: a oder b? Kreuzen Sie an.

1. a. ☒ Manches   b. ☐ Manche   hier in der Firma, gefällt mir nicht.
2. a. ☐ Einigen   b. ☐ Einige   finden die Herausforderung im Beruf wichtiger als das Geld.
3. a. ☐ Mancher   b. ☐ Manchem   ist nicht klar, wie wichtig die Kultur bei internationalen Besprechungen ist.
4. a. ☐ Einiges   b. ☐ Einige   lernt man nur bei der Zusammenarbeit mit Personen aus dem Ausland.
5. a. ☐ Manches   b. ☐ Mancher, der Probleme im Projekt hat, bespricht sie in der Projektbesprechung.
6. a. ☐ Einiges   b. ☐ Einige,   über das im Vortrag gesprochen wurde, haben wir nicht verstanden.

D Urlaub genehmigt!

1 Wörter rund um den Urlaub im Betrieb › KB: D1a

a Bilden Sie Nomen mit „Urlaubs-" und „-urlaub-" aus den Wörtern.

Anspruch | Jahres | Antrag | Kurz | Sonder | Sommer | Übertrag | Verteilung |
Vertretung | Zusatz

1. Nomen mit „Urlaubs-": *der Urlaubsanspruch, …* _____

_____

2. Nomen mit „-urlaub": *der Jahresurlaub, …* _____

b Lesen Sie die Mails von Arbeitnehmern an ihre Vorgesetzte. Die markierten Wörter sind falsch. Notieren Sie das richtige Wort.

1. Liebe Frau Berg, Sie sagten uns, dass es ein neues Formular für den
Urlaubsvertrag gibt, aber wir finden es nicht. Wo ist es abgelegt?   *Urlaubsantrag*

2. Liebe Frau Berg, ich habe dieses Jahr noch einen Urlaubsantrag von 15 Tagen.
Kann ich diese Tage im November frei haben?   _____

3. Guten Morgen, Frau Berg! Könnte ich am 27. Januar einen Tag Zusatzurlaub
bekommen? An diesem Tag möchte ich heiraten!   _____

4. Hallo Frau Berg, eine Frage zur Urlaubsbeteiligung: Herr Zenker hat im Mai
Urlaub bekommen, aber ich nicht. Könnten Sie mir bitte sagen, warum nicht?   _____

5. Liebe Frau Berg, haben Sie schon entschieden, wer nächste Woche für mich
die Urlaubszeit macht, wenn ich zwei Tage frei habe?   _____

2 Demonstrativartikel und -pronomen „derselbe"/„dasselbe"/„dieselbe" › KB: D2a › G: 3.2

a Markieren Sie in den Sätzen die Formen von „der-/das-/dieselbe" und schreiben Sie sie in die Tabelle. Ergänzen Sie dann die Formen aus dem Ratgebertext im Kursbuch, 7D, 2a.

1. Sie arbeiten bei Bruck? Das ist <mark>dasselbe</mark> Unternehmen, in dem ich auch lange tätig war.
2. Seit zwanzig Jahren arbeitet er immer in demselben Unternehmen.
3. Ich glaube, ich habe denselben Vorschlag schon einmal gemacht.
4. Ach, du hast das neue Handy-Modell von Telsotec. Ich will mir dasselbe kaufen.

	Maskulinum (M)	Neutrum (N)	Femininum (F)	Plural (M, N, F)
Nominativ	derselbe	*dasselbe*		dieselben
Akkusativ			dieselbe	
Dativ	demselben			denselben

b Schauen Sie noch einmal die Tabelle in 2a an. Was fällt auf? Ergänzen Sie die Regeln. Schreiben Sie dann die Formen, die noch fehlen, in die Tabelle.

Ⓖ

1. Der erste Teil des Demonstrativartikels/-pronomens ist wie der   a. ☐ bestimmte   b. ☐ unbestimmte Artikel.
2. Der zweite Teil „-selb-" hat die Endung eines   a. ☐ Artikels   b. ☐ Adjektivs.

TIPP

„der-/das-/dieselbe" = etwas
ist identisch, z. B. Wir arbeite
in demselben Büro.
Achtung: „der/das/die gleic
= etwas ist gleich, aber nicht
identisch, z. B. Wir haben die
gleichen Büromöbel, aber me
sind grau und deine sind wei

c Wie heißt das passende Artikelwort? Ergänzen Sie.

1. Wir haben *denselben* _____ Vorgesetzen.
2. Das ist doch _____ Mann, den wir gestern hier getroffen haben!
3. Ich besuche nie _____ Land zweimal.
4. Ich lebe schon seit 20 Jahren in _____ Stadt.

d Welche Form des Pronomens passt? Kreuzen Sie an.

1. Mein Chef sagt immer   a. ☒ dasselbe,   b. ☐ derselbe, wenn es Probleme gibt.
2. Die externen Mitarbeiter dieses Projekts sind a. ☐ dasselbe   b. ☐ dieselben wie beim letzten Mal.
3. Es ist immer   a. ☐ dasselben   b. ☐ dasselbe mit dir: Du bist so unpünktlich!
4. Unser Büro hat jetzt die neue AVA-Software „architex". Habt ihr   a. ☐ dieselbe?   b. ☐ derselbe?

Rechtschreibung

1 Satzzeichen am Satzende: Punkt, Fragezeichen, Ausrufezeichen

a ▶ 2|50 Hören Sie den gleichen Satz dreimal. Welcher Satz wird neutral, als Frage, als Ausruf ausgesprochen?

	neutral	Frage	Ausruf
1. Auf der Baustelle gibt es wieder Probleme___	☐	☐	☐
2. Auf der Baustelle gibt es wieder Probleme___	☐	☐	☐
3. Auf der Baustelle gibt es wieder Probleme___	☐	☐	☐

b Hören Sie die Sätze aus 1a noch einmal und notieren Sie die passenden Satzzeichen.

Grammatik im Überblick

1 Folgen ausdrücken mit „sodass"/„so …, dass" und „also" › G: 4.1, 4.2, 4.4

Nebensätze und Hauptsätze mit „sodass"/„so …, dass" und „also" antworten auf die Fragen „Welche Folge hat das? Welches Ergebnis hat das?"
- „sodass" steht immer hinter dem Hauptsatz,
  z.B. An manchen Tagen habe ich sehr wenig zu tun, sodass ich abends ganz unzufrieden bin.
- „sodass" kann man auch trennen. Dann steht „so" vor einem Adjektiv oder Adverb im Hauptsatz und „dass" am Anfang des Nebensatzes, z.B. Er hat so viel Stress, dass er keine Zeit zum Essen hat.
- Sätze mit „also" sind Hauptsätze. „also" kann am Satzanfang oder in der Satzmitte stehen, z.B. Die Handwerker haben einen vollen Terminkalender. Also dauert der Bauprozess länger als geplant. / Der Bauprozess dauerte also länger.

2 Irreale Bedingungssätze mit Konjunktiv II › G: 1.4, 4.2, 4.4

- In irrealen Bedingungssätzen geht es um Situationen, in denen die Bedingung und die Folge nicht oder nur vielleicht realisiert sind. Im Hauptsatz und im Nebensatz steht der Konjunktiv II.
- Irreale Bedingungssätze sind auch ohne „wenn" möglich:

Nebensatz			Hauptsatz
Wenn	er jetzt den Bericht schreiben	würde,	könnte ich weiter arbeiten.
Würde	er jetzt den Bericht	schreiben,	könnte ich weiter arbeiten.

- Bei einigen häufig verwendeten unregelmäßigen Verben gebraucht man meist die Konjunktiv-II-Form, z.B. „ginge", „gäbe", „käme", … z.B. Am Nachmittag habe ich keine Zeit. Ginge es auch am Vormittag?
- Den Konjunktiv II bildet man so: Präteritum + oft Vokalwechsel + „e", z.B. er/sie/es ging → ginge, gab → gäbe, kam → käme

3 Indefinitartikel und -pronomen: „manch-", „einig-" › G: 3.4

- „manch-" und „einig-" nennen eine unbestimmte Anzahl oder Menge.
- „manch-" und „einig-" können auch Pronomen sein und ohne Nomen stehen. Das Pronomen hat die gleichen Endungen wie der bestimmte Artikel, z.B. Einige Personen finden bei den „kritischen" Deutschen manches schwierig.

	Maskulinum (M)	Neutrum (N)	Femininum (F)	Plural (M, N, F)
Nom.	mancher/einiger	manches/einiges	manche/einige	manche/einige
Akk.	manchen/einigen	manches/einiges	manche/einige	manche/einige
Dat.	manchem/einigem	manchem/einigem	mancher/einiger	manchen/einigen

4 Demonstrativartikel und -pronomen „der-/das-/dieselbe" › G: 3.2

- „der-/das-/dieselbe" bedeutet, dass etwas wie etwas anderes ist oder mit etwas anderem identisch ist und eine einzige Sache oder Person meint, z.B. Wir arbeiten in demselben Büro.
- Der Demonstrativartikel bzw. das Pronomen besteht aus dem bestimmten Artikel „der/das/die" und der Ergänzung „-selb-". Die Ergänzung „-selb-" bekommt die Adjektivendung.

	Maskulinum (M)	Neutrum (N)	Femininum (F)	Plural (M, N, F)
Nom.	derselbe	dasselbe	dieselbe	dieselben
Akk.	denselben	dasselbe	dieselbe	dieselben
Dat.	demselben	demselben	derselben	denselben

5 Wortbildung: Nomen mit der Endung „-(a)tion, „-ion", „-heit", „-keit", „-ung" › G: 7.1

Nomen mit den Endungen „-(a)tion, „-ion", „-heit", „-keit", „-ung" sind immer feminin, z.B. die Dokumentation, die Diskussion , die Neuheit, die Tätigkeit, die Besprechung.

A Kunden gewinnen

1 Die Reisebranche ⟩ KB: A1b

Welche Wörter passen? Notieren Sie die fehlenden Buchstaben. Wenn Sie die markierten Buchstaben in die richtige Reihenfolge bringen, gibt es das Lösungswort.

1. In diesem Geschäft geht es nur um Reisen. R E I S E B Ü R O
2. So nennt man den Verkauf im Laden. _ T T I _ _ Ä R
3. Eine Situation, in der etwas Schlimmes passieren könnte, ist … G _ F Ä _ L _ _ H
4. Anbieter, die im Wettbewerb stehen. _ O _ U R _ _ Z
5. Jemand, der sehr viel über ein Thema weiß. E _ P _ R _ _
6. Wenn der Umsatz gestiegen ist, hat er sich … _ E R B _ S _ E R T
7. Eine Reise kaufen bedeutet eine Reise … B _ _ N

LÖSUNGSWORT: Eine solche Reise ist bei vielen Urlaubern beliebt: _ R E _ _ _ _ _ _ _

2 Gegen die Erwartung – „obwohl", „trotzdem"/„dennoch", „zwar …, aber" ⟩ KB: A2 ⟩ G: 4.1, 4.2, 4.4

a Bilden Sie Sätze mit dem Satzanfang „Reisen macht Spaß" und „obwohl". Stellen Sie den Nebensatz einmal nach vorne und einmal nach hinten wie in den Beispielen.

1. Es kann auch anstrengend sein.
2. Manche Urlaubsorte sind gefährlich.
3. Es gibt oft zu viele andere Urlauber.
4. Es ist manchmal teuer.

Nebensatz			Hauptsatz	
1. Obwohl	Reisen auch anstrengend	sein kann,	macht	es Spaß.
2.				
3.				
4.				

Hauptsatz	Nebensatz		
1. Reisen macht Spaß,	obwohl	es auch anstrengend	sein kann.
2.			
3.			
4.			

b Lesen Sie die Sätze und verbinden Sie sie mit „trotzdem"/„dennoch". Markieren Sie die Position von „trotzdem"/„dennoch" im Satz.

1. Wir haben zu viel Arbeit in der Firma. Die Atmosphäre ist gut.
2. Wir müssen erst um 9:00 Uhr beginnen. Die Kollegen kommen schon um 8:00 Uhr.
3. Das Essen in der Kantine ist gut. Wir essen oft nur ein Brötchen.
4. Die Büros sind sehr eng. Die Mitarbeiter beschweren sich nicht.

1. Wir haben zu viel Arbeit in der Firma. Trotzdem/Dennoch ist die Atmosphäre gut./Die Atmosphäre ist trotzdem/dennoch gut.

TIPP

„trotzdem" und „dennoch" haben die gleiche Bedeutung "trotzdem"/„dennoch" kann a Satzanfang, aber auch in der Satzmitte stehen, z. B. Der U satz ist gut. Trotzdem/Denno haben wir Probleme./Wir ha trotzdem/dennoch Probleme

c „obwohl" oder „trotzdem"? Kreuzen Sie an.

1. Viele Deutsche finden Urlaub auf dem Kreuzfahrtschiff toll,   a. ☐ obwohl   b. ☒ trotzdem   muss ich von schlechten Erfahrungen berichten.
2. Beim Einchecken mussten wir zwei Stunden warten,   a. ☐ obwohl   b. ☐ trotzdem   der Anbieter gesagt hatte, dass es schnell geht.
3. Alle sagen, dass diese Schiffe ruhig fahren,   a. ☐ obwohl   b. ☐ trotzdem   war mir oft übel.
4. Oben auf dem Schiff gab es nie freie Plätze,   a. ☐ obwohl   b. ☐ trotzdem   wir morgens schon früh kamen.
5. Es gab viele Angebote für Kinder   a. ☐ obwohl   b. ☐ trotzdem   hatten unsere Kinder Langeweile.
6. Wir machen keine Kreuzfahrt mehr,   a. ☐ obwohl   b. ☐ trotzdem   der Service gut war.

d Welche Situation hat welche unerwartete Folge? Ordnen Sie zu.

1. Viele Kunden buchen Flüge im Internet.
2. Die Deutschen reisen gern in andere Länder.
3. Kreuzfahrten werden immer billiger.
4. In Deutschland sind Kreuzfahrten ein Trend.
5. Im Tourismus verdient man nicht sehr viel.

A. Viele mögen diese Reiseform gar nicht.
B. Es gibt viele Bewerber für diese Branche.
C. Beim Reiseziel suchen sie Beratung.
D. Die häufigsten Reiseziele sind im Inland.
E. Sie sind noch teurer als Landreisen.

1. _C_
2. __
3. __
4. __
5. __

e Verbinden Sie die Sätze in 2d mit „zwar …, aber" und markieren Sie sie wie im Beispiel.

1. Zwar buchen viele Kunden Flüge im Internet, aber beim Reiseziel suchen sie Beratung. / Viele Kunden buchen zwar Flüge im Internet, aber beim Reiseziel suchen sie Beratung.

TIPP

Bei Sätzen mit „zwar …, aber" können „zwar" und „aber" am Satzanfang oder in der Mitte des jeweiligen Satzes stehen, z. B. Zwar habe ich gerade kein Geld, ich möchte aber verreisen. / Ich habe zwar gerade kein Geld, aber ich möchte verreisen.

3 Die Präposition „trotz" › KB: A2 › G: 4.3, 4.4

a Markieren Sie in den Sätzen die unerwartete Folge. Was fällt auf? Ergänzen Sie die Regeln.

1. Das Internet-Angebot ist gut. Trotzdem kann das Buchen einer Reise dort schwierig sein.
2. Trotz des guten Internet-Angebots kann das Buchen einer Reise dort schwierig sein.

1. Ausdrücke mit „trotz" nennen   a. ☐ die Ausgangssituation   b. ☐ die unerwartete Folge.
2. Nach der Präposition „trotz" steht   a. ☐ der Akkusativ   b. ☐ der Genitiv.

Ⓖ

b Bilden Sie Sätze mit „trotz" wie im Beispiel. Denken Sie an den Artikel vor dem Nomen.

1. trotz: viele Probleme in diesem Land – viele Urlauber kommen

   Trotz der vielen Probleme in diesem Land kommen viele Urlauber.

2. trotz: hohe Preise – die Lokale am Strand sind sehr beliebt

   _____

3. trotz: lange Wartezeit – viele Touristen wollen das Museum besuchen

   _____

4. trotz: starker Regen – ich habe gestern die Stadt besichtigt

   _____

5. trotz: schlechtes Wetter – er macht Wanderurlaub in Deutschland

   _____

c Verbinden Sie die Sätze mit den Wörtern in Klammern. Achten Sie auf den Satzbau.

1. Ich habe Angst vor dem Fliegen. Ich würde gern nach Brasilien fliegen. (trotz)
2. Das Hotel liegt am Meer. Es hat zu wenig Gäste. (obwohl)
3. Dieses Reisebüro bietet eine sehr gute Beratung. Der Umsatz ist zu niedrig. (dennoch)
4. Es gibt schon viele Internet-Angebote. Frau Werf will ein Online-Reisebüro gründen. (trotzdem)
5. Frau Werf ist sehr kompetent. Sie hat mit Ihrem Reisebüro keinen Erfolg. (zwar …, aber)
6. Die Dusche im Hotelzimmer war kaputt. Wir haben kein neues Zimmer bekommen. (obwohl)
7. Die Preise sind hoch. Wir können dieses Restaurant sehr empfehlen. (trotz)

1. Trotz meiner Angst vor dem Fliegen würde ich gern nach Brasilien fliegen.

B Der Aktionstag

1 Frau Kübler zeigt den Kollgen ihre Urlaubsfotos –
Relativsätze mit „wo" › KB: B4 › G: 4.4

a Verbinden Sie die Sätze wie im Beispiel in zwei Varianten:
1. mit „wo", 2. mit den Präpositionen „in", „auf" oder „an" und dem
passenden Relativpronomen.

1. Das war unser Hotel. Da haben wir die ersten Tage verbracht.
2. Das hier war unser Lieblingsrestaurant. Da haben wir oft Fisch gegessen.
3. Ja, und hier sind wir am Strand. Da war es aber immer sehr voll.
4. In dieser Straße gab es viele kleine Läden. Da habe ich Souvenirs gekauft.
5. Hier waren wir auf einer kleinen Insel. Da haben wir unsere Nachbarn
   von zu Hause getroffen!

1. Das war unser Hotel, wo wir die ersten Tage verbracht haben. /

Das war unser Hotel, in dem wir die ersten Tage verbracht haben.

TIPP

– „woher" → „aus", / „von" +
Relativpronomen, z. B. Das
ist die Stadt, aus der / woher
Pedro kommt.
– „wohin" → „in" / „nach" +
Relativpronomen, z. B. Das
ist die Stadt, in die / wohin
Pedro zieht.

---

b „woher", „wohin", oder Relativpronomen? Lesen Sie den Tipp und ergänzen Sie Frau Küblers
Reiseblog. Achten Sie darauf: Ist es eine lokale Angabe oder nicht?

Heute berichte ich mal von meiner ersten Fahrradreise, [1] *bei der* leider nicht alles geklappt hat!

Unsere Tour begann in der Stadt Trier, [2] _____ wir vom Reiseveranstalter unsere Räder bekamen.

Die Tour führte nach Koblenz, [3] _____ wir auch gefahren sind. Es ging gleich los. Unterwegs haben

wir viele Radfahrer getroffen, [4] _____ wir uns unterhalten haben. Viele von ihnen haben ihre Tour in

Trier begonnen, [5] _____ wir ja auch gekommen waren. Wir hatten gute Räder, [6] _____ man

richtig schnell fahren konnte. Ich kann die ganze Route, [7] _____ wirklich schön ist, sehr empfehlen.

Aber am vorletzten Tag sind wir durch einen Wald gefahren, [8] _____ ich einen Unfall hatte. Ich hatte

so starke Schmerzen in der Schulter, dass ich nicht weiterfahren konnte. Natürlich gab es im Wald keinen

Handy-Empfang. Mein Mann, [9] _____ sehr besorgt war, musste ins nächste Dorf fahren,

[10] _____ er einen Arzt organisiert hat. Ich wurde dann nach Koblenz gebracht, [11] _____

ich in einem Krankenhaus behandelt wurde. Die Leute vom Reiseanbieter haben mein Fahrrad geholt,

[12] _____ nicht kaputt war. Aber weil mein Mann im Wald seine Kamera verloren hat, ist das die

einzige Reise, [13] _____ wir keine Fotos haben.

2 Einen Vorschlag/Eine Idee präsentieren › KB: B5

Ordnen Sie die Redemittel den vier Abschnitten einer Präsentation zu.

A die Präsentation einleiten   C die eigenen Ideen mit Vor- und Nachteilen erklären
B die bisherige Situation beschreiben   D zusammenfassen, warum Sie die Idee empfehlen

1. Wenn wir uns die Marktsituation ansehen, erkennen wir, dass …   *B*

2. Zum Schluss möchte ich festhalten, dass diese Idee für uns interessant ist, weil … ⌐⌐

3. Ich möchte Ihnen präsentieren, welche Idee(n) ich zu dem Thema … habe. ⌐⌐

4. Mein Vorschlag sieht konkret so aus: … ⌐⌐

5. Ich habe einen Vorschlag für … entwickelt, den ich Ihnen heute gern vorstellen möchte. ⌐⌐

6. Ich hoffe, dass ich meine Idee deutlich erklären konnte. Am wichtigsten finde ich dabei … ⌐⌐

7. Ich möchte Ihnen zunächst alle Vorteile dieser Idee erklären: … ⌐⌐

8. Hier sehe ich ein Problem, das man aber so lösen könnte: … ⌐⌐

9. Im Moment ist die Situation so: … ⌐⌐

3 Wohin im Urlaub? – Anzeigen lesen und Informationen finden › KB: B5

Lesen Sie die Anzeigen A–D und ordnen Sie sie den Situationen 1–8 zu. Manche Anzeigen können mehr als einmal zugeordnet werden.

1. Familie Hauser möchte ihren Hund mitbringen.   Anzeige: *C*

2. Dieses Angebot findet in der Nähe von Aix-en-Provence statt.   Anzeige: ⌐⌐

3. Herr und Frau Kromer möchten im Urlaub täglich Bewegung.   Anzeige: ⌐⌐

4. Beim Essen will Anke Vogel flexibel sein: kein Mittag- und Abendessen im Hotel.   Anzeige: ⌐⌐

5. Bernd Witt reist allein, möchte aber deswegen nicht mehr bezahlen.   Anzeige: ⌐⌐

6. Familie Becker wünscht jeden Tag Angebote für die Freizeit.   Anzeige: ⌐⌐

7. Nicole Maas ist Vegetarierin.   Anzeige: ⌐⌐

8. Dieses Angebot ist bis zum 1. März gültig.   Anzeige: ⌐⌐

Erleben Sie die Karibik mit bestem Komfort! Sie verbringen 14 Tage auf unserem modernsten Kreuzfahrtschiff mit Swimmingpools, täglichem Freizeitprogramm, Shows und Kultur, warmer Küche bei Tag und Nacht. Ausflüge nach Kuba und Jamaica bringen Sie zu wunderbaren Stränden und Städten.
Preis ab 2.499 € pro Person.
Buchen Sie bis 1.3. und sparen Sie 100,– € pro Person!
Beratung & Buchung: 05209/28776651   **A**

Im Urlaub etwas für Ihre Gesundheit tun – beim Winter-Spezial-Angebot in Schillig (Nordsee) ist das möglich.
• Wir bieten Yoga, Vorträge zu Gesundheitsthemen und einen großen Wellnessbereich.
• Bei uns gibt es Halbpension mit fleischlosem Angebot.
• Für Ihre Kinder haben wir eine kostenlose Kinderbetreuung.
• Hunde sind willkommen.
info@wellness-schillig.com.de   **C**

Frühling im Piemont mit Spaß – treffen Sie nette Leute bei dieser Gruppenwanderreise. Wunderbare Landschaften und Städte warten auf Sie. Tägliche Routen zwischen 15 und 22 km.
Leistungen: 7 Tage mit Übernachtung und Frühstück, Koffertransport, Wanderungen mit Reiseleiter, Bus-Anreise.
Ab 870,– € pro Person/DZ. (Einzelzimmer: + 190,– €)
Katalog und Beratung: Meurer Reisen
www.meurer-online.de/webcode/zv-pie8   **B**

Unser beliebtes Angebot „Kochen und Genießen in Frankreich" hat mehr für Sie als typischen Tourismus!
Wir bieten 7 Tage mit Halbpension, 2 x Kochkurs, 3 x französischer Sprachkurs.
Zeitraum A: 17.–24.5. / Zeitraum B: 10.–17.6.
Unser Hotel in der Region um Aix-en-Provence ist Single-freundlich: gleicher Preis pro Person im DZ und EZ (keine Hunde!).
marseille-voyages, Tel. 0033 27659 85624   **D**

C Kunden beraten

1 Was passiert beim Beratungsgespräch? › KB: C1a

a Welche Verben passen? Kreuzen Sie an. Es sind immer zwei Verben richtig.

		a.		b.		c.	
1.	ein Angebot	a. ☐ stellen		b. ☒ präsentieren		c. ☒ machen	
2.	Fragen	a. ☐ beantworten		b. ☐ stellen		c. ☐ zeigen	
3.	das Gefühl	a. ☐ bekommen		b. ☐ enthalten		c. ☐ haben	
4.	Informationen	a. ☐ stellen		b. ☐ bekommen		c. ☐ geben	
5.	eine Vorstellung	a. ☐ bekommen		b. ☐ finden		c. ☐ haben	
6.	einen Vorteil	a. ☐ haben		b. ☐ sehen		c. ☐ holen	
7.	Werbung	a. ☐ geben		b. ☐ verbessern		c. ☐ machen	
8.	Wünsche	a. ☐ haben		b. ☐ machen		c. ☐ verstehen	

b Ergänzen Sie die passenden Verben aus 1a.

Es gibt immer mehr ähnliche Produkte auf dem Markt. Wie kann ein Verkäufer in dieser Situation sein Angebot gut

[1] *präsentieren* ? Als Verkäufer [2] _____ Sie einen Vorteil gegenüber dem Online-Handel,

weil Sie mit dem Kunden direkt sprechen können. Denn wenn ein Verkäufer eine emotionale Verbindung zum

Kunden findet und seine Wünsche [3] _____, ist das ein wichtiger Schritt zum Erfolg. Konzentrieren

Sie sich ganz auf den Kunden, damit Sie eine Vorstellung davon [4] _____, was für ein Mensch

er / sie ist: Mit einem sachlichen Menschen sollten Sie sachlich sprechen und viele konkrete Informationen

[5] _____. Bei einem emotionalen Kunden sollten Sie selbst auch etwas emotional sein.

Reden Sie nie zu viel! Wichtiger ist es, Fragen zu [6] _____. Und sagen Sie nicht zu oft „Ich denke",

„Ich würde Ihnen empfehlen" etc. Besser ist: „Sie erreichen damit …" oder „Sie können …". Der Kunde

[7] _____ dann das Gefühl, dass positive Dinge auf ihn warten. Aber was ist, wenn er doch nichts

kaufen will? Keine Angst! Bleiben Sie ganz freundlich, denn das ist wie eine Einladung für ihn, später noch einmal in

Ihren Laden zu kommen. So [8] _____ Sie Werbung für Ihr Geschäft, auch ohne teures Werbematerial.

2 Häufige Sätze im Verkaufsgespräch › KB: C1c

** Z** Ordnen Sie die Teile der Redemittel zu.

1.	Guten Tag, was kann ich	A.	im Urlaub gern?	1.	*E*
2.	Was ist Ihnen denn	B.	würde gut zu Ihnen passen.	2.	☐
3.	Was machen Sie	C.	dass Sie im Urlaub gern wandern.	3.	☐
4.	Gibt es noch etwas,	D.	alles fest.	4.	☐
5.	Ich habe mir notiert,	E.	für Sie tun?	5.	☐
6.	Dann halten wir noch einmal	F.	was Ihnen wichtig ist?	6.	☐
7.	Ich denke, das hier	G.	wichtig im Urlaub?	7.	☐

3 Relativpronomen im Genitiv › KB: C2 › G: 4.4

a Ergänzen Sie die Formen des Relativpronomens im Genitiv.

1. eine Reise, *deren* Preis günstig ist

2. das Angebot, _____ Struktur unklar ist

3. die Mitarbeiter, _____ Ideen gut sind

4. der Anbieter, _____ Kosten hoch sind

b Markieren Sie im zweiten Hauptsatz das Nomen, auf das sich das grau markierte Nomen im ersten Hauptsatz bezieht.

1. Ich hatte heute mehrere Kunden. Ihre Wünsche waren total unklar.

2. Wo sind denn die Unterlagen von dem Kunden? Seine Kreuzfahrt sollen wir umbuchen.

3. Ich empfehle das Hotel nicht mehr. Sein Personal ist so unfreundlich.

4. Kümmern Sie sich bitte um das Problem von dem jungen Mann. Sein Flug ist ausgefallen.

5. Ich habe gestern die alte Frau Dehns getroffen. In ihrem Reisebüro war ich Azubi.

6. Frau Dehns hat einen Sohn. Seine Frau leitet auch ein Reisebüro.

c Verbinden Sie die Sätze in 3b mit Relativpronomen im Genitiv.

1. Ich hatte heute mehrere Kunden, deren Wünsche total unklar waren.

d Schreiben Sie die Relativpronomen im Genitiv aus den Sätzen in 3b in die Tabelle.

	Maskulinum (M)	Neutrum (N)	Femininum (F)	Plural (M, N, F)
Genitiv				*deren*

4 Demonstrativpronomen im Dativ und Genitiv › KB: C2 › G: 3.1

a Lesen Sie die E-Mail und markieren Sie die Demonstrativpronomen im Dativ und Genitiv und die Nomen, auf die sie sich beziehen. Schreiben Sie die Pronomen dann in die Tabelle.

> → ✉ a.mueller@expu.de   _ □ ✕
>
> Lieber Andi,
> also, heute hab' ich mich sehr geärgert. Ich habe bei der Firma Hip-Reisen angerufen. Bei der habe ich meine Mexiko-Rundreise gebucht. Mit diesem Anbieter habe ich schon häufig Pauschalreisen gemacht. Mit denen war ich immer sehr zufrieden und deren Leistungen waren gut. Aber jetzt haben wir in der Firma ein neues Projekt bekommen und dessen Abschlusstermin liegt genau in der Zeit meiner Mexikoreise! Ich muss die Reise deshalb verschieben. Ich habe also bei Hip-Reisen einen Kundenberater angerufen. Dem habe ich alles erklärt. Er hat gesagt, dass er dafür nicht zuständig ist. Danach hatte ich dessen Kollegen am Apparat. Der war unfreundlich und meinte nur, dass er die Reise nicht umbuchen kann. Denn deren Termine sind nicht flexibel, das steht so im Reisevertrag. Das Angebot für die Mexikoreise war so extrem günstig – wenn ich bei dem sofort genauer hingesehen hätte, wäre das nicht passiert! Beim nächsten Mal muss ich die Unterlagen vor dem Buchen ganz genau lesen. Und Hip-Reisen – nein, danke! Wie läuft's bei dir? LG, Paul

	Maskulinum (M)	Neutrum (N)	Femininum (F)	Plural (M, N, F)
Nominativ				
Akkusativ				
Dativ			*der*	
Genitiv				

TIPP

Die Demonstrativpronomen im Nominativ und Akkusativ sind wie der bestimmte Artikel.

b Lesen Sie den Tipp und ergänzen Sie in der Tabelle in 4a auch die Demonstrativpronomen im Nominativ und Akkusativ. Schauen Sie sich nun die ganze Tabelle noch einmal an. Was fällt auf? Ergänzen Sie die Regeln.

Ⓖ

1. Das Demonstrativpronomen und der bestimmte Artikel sind nicht gleich
   a. im Genitiv Singular / Plural: *dessen* , _____ b. im Dativ Plural: _____ .

c Ein erfolgreiches Reisebüro. Markieren Sie das richtige Demonstrativ- oder Relativpronomen.

Ich arbeite für das Cosmo-Reisebüro, in [1] dessen / deren Filiale am Kaiserplatz. [2] Dessen / Deren Inhaberin ist Silvia

Drexler. Wir gehören zu den Reisebüros, [3] dessen / deren Umsatz nicht wegen des Internets gesunken ist. Unsere

Chefin sagt: „Geschäfte, [4] von den / von denen die Leute nichts hören, haben nie Erfolg. Deshalb machen wir viel

Marketing." [5] Dessen / Deren Erfolg sehen wir täglich. Wir arbeiten mit Anbietern, [6] mit denen / mit deren wir gute

Erfahrungen gemacht haben. Mit Reisen verkauft man ein Produkt. [7] Bei der / Bei dem geht es nicht nur um Preise.

D Die Reisebranche

1 Das Geschäftsportrait › KB: D1

Welches Wort passt? Ergänzen Sie die passenden Wörter aus dem Schüttelkasten.

Kette | Kooperation | nachhaltig | neutral | ~~Mitglied~~ | Stammkunden

1. Ich bin *Mitglied*_____ in einem Sportclub.
2. Fastfood-Restaurants gehören oft zu einer _____.
3. Mit Wind-Energie produzieren wir unseren eigenen Strom. Das ist sehr _____.
4. Die Lebensmittel für unser Hotel kaufen wir günstig bei einer Handels-_____.
5. Wenn ein Friseurgeschäft viele _____ hat, ist das ein Zeichen für Qualität.
6. Ob Spanien oder Holland das Fußballspiel gewinnt, ist mir egal. Ich bin da ganz _____.

Rechtschreibung

1 Zeichensetzung in langen Sätzen

a **Lesen Sie zuerst den Tipp. Schauen Sie sich den Werbetext eines Reisebüros an und markieren Sie, an welcher Stelle ein Satzzeichen stehen muss. Ergänzen Sie dann die fehlenden Punkte, Kommas, Doppelpunkte und Ausrufezeichen.**

Unser neues „Ocean & Spa" – ideal und preiswert

Es gibt nicht viele Orte wie unser neuer „Ocean & Spa", an denen man so gut zur Ruhe kommen kann. Das Hotel das nah am Zentrum der kleinen sehr lebendigen Stadt liegt ist sehr ruhig Es bietet alles ein wunderbares Frühstücksbuffet Freizeitprogramme Ausflüge und Shows In unserem großen Spa haben Sie die Gelegenheit sich zu entspannen Zum Meer sind es nur 10 Minuten Fußweg trotzdem gibt es einen Shuttle mit dem Sie den Strand bequem erreichen können Weil wir unsere Gäste verwöhnen möchten warten unsere freundlichen Kosmetikerinnen und Physiotherapeuten auf Sie und natürlich können Sie in unseren Restaurants auch sehr gut essen Besuchen Sie uns daher im „Ocean & Spa" Wir freuen uns auf Sie

b **Vergleichen Sie Ihr Ergebnis mit einem Partner / einer Partnerin oder schauen Sie in den Lösungen nach.**

Grammatik im Überblick

1 Sätze mit „obwohl", „trotzdem"/„dennoch", „zwar" …, aber" › G: 4.1, 4.2, 4.4

Sätze mit den Konnektoren „obwohl", „trotzdem"/„dennoch" nennen Situationen mit unerwarteten Folgen.
- „obwohl" steht am Anfang eines Nebensatzes. Nebensätze mit „obwohl" nennen die Ausgangssituation,
  z.B. Reisen ist toll, obwohl es anstrengend sein kann.
- „trotzdem" und „dennoch" stehen in einem Hauptsatz. Sie können am Satzanfang oder in der Satzmitte stehen.
  Nebensätze mit „trotzdem"/„dennoch" nennen die unerwartete Folge,
  z.B. Wir haben zu viel Arbeit. Trotzdem/Dennoch ist die Atmosphäre gut./Die Atmosphäre ist trotzdem/dennoch gut.
- Der zweiteilige Konnektor „zwar …, aber" verbindet zwei Hauptsätze. „Zwar" steht im 1. Hauptsatz und nennt die
  Ausgangssituation, „aber" steht im 2. Hauptsatz und nennt die unerwartete Folge.
  z.B. Zwar buchen viele Kunden Flüge im Internet, aber beim Reiseziel suchen sie Beratung./Viele Kunden
  buchen zwar Flüge im Internet, aber beim Reiseziel suchen sie Beratung.

2 Die Präposition „trotz" › G: 4.3, 4.4

Die Präposition „trotz" + Genitivergänzung nennt die Ausgangssituation, zu der es eine unerwartete Folge gibt.
z.B. Trotz der Probleme in diesem Land kommen viele Urlauber.

3 Relativsätze mit „wo" › G: 4.4

Bei Ortsangaben in Relativsätzen kann man statt „in", „auf", „an" + Relativpronomen auch „wo" verwenden,
z.B. Das ist das Hotel, wo wir die ersten Tage verbracht haben./ … in dem wir die ersten Tage verbracht haben.

4 Relativpronomen im Genitiv › G: 4.4

Relativsätze sind Nebensätze. Sie beschreiben ein Nomen im Hauptsatz genauer. Relativpronomen beziehen sich
auf ein Nomen. Das Genus (der, das, die) und der Numerus (Singular, Plural) des Relativpronomens richten sich nach
diesem Nomen. Der Kasus richtet sich nach dem Verb im Relativsatz,
z.B. Unser Reisebüro bietet einen Service an. Der Service ist sehr kundenfreundlich. → Der Service, den das Reisebüro anbietet, ist sehr kundenfreundlich.
- Man verwendet das Relativpronomen im Genitiv, wenn jemand etwas „besitzt" (possessive Bedeutung),
  z.B. Der Kunde hat sich schon beschwert. Wir suchen die Unterlagen des Kunden → Der Kunde, dessen
  Unterlagen wir suchen, hat sich schon beschwert.

Die Relativpronomen sind im Nominativ, Akkusativ und Dativ Singular und im Nominativ und Akkusativ Plural wie
der bestimmte Artikel. Im Genitiv Singular und Plural sowie im Dativ Plural sind die Relativpronomen anders als der
bestimmte Artikel.

	Maskulinum (M)	Neutrum (N)	Femininum (F)	Plural (M, N, F)
Nominativ	der	das	die	die
Akkusativ	den	das	die	die
Dativ	dem	dem	der	denen
Genitiv	dessen	dessen	deren	deren

5 Demonstrativpronomen im Dativ und Genitiv › G: 3.1

Das Demonstrativpronomen ist im Dativ Plural und bei allen Formen im Genitiv anders als der bestimmte Artikel.

	Maskulinum (M)	Neutrum (N)	Femininum (F)	Plural (M, N, F)
Nominativ	der	das	die	die
Akkusativ	den	das	die	die
Dativ	dem	dem	der	denen
Genitiv	dessen	dessen	deren	deren

A Stellenausschreibung intern

1 Die Stellenausschreibung › KB: A1

a Das Aufgabengebiet – Schauen Sie sich die Stellenausschreibung im Kursbuch 9A, 1, noch einmal an.
Welche Aufgaben müssen Bewerberinnen und Bewerber erfüllen? Ordnen Sie die Verben zu.

analysieren | ausbauen | austauschen | bearbeiten | erschließen | erstellen | kalkulieren | ~~verkaufen~~

1. technische Kunststoffe *verkaufen* _____
2. Markt und Wettbewerb _____
3. neue Absatzgebiete _____
4. den Lieferantenstamm _____

5. sich mit Kollegen _____
6. Anfragen _____
7. Angebote _____
8. Angebote _____

b Das Profil: Wie heißen die Adjektive zu den Nomen?

1. Kaufmann: *kaufmännisch* _____
2. Betriebswirtschaft: _____
3. Technik: _____
4. Sicherheit: _____

5. Eigenverantwortung: _____
6. Zielorientierung: _____
7. Interkulturalität: _____
8. Ergebnisorientierung: _____

2 Eine sehr gute Ausbildung › KB: A2a

Lesen Sie die Personalbögen aus dem Kursbuch 9A, 2a, noch einmal und ergänzen Sie.

Emilia hat eine sehr gute [1] *Ausbildung* : Sie hat an der Universität Mannheim den

[2] _____ gemacht und hat eine [3] _____ in Projektmanagement

an der Fernuniversität Hagen absolviert. Außerdem hat sie das [4] _____

SAP®-Grundwissen Vertrieb. Sie hat schon etwas [5] _____, denn sie hat ein

6-monatiges [6] _____ bei MünchDesign gemacht und arbeitet seit einiger Zeit

bei Feddersen. Englisch spricht sie [7] _____ und Französisch sehr gut, weil sie

während der Semesterferien [8] _____ in Paris gearbeitet hat. Phong hat eine

[9] _____ zum Außenhandelsassistenten gemacht. Danach hat er sich ständig

[10] _____. Er spricht Deutsch und Vietnamesisch [11] _____ und hat

eine langjährige [12] _____.

TIPP

Ausbildung
Der Begriff „Ausbildung" hat
zwei Bedeutungen:
1. Alle Abschlüsse, die man h
   z. B. Abschluss einer Lehre
   Abitur, Studium, Weiterbildung
2. Eine duale Berufsausbildu
   z. B. „eine Ausbildung zum
   Industriekaufmann"

Fortbildung – Weiterbildung
– Bei einer **Weiterbildung**
  erwirbt man einen zusätzli
  chen Bildungsabschluss od
  erlernt einen neuen Beruf.
– In einer **Fortbildung** quali-
  fiziert man sich innerhalb
  seines Berufs weiter.

3 Wen stellen wir ein? › KB: A2c

T Ⓟ ▶ 2|21–22 Hören Sie das Gespräch zwischen Herrn Seibt und Frau Deuz im Kursbuch 9A, 2b, noch einmal.
Was ist richtig (r), was ist falsch (f)? Kreuzen Sie an.

		r	f
1.	Das Gespräch findet im Büro von Herrn Seibt statt.	☐	☒
2.	Herr Seibt kennt Phong Sommer aus seiner Zusammenarbeit mit dem Vertrieb.	☐	☐
3.	Emilia Lange hat bisher nur positiv von ihrer Tätigkeit im Controlling gesprochen.	☐	☐
4.	In der Stellenausschreibung wird keine betriebswirtschaftliche Ausbildung verlangt.	☐	☐
5.	Phong Sommer kann erfolgreich auf Englisch verhandeln.	☐	☐
6.	Der Arbeitgeber möchte mehr für Frauen tun.	☐	☐

B Hard Skills und Soft Skills

1 Welche Soft Skills sind das? › KB: B1b

a Bilden Sie aus den Elementen links und rechts Nomen, die Soft Skills bezeichnen, und notieren Sie sie mit dem Artikel.

Aus- | Belast- | Ergebnis- | Flexi- | Leistungs- | -barkeit | -bereitschaft | -bilität | -dauer |
Loyal- | Team- | Zuverlässig- | -fähigkeit | -ität | -keit | -orientierung

die Ausdauer, ...

b Lesen Sie die Sätze und ergänzen Sie die passenden Wörter aus 1a.

1. Man kann sehr lange an etwas arbeiten. Man hat *Ausdauer* .
2. Viel zu leisten findet man normal. Man zeigt _____ .
3. Das Team und die Leitung vertrauen der Person. Sie kennen ihre _____ .
4. Man will immer zu einem guten Resultat kommen. _____ findet man wichtig.
5. Man kann sehr gut in einer Gruppe arbeiten. In der Ausschreibung wird _____ verlangt.
6. Sich an neue Situationen anpassen zu können, ist sehr wichtig. _____ ist ein Muss.
7. Was man versprochen hat, macht man auch. _____ bei der Arbeit ist Voraussetzung.
8. Auch wenn es Stress gibt, erfüllt man seine Aufgaben gut. _____ ist wichtig im Beruf.

2 Das Plusquamperfekt – Wiederholung › KB: B2c › G: 1.3

Notieren Sie die Formen.

1. ich – arbeiten: *ich hatte gearbeitet*   4. ihr – beenden: _____
2. er – fahren: _____   5. wir – sich informieren: _____
3. sie (Pl.) – einladen: _____   6. du – bleiben: _____

3 Nebensätze mit „nachdem", „als", „wenn", „bevor", „während" › KB: B2c › G: 4.2, 4.4

a Temporalsätze mit „nachdem"/„als": Was geschah zuerst (1), was war dann (2)? Tragen Sie die Zahlen ein.

1. Phong hat die Stellenausschreibung gelesen.   *1*   Er war aufgeregt.   *2*
2. Er hat sich beworben.   ☐   Er hat mit seiner Frau gesprochen.   ☐
3. Eine Kollegin hat ihn beraten.   ☐   Er war nicht mehr unsicher.   ☐

b Lesen Sie den Tipp und schreiben Sie die Sätze aus 3a wie im Beispiel.

1. *Nachdem / Als Phong die Stellenausschreibung gelesen hatte, war er aufgeregt.*
2. _____
3. _____

> **TIPP**
>
> Etwas findet vor etwas anderem in der Vergangenheit statt: Nebensatz: Plusquamperfekt + Hauptsatz: Präteritum oder Perfekt. Statt „nachdem" + Plusquam. kann man auch „als " + Plusquam. verwenden.

c Temporalsätze mit „nachdem"/„wenn": Was macht man zuerst (1), was dann (2)? Tragen Sie die Zahlen ein.

1. Man bewirbt sich.   2   Man liest die Stellenausschreibung.   1
2. Man informiert sich über die Firma.   ⎵   Man schreibt eine Selbstpräsentation.   ⎵
3. Man übt die Präsentation.   ⎵   Man überlegt sich gute Beispiele für Soft Skills.   ⎵

d Lesen Sie den Tipp und schreiben Sie die Sätze aus 3c wie im Beispiel.

1. _Nachdem / Wenn man die Stellenausschreibung gelesen hat, bewirbt man sich._
2. _____
3. _____

TIPP

Etwas findet vor etwas anderem in der Gegenwart statt: Nebensatz: Perfekt + Hauptsatz: Präsens. Statt „nachdem" kann man auch „wenn" verwenden.

e Lesen Sie die Sätze und kreuzen Sie an, ob die Handlung in den Nebensätzen (grau markiert) vor (v), nach (n) oder zur gleichen Zeit (g) wie die Handlung in den Hauptsätzen stattfindet.

	v	n	g
1. Als Phong seine Ausbildung beendet hatte, erhielt er eine Festanstellung bei ABS.	X	☐	☐
2. Während er bei ABS arbeitete, lernte er verschiedene Abteilungen kennen.	☐	☐	☐
3. Bevor er zu Feddersen wechselte, machte er zwei Weiterbildungskurse.	☐	☐	☐
4. Bevor er sich zur Bewerbung entschieden hat, hat er lange nachgedacht.	☐	☐	☐
5. Nachdem er mit seiner Frau gesprochen hatte, hat er sich beworben.	☐	☐	☐

f Lesen Sie die Sätze in 2e noch einmal. Was passt: a oder b? Kreuzen Sie an.

Ⓖ

1. In Nebensätzen mit „nachdem" kann die Handlung nur
   a. ☒ vor   b. ☐ nach   der Handlung im Hauptsatz stattfinden.
2. Im Nebensatz mit „nachdem" und im Hauptsatz verwendet man
   a. ☐ die gleichen   b. ☐ verschiedene   Zeiten.
3. In Nebensätzen mit „bevor" findet die Handlung
   a. ☐ vor   b. ☐ nach   der Handlung im Hauptsatz statt.
4. Im Nebensatz mit „bevor" und im Hauptsatz verwendet man
   a. ☐ die gleichen   b. ☐ verschiedene   Zeiten.

g Lesen Sie die Sätze und formulieren Sie sie neu.

1. Phong hat das Abitur gemacht. Dann hat er eine 2-jährige Ausbildung begonnen. (nachdem)

   Nachdem Phong das Abitur gemacht hatte, hat er eine 2-jährige Ausbildung begonnen.

2. Er hat seine Ausbildung gemacht. Dabei hat er verschiedene Abteilungen kennengelernt. (während)

   _____

3. Er hat die Ausbildung abgeschlossen. Dann ist er fest angestellt worden. (nachdem)

   _____

4. Er war bei ABS tätig. Gleichzeitig hat er in seiner Freizeit zwei Weiterbildungen gemacht. (während)

   _____

5. Er hat sich bei Feddersen beworben. Vorher hat er sich gut über die Firma informiert. (bevor)

   _____

6. Er hatte den Vorstellungstermin. Vorher trug er seiner Frau die Präsentation vor. (bevor)

   _____

4 Kürzer ausdrücken mit Präpositionen › KB: B2c › G: 4.3, 4.4

a Lesen Sie die Hauptsätze und ergänzen Sie die passenden Ausdrücke mit Präpositionen aus dem Schüttelkasten. So drücken Sie die Informationen aus 3g kürzer aus.

> während seiner Ausbildung | während seiner Tätigkeit bei ABS | vor seiner Bewerbung bei Feddersen |
> vor dem Vorstellungstermin | ~~nach dem Abitur~~ | nach dem Abschluss der Ausbildung

1. *Nach dem Abitur* _____ hat Phong eine 2-jährige Ausbildung begonnen.
2. _____ hat er verschiedene Abteilungen kennengelernt.
3. _____ ist er fest angestellt worden.
4. _____ hat er in seiner Freizeit zwei Weiterbildungen gemacht.
5. _____ hat er sich gut über die Firma informiert.
6. _____ trug er seiner Frau die Präsentation vor.

b Schauen Sie sich die Sätze in 3g und 4a an und ergänzen Sie die Tabelle.

Nebensatzkonnektor	nachdem / als		während
Präposition	*nach*	vor	

5 Emilia berichtet: Meine Kenntnisse und beruflichen Erfahrungen › KB: B3d › G: 4.2, 4.3, 4.4

a Lesen Sie Emilias Bericht und ergänzen Sie die Präpositionen und die Nebensatzkonnektoren aus den Übungen 3 und 4. Zweimal passen zwei.

[1] *Nach* _____ dem Abitur studierte ich an der Universität Mannheim. [2] _____ des Studiums arbeitete ich

manchmal als Kellnerin in einem Café. [3] _____ ich in Toronto studierte, konnte ich meine Englischkenntnisse

verbessern. [4] _____ meiner Rückkehr war es für mich nicht ganz leicht, wieder in Deutschland zu leben.

[5] _____ ich das Studium abgeschlossen hatte, habe ich einen Kurs in Projektmanagement an der

Fernuniversität Hagen absolviert. [6] _____ ich bei Feddersen angefangen habe, habe ich ein Praktikum in

Frankfurt gemacht. [7] _____ meiner Tätigkeit bei Feddersen habe ich eine Fortbildung in SAP®-Grundwissen

Vertrieb besucht.

b Emilia erzählt: Lesen Sie den Tipp und schreiben Sie Sätze mit den Präpositionen „nach", „vor", „während". Verwenden Sie die Zeiten in Klammern.

> **TIPP**
>
> nach / vor + Dativ
> während + (Genitiv formell,
> z. B. im Schriftlichen)
> während + Dativ (informell,
> z. B. im Mündlichen)

1. vor – Vorstellungsgespräch – ich – über Firma – sich gut informieren (Plusquamperfekt)
2. während – Vorbereitungen – ich – viel Neues – lernen (Perfekt)
3. vor – Termin – ich – Freundin treffen – und – sie – um Rat – bitten (Plusquamperfekt)
4. nach – Treffen – mit ihr – ich – sich sicherer fühlen (Perfekt)
5. während – Gespräch – mit Personalchef – ich – viele Fragen stellen (Perfekt)
6. nach – Vorstellungsgespräch – ich – in – Kantine – gehen – und – etwas essen (Perfekt)
7. während – Essen – ich – über Vorstellungsgespräch – lange nachdenken (Perfekt)

1. Vor dem Vorstellungsgespräch hatte ich mich gut über die Firma informiert.

C Die Selbstpräsentation

1 Wortschatz lernen mit Synonymen und Verben mit Präpositionen › KB: C1c

a Schauen Sie sich die Tipps im Kursbuch 9C, 1a, noch einmal kurz an und finden Sie darin Synonyme zu den Wörtern und Ausdrücken.

1. Zeitliche Folge: der *Ablauf, ⁻e* _____
2. Anfang eines Vortrags: _____
3. Karriere: _____

4. Positives Resultat: _____
5. Wie man sitzt: _____
6. Wohin man schaut: _____

b Welche Präposition gehört zu welchem Verb? Ordnen Sie zu. Schreiben Sie Beispielsätze.

1. vermitteln   A. auf   1. _D_
2. sich konzentrieren B. mit   2. ⌴
3. verbinden   C. nach   3. ⌴
4. ordnen   D. zwischen   4. ⌴

5. sich beschäftigen E. um   5. ⌴
6. bitten   F. mit   6. ⌴
7. sich begeistern   G. auf   7. ⌴
8. achten   H. für   8. ⌴

1. Die Chefin vermittelt zwischen den Kollegen. _____

2 Einen Text genau lesen und Fehler finden: Tipps für die Selbstpräsentation › KB: C1c

B Ⓟ Lesen Sie die Tipps. Finden Sie sieben weitere Fehler und korrigieren Sie sie. Wenn kein Fehler in der Zeile ist, machen Sie ein Häkchen (✓).

Einen Text überprüfen
Lesen Sie Ihre Texte noch ein...
genau und achten Sie z. B. au...
Groß- und Kleinschreibung,
passende Präpositionen und
Konnektoren.

TIPP

Sie sollten die Präsentation <mark>auf</mark> dem Spiegel üben. Bitten Sie auch Freunde	*vor*	1
um Kritik. Eine Möglichkeit, sich selbst zu präsentieren, ist z. B. eine Jobmesse.	✓	2
An den Universitäten es gibt oft einen „Career Service" mit Seminaren zur	___	3
Vorbereitung. Üben Sie zuerst mithilfe Ihres Ablaufplans, dann ganz frei. Achten	___	4
Sie besonders um Ihre Körpersprache. Die Sitzhaltung: gerade, aber entspannt.	___	5
Als Sie stehen: Stehen Sie gerade, die Arme locker an der Seite.	___	6
Halten Sie die Hände relativ ruhig. gestikulieren Sie also nicht zu viel. Sehr	___	7
wichtig ist auch die Blickrichtung: Schauen Sie nicht nur ihren Gesprächspartner,	___	8
sondern sehen Sie auch immer wieder die anderen Personen auf der Runde an.	___	9
Haben Sie keine Angst, über sich selbst sprechen!	___	10

3 Etwas kurz erwähnen – die Modalpartikel „übrigens" › KB: C1c

Ⓩ Lesen Sie die Sätze. Wann verwendet man „übrigens"? Kreuzen Sie in der Regel an.

1. Phong reist viel. Übrigens geht seine nächste Reise nach Hangzhou, in China.
2. Interkulturelle Kompetenz ist ein Muss. Übrigens habe ich die schon als Kind trainiert.
3. Seine Frau spricht mit ihm über die Selbstpräsentation. Sie ist übrigens auch Betriebswirtin.

Ⓖ

Den Satz mit „übrigens" verwendet man,
a. ☐ wenn man das Thema von dem Satz davor weiterführt.
b. ☐ wenn man eine Nebenbemerkung macht oder das Thema wechseln möchte.

4 Redemittel für Präsentationen › KB: C2b

Ordnen Sie die Redemittel im Schüttelkasten der Struktur der Selbstpräsentation zu.

Guten Morgen zusammen! | Ich habe mich auf die Stelle beworben, weil ich … | Wenn Sie Fragen haben, beantworte ich sie gern. | Ein Beispiel für mein erfolgreiches Arbeiten ist das folgende: … | Mein Name ist … | Guten Morgen, meine Damen und Herren! | Besonders freue ich mich auf … | In meiner kurzen Präsentation möchte ich auf folgende Punkte eingehen: … | Ich komme aus … und wollte schon immer … | Wer bin ich? Was kann ich? | Meine kurze Präsentation besteht aus … Teilen. | Zu meiner Ausbildung möchte ich nur ganz kurz etwas sagen: … | Ich war für … verantwortlich. | Berufserfahrung habe ich während … gesammelt. | Mich fortzubilden, war mir immer wichtig, deshalb habe ich … | Nun komme ich zu Teil … meines kleinen Vortrags. | Besonders gut kann ich … | Ich glaube, dass ich fachlich und persönlich genau zu der Stelle passe, weil … | Ich bin überzeugt, dass ich für die Stelle geeignet bin, denn … | Meine Tätigkeit umfasste … | Ich kann mir sehr gut vorstellen, … zu … | In Ihrer Ausschreibung fordern Sie, dass … | Ich danke Ihnen für Ihre Aufmerksamkeit.

1. Begrüßung / Name: *Guten Morgen zusammen!, …*

2. Einleitung / Überleitung: _____

3. Werdegang: _____

4. Kenntnisse / Erfolge: _____

5. Grund für Bewerbung: _____

6. Schluss: _____

D Berufliche Pläne

1 Das Futur: Formen und Bedeutung › KB: D2a › G: 1.1

a Lesen Sie die Mail im Kursbuch 9D, 1a, noch einmal und ergänzen Sie die Tabelle.

ich	du	er / sie / es	wir	ihr	sie	Sie (Sg. + Pl.)
			werden	werdet	*werden*	werden

b Formulieren Sie Emilias und Insas Pläne im Futur. Schreiben Sie die Sätze in die Tabelle.

1. ab Herbst – Emilia – bei Feddersen – arbeiten – im Vertrieb
2. sie – bekommen – dort – ein höheres Gehalt
3. Insa – anfangen – bald – bei einem großen Unternehmen – in Düsseldorf
4. dort – zuständig sein – für die Markt- und Wettbewerbsanalyse – sie

	Position 2		Satzende
1. *Ab Herbst*	*wird*	*Emilia bei Feddersen im Vertrieb*	*arbeiten.*
2. *Sie*			
3.			
4.			

c Formulieren Sie die Sätze in 1b im Präsens.

Ab Herbst arbeitet Emilia bei Feddersen im Vertrieb.

TIPP

Man kann Zukünftiges auch im Präsens ausdrücken, meist mit einer Zeitangabe, z. B. Morgen spreche ich mit dem Chef.

d Prognosen für Hamburg: Lesen Sie den Ausschnitt aus einem Informationstext der Handelskammer und markieren Sie die Prognosen.

> Im Jahr 2030 ==werden mehr als 8,3 Milliarden Menschen auf der Erde leben==, fast zwei Drittel davon in Städten. Auch die deutsche Großstadt Hamburg wird wachsen, da viele Menschen aus dem Ausland nach Hamburg – einem Zentrum des deutschen Außenhandels – kommen werden. Denn als moderne Hafenstadt ist Hamburg international bekannt und beliebt. Bis zum Jahr 2020 wird das Angebot an offenen Stellen auf dem Hamburger Arbeitsmarkt zunehmen und der Anteil der Frauen und von Personen aus verschiedenen Ländern am Arbeitsmarkt wird steigen.
> Diese Entwicklung wird Hamburgs Wirtschaft positiv verändern.

2 Die Feddersen Holding › KB: D3a

B **P** Ergänzen Sie die Lücken im Profil der Feddersen Holding jeweils mit einem Wort in der richtigen grammatischen Form.

K.D. FEDDERSEN
Think Value

Die Feddersen Holding [1] _wurde_ 1985 gegründet. Sie hält die Beteiligungen an den Unternehmen [2] _____ Firmengruppe. Die Unternehmen konzentrieren sich schwerpunktmäßig [3] _____ den weltweiten Handel mit chemischen und technischen Produkten. Sie vertreten [4] _____ eigenen Niederlassungen in Europa und weltweit wichtige Unternehmen [5] _____ Chemie-, Investitions- und Konsumgüterindustrie.

Rechtschreibung

1 Wie schreibt man das?

a „i" oder „ie"? Ergänzen Sie.

1. Erschl_ie_ ßung
2. Arbeitsst___l
3. Flex___bilität
4. D___nstleister
5. F___nanzen
6. St___ftung
7. Not___z
8. Ab___tur
9. Zertif___kat
10. Einst___g
11. N___derlassung
12. Z___l
13. expand___ren
14. Qualif___kation
15. Vertr___b

b „s", „ss" oder „ß"? Ergänzen Sie.

1. erschlie_ß_en
2. erschlo___en
3. Intere___e
4. Zeugni___
5. Zeugni___e
6. Kenntni___
7. abschlie___en
8. Abschlu___
9. zuverlä___ig
10. flei___ig

TIPP

Endung „-nis" → Plural: „-niss

c Doppelkonsonant oder nur einer? Ergänzen Sie.

1. Kunststo_ff_e
2. Liefera___t
3. Ho___y
4. Fli___chart
5. Gru___e
6. A___alyse
7. interkulture___
8. We___bewerb
9. Erste___ung
10. komple___

Grammatik im Überblick

1 Temporale Nebensätze: Gleichzeitigkeit, Vorzeitigkeit und Nachzeitigkeit › G: 4.2, 4.4

Nebensätze mit „während" – gleichzeitig

Sie drücken aus, dass die Handlungen oder Geschehen im Nebensatz und im Hauptsatz **gleichzeitig** stattfinden. Der Nebensatz mit „während" kann vor oder nach dem Hauptsatz stehen, z. B. Phong hat die Weiterbildung gemacht, während er schon voll gearbeitet hat. Während Phong schon voll gearbeitet hat, hat er die Weiterbildung gemacht.

Nebensätze mit „nachdem" – vorzeitig

Sie drücken aus, dass eine Handlung oder ein Geschehen **vor** einer anderen / einem anderen in der Vergangenheit stattfinden. Der Nebensatz mit „nachdem" kann vor oder nach dem Hauptsatz stehen, z. B. Nachdem Phong sich beworben hatte, war er aufgeregt. Phong war aufgeregt, nachdem er sich beworben hatte.

– Die Zeiten in Sätzen mit „nachdem": Nebensatz: Plusquamperfekt + Hauptsatz: Präteritum oder Perfekt. Statt „nachdem" kann man auch „als " verwenden.

 z. B. Nachdem / Als Phong sein Abitur gemacht hatte, hat er mit seiner Ausbildung zum Außenhandelsassistenten begonnen.
 Phong hat mit seiner Ausbildung zum Außenhandelsassistenten begonnen, nachdem / als er sein Abitur gemacht hatte.

– Etwas findet vor etwas anderem in der Gegenwart statt: Nebensatz: Perfekt + Hauptsatz: Präsens oder Futur. Statt „nachdem" kann man auch „wenn" verwenden.

 z. B. Nachdem / Wenn man die Stellenausschreibung gelesen hat, bewirbt man sich.
 Nachdem / Wenn Emilia ihr Projekt beendet hat, fährt sie mit Insa in Urlaub. Emilia wird mit Insa in Urlaub fahren, nachdem / wenn sie ihr Projekt beendet hat.

Nebensätze mit „bevor" – nachzeitig

Sie drücken aus, dass eine Handlung **später** als die Handlung im Hauptsatz stattfindet. Nebensätze mit „bevor" können vor oder nach dem Hauptsatz stehen. Im Nebensatz mit „bevor" und im Hauptsatz steht dieselbe Zeit.

z. B. Phong hatte eine Teambesprechung, bevor die Messe öffnete. Bevor er seine Präsentation gehalten hat, hat er mit einer Studienkollegin gesprochen.
 Bevor er nach China fährt, lernt er Chinesisch.

2 Temporale Präpositionen: „nach", „während", „vor" › G: 4.3, 4.4

Mit den Präpositionen „nach" und „vor" + Dativ sowie „während" + Genitiv oder Dativ (informell mündlich / umgangssprachlich) kann man Zeitangaben machen.

z. B. Nach dem Abitur hat Phong eine 2-jährige Ausbildung begonnen.
 Während seiner Tätigkeit bei ABS hat er Weiterbildungen gemacht.
 Vor seiner Bewerbung bei Feddersen hat er sich gut über die Firma informiert.

3 Das Futur › G: 1.1

Man verwendet das Futur, um Zukünftiges zu äußern, z. B. um über Pläne und Prognosen zu sprechen. Es wird mit der konjugierten Form von „werden" und dem Infinitiv des Verbs gebildet.

ich	du	er / sie / es	wir	ihr	sie	Sie (Sg. + Pl.)
werde	wirst	wird	werden	werdet	werden	werden

	„werden"		Infinitiv
Ab Herbst	wird	Emilia bei Feddersen im Vertrieb	arbeiten.
Wann	wird	Emilia nach Kanada	gehen?

Man verwendet auch häufig das Präsens, um Zukünftiges auszudrücken, besonders wenn es im Satz eine Zeitangabe gibt,

z. B. Ab Herbst arbeitet Emilia im Vertrieb.
 Sie macht im November eine Dienstreise nach Frankreich.

A Beruflicher Neuanfang

1 Stellenanzeigen lesen und verstehen › KB: A2

a Was gehört zu welcher Kategorie? Ordnen Sie die Wörter aus dem Schüttelkasten zu.

> abgeschlossene Ausbildung | Bezahlung nach Tarif | Flexibilität |
> Englisch: sehr gut in Wort und Schrift | Kenntnisse in … | kommunikationsstark |
> 13. Monatsgehalt | Teilzeit (50%) | Teamfähigkeit | Studium im Fach … |
> Urlaubsgeld | verhandlungssicheres Spanisch | Vollzeit

1. formale Qualifikationen: *abgeschlossene Ausbildung, …*

2. persönliche Kompetenzen:

3. Arbeitszeitmodell:

4. Leistungen des Unternehmens:

b Lesen Sie die Stellenanzeige unten. Aus welchen Teilen besteht sie? Notieren Sie die passenden Nummern von den Stichpunkten unten.

1. Infos über das Unternehmen
2. Stellenbezeichnung
3. Beschreibung der Tätigkeiten
4. Firmenname
5. Eintrittsdatum
6. Arbeitszeitmodell
7. Formale Qualifikationen
8. Arbeitsort
9. Persönliche Kompetenzen
10. Leistungen des Unternehmens
11. Art der Bewerbung
12. Kontaktdaten

Für unser neues Planungsbüro aus dem Bereich Gebäude-technik suchen wir ab 15.11. in Hamburg-Schnelsen ⓵

einen Technischen Zeichner / eine Technische Zeichnerin in Vollzeit

Das sind Ihre Aufgaben:
- Erstellung technischer Zeichnungen im Bereich Heizung, Sanitär & Klima
- Projektbesprechungen mit den Projektleitern und Planungsingenieuren
- Erstellung von technischen Dokumentationen

Das bringen Sie mit:
- abgeschlossene Berufsausbildung als Technischer Zeichner und mehrjährige Berufserfahrung
- Kenntnisse von Konstruktionssoftware wie AutoCAD oder Inventor erwünscht
- selbstständige Arbeitsweise und Teamfähigkeit

Das ist Ihre berufliche Zukunft:
- ein interessantes und spannendes Aufgabengebiet und eine abwechslungsreiche Tätigkeit in einem großen Unternehmen
- attraktive, leistungsgerechte Vergütung

Ihre kompletten Bewerbungsunterlagen mit Lebenslauf und Zeugnissen senden Sie uns bitte per Online-Bewerbung an Proplanotec GmbH. www.Proplanotec.com

C Lesen Sie Anzeigen in 1b und im KB 10A, 2, noch einmal. Welche Qualifikationen / Kenntnisse muss man unbedingt haben, welche sind nicht unbedingt notwendig, aber ein Vorteil? Ordnen Sie die Formulierungen zu.

> TIPP

Achten Sie auf die Formulierungen in Anzeigen. So wissen Sie, welche Kenntnisse und Qualifikationen Sie unbedingt haben müssen.

> Sie bringen mit: … | idealerweise | … ist für Sie selbstverständlich. | Sie verfügen über … | … ist / sind erwünscht. | … setzen wir voraus. | … sind von Vorteil. | … wird / werden vorausgesetzt. | Wir erwarten … | Wünschenswert ist …

1. Das muss man haben: *Sie bringen mit: …,*
2. Das wäre gut zu haben:

2 Telefonisch nachfragen › KB: A3b

Formulieren Sie Sätze, um am Telefon nachzufragen.

1. Ich rufe an, (weil – einige Fragen haben – zu Ihrer Anzeige auf monster.de)

   Ich rufe an, weil ich einige Fragen zu Ihrer Anzeige auf monster.de habe.

2. Ich möchte gern wissen, (ab wann spätestens – Sie – besetzen wollen – die Stelle)

3. Ich wollte außerdem nachfragen, (welche Kenntnisse in SAP® – unbedingt notwendig sein)

4. Könnten Sie mir bitte sagen, (die Tätigkeit – ob – verbunden sein – mit Reisen)

5. Zum Schluss würde ich gern noch wissen, (eine Bewerbung auch per E-Mail – ob – möglich sein)

B Der Lebenslauf

1 Kategorien im Lebenslauf › KB: B1a

Schauen Sie sich den Lebenslauf im Kursbuch 10B, 1a, noch einmal an und ergänzen Sie passende Überschriften zu den Erklärungen.

1. Informationen zu Ihrer Person: Geburtsdatum, -ort, Familienstand, Kinder können Sie, aber müssen Sie nicht angeben.   *Persönliche Angaben*

2. Ihre Ausbildung / Ihr Studium. Geben Sie hier Schwerpunkte oder Spezialisierungen an.

3. Weitere Qualifikationen, z. B. Fort- / und Weiterbildungen oder Zertifikate

4. Niveau von Sprachen, die Sie können.

5. Hobbys / ehrenamtliche Tätigkeiten sind wichtig, um Ihr Profil perfekt zu machen

6. Abschluss Ihres Lebenslaufs: Diese drei Angaben müssen immer dort stehen und sollten aktuell sein.

7. Genaue Angaben zu Ihren Computerkenntnissen

8. Informationen zu Ihrer Arbeitserfahrung. Notieren Sie wichtige Tätigkeiten, wenn möglich sehr konkret. Wenn Sie wegen eines Kindes eine Zeit lang nicht gearbeitet haben, sollten Sie das auch hier angeben. So gibt es keine Lücke im Lebenslauf.

2 Was hat Clara Vinoli gemacht? – Nominalisierungen im Lebenslauf › KB: B3 › G: 7.1

a Schreiben Sie Sätze im Perfekt. Ergänzen Sie dann die Regeln.

1. Bearbeitung von Bestellungen: *Sie hat Bestellungen bearbeitet.* _____

2. Kundenberatung: _____

3. Verwalten und Organisation des Lagers: _____

4. Durchführung einer Kundenumfrage: _____

5. Herstellung der Arzneimittel: _____

6. Lesen von Fachliteratur über Naturheilverfahren: _____

Ⓖ

Nomen bilden: Tätigkeiten im Lebenslauf beschreibt man in nominalisierter Form. Es gibt verschiedene Möglichkeiten aus Verben Nomen zu bilden, z. B.
- mit Endungen (z. B. „(-a)tion", „-ung") z. B. *Bearbeitung,* _____
- Man kann auch zusammengesetzte Nomen bilden, z. B. _____ .
- der Infinitiv kann nominalisiert werden (verwalten → das Verwalten), z. B. _____
Weitere Information angeben: Die Akkusativergänzungen zu den Nomen gibt man oft mit der Präposition „von" an, z. B. _____ oder mit dem Genitiv, z. B. _____ .

b Angaben zu Schule, Studium und Beruf nominalisieren: Lesen Sie, was Mauricio berichtet. Markieren Sie die Verben und wichtige Ergänzungen.

1. Ich <mark>habe</mark> von 2003 bis 2009 das „Colegio Madrid Secundaria y Bachillerato" <mark>besucht</mark> und mit der Hochschulreife <mark>abgeschlossen</mark>.
2. Dann habe ich von September 2009 bis Juni 2012 an der Universität Complutense Madrid Wirtschaft mit dem Schwerpunkt Rechnungswesen studiert.
3. Ich habe das Studium mit dem Bachelor mit der Note „sehr gut" abgeschlossen.
4. Nach dem Studium war ich fast zwei Jahre lang (Oktober 2012 – September 2014) als Mitarbeiter im Rechnungswesen des Unternehmens „Día" in Madrid tätig.
5. Ich habe dort die Rechnungen dokumentiert, geprüft und gebucht.
6. Außerdem war ich auch in der Lohnbuchhaltung tätig, ich habe die Lohnzahlungen vorbereitet.
7. Seit Oktober 2014 arbeite ich als Teamleiter in der Buchhaltung des Unternehmens „Telefónica".
8. Ich bearbeite Rechnungen und Lohnzahlungen und organisiere Fortbildungen für neue Mitarbeiter/innen.

c Schreiben Sie die markierten Angaben in nominalisierter Form. Arbeiten Sie ggf. mit einem Wörterbuch.

1. *2003–2009: Besuch des „Colegio Madrid Secundaria y Bachillerato",*
   Abschluss: Hochschulreife _____

2. _____

3. _____

4. _____

5. _____

6. _____

7. _____

8. _____

d Lesen Sie den Tipp und ergänzen Sie den Lebenslauf von Mauricio mit den Daten aus 2b.

TIPP

Um ein einheitliches Layout bei Zeitangaben mit Monaten und Jahren zu erhalten, können Sie die Monate Januar – September immer mit einer 0 davor schreiben, also zum Beispiel 01/2004. Ortsangaben müssen Sie – wenn es um Orte außerhalb von Deutschland geht – mit dem Land angegeben. Achten Sie auf Eigennamen, die im Deutschen anders heißen, z. B. Moskwa → Moskau, Milano → Mailand …

Lebenslauf Mauricio Delgado-Soares

Persönliche Angaben

Geburtsdatum: geb. 27.05.1991 in Madrid, Spanien

Kontakt: M. Delgado-Soares
Calle de Fernando Gonzales 144
28019 Madrid
Spanien
E-Mail: m.delgado@xpu.es
Mobil: 0034 91 455557855

Berufserfahrung

seit 10/2014

10/2012–09/2014 Mitarbeiter im Rechnungswesen bei „Día", Madrid, Spanien – Dokumentation der Rechnungen, …

Ausbildung & Schule

Wirtschaftsstudium …
Abschlussnote:
Bachillerato (=) Colegio

e Angaben zu Sprachkenntnissen – Welche Kompetenzen passen zu welchem Sprachniveau? Ordnen Sie zu.

1. gute Kenntnisse	A. Sehr leichte Alltagsgespräche sind möglich.	1. D
2. Grundkenntnisse	B. Man ist in dieser Sprache aufgewachsen.	2.
3. sehr gute Kenntnisse in Wort und Schrift	C. Man kann Verhandlungen führen und beherrscht die Sprache fast wie ein Muttersprachler.	3.
4. Muttersprache	D. Unterhaltungen und Telefonate sind möglich.	4.
5. vertrags- und verhandlungssicher	E. Man kann eine PowerPoint-Präsentation machen und dann eine fachliche Diskussionen führen.	5.

f Wie macht man Angaben zu seinen Interessen? Schauen Sie im Kursbuch 10B, 1a, nach und füllen Sie dann in Mauricio Delgados Lebenslauf die Rubrik „Interessen" aus.

Interessen

Basketball, …

Mauricio spielt in seiner Freizeit Basketball, er wandert gern und er interessiert sich für Lateinamerika, seine Geschichte und Kultur.

C Das Anschreiben

1 Der Aufbau eines Anschreibens › KB: C2d

Tragen Sie die einzelnen Teile eines Anschreibens in das Briefschema ein.

> Brieftext mit Angaben zu Qualifikationen, Berufserfahrung, persönlichen Kompetenzen, Motivation, … (1) | Absender (2) | Empfänger (3) | Ort und Datum (4) | Unterschrift (5) | Grußformel (6) | Anrede (7) | Betreff (8)

2 Die Betreffzeile einer Bewerbung formulieren › KB: C2d

Lesen Sie den Tipp und das Beispiel. Formulieren Sie dann Betreffzeilen zu den Situationen.

1. Sie haben eine Bewerbung als Kundenberater/in geschrieben. Die Anzeige dazu war am 4.3. in der Zeitung „Tagesspiegel".

    Bewerbung als Kundenberater/in

    Ihre Anzeige vom 4.3.2017 im Tagesspiegel

2. Sie möchten sich als Mitarbeiterin am Empfang einer Firma bewerben. Die Anzeige haben Sie auf der Webseite jobpilot.de am 22.3.2017 gefunden. Sie hat die Kennziffer: ID 2017-901

    _____

    _____

3. Sie bewerben sich als Abteilungsleiter/in im Rechnungswesen. Das Stellenangebot haben Sie in der Wochenzeitung „ZEIT" vom 23.2.2017 gefunden.

    _____

    _____

3 Anrede und Grußformel in Bewerbungen › KB: C2d

Welche Anredeformen sind in Bewerbungsschreiben möglich? Kreuzen Sie an.

Anredeformen

1. Sehr geehrte Damen und Herren, … [X]
2. Sehr geehrte Clara März, … ☐
3. Sehr geehrter Herr Dr. Berg, … ☐
4. Hallo, liebe Frau März, … ☐
5. Sehr geehrte Frau Meier, … ☐

4 Das Anschreiben › KB: C2d

a Anschreiben beginnen: Lesen Sie die Sätze 1 bis 5 aus einem Anschreiben und ordnen Sie den Sätzen die Tipps A bis E aus einem Bewerbungsberater zu.

1. Sie suchen einen qualifizierten Kunden-berater. Ich bringe Erfahrung in der Beratung sowie Kenntnisse in … mit.

2. … als ausgebildeter Buchhalter habe ich fünf Jahre lang umfangreiche Berufserfahrung sammeln können.

3. … wie gestern mit Ihnen telefonisch besprochen, übersende ich Ihnen meine Bewerbung.

4. Da ich mich beruflich gern weiter-entwickeln möchte, bewerbe ich mich um die ausgeschriebene Stelle.

5. Hiermit bewerbe ich mich um die ausgeschriebene Stelle.

A. Dieser Satz enthält keine. neuen Informationen.

B. Ein Telefonat ist eine gute Möglichkeit, das Anschreiben zu beginnen.

C. Hier benennen Sie den Grund, warum Sie sich auf die Stelle bewerben.

D. Qualifikation und Berufserfahrung sind sehr gute Argumente gleich zu Beginn.

E. Dieser Satz nimmt Bezug auf die Anzeige.

1. _D_
2. ⌴
3. ⌴
4. ⌴
5. ⌴

Der erste Satz sollte das wichtigste Argument für Ihre Bewerbung enthalten. Das kann die Berufserfahrung sein, die Qualifikation oder auch die Motivation. Wenn sich der erste Satz auf ein Telefonat bezieht, dann sollte der nächste Satz Ihr stärkstes Argument für die Bewerbung enthalten.

b Inhalte formulieren: Schreiben Sie Sätze für ein Anschreiben.

1. für die ausgeschriebene Stelle mitbringen: mehrjährige Berufserfahrung im Außendienst – ein sehr guter Abschluss als Kaufmann im Groß- und Einzelhandel
2. verfügen über: umfangreiche Kenntnisse in SAP® und langjährige Berufserfahrung als Projektmitarbeiter in der Beratung von Energieunternehmen
3. viele Erfahrungen sammeln (Perfekt): als Angestellte in einer Apotheke – im Bereich der Homöopathie und in der Kundenberatung
4. Schwerpunkte meiner Tätigkeit als … waren: Mitarbeiterin in der Buchhaltung – Erstellung, Prüfung und Bearbeitung von Rechnungen sowie Erstellen der Monats- und Jahresabschlüsse
5. zu meinen Eigenschaften gehören: Flexibilität, ein freundlicher Umgang mit den Kunden und Teamfähigkeit
6. zur Verfügung stehen: für alle weiteren Auskünfte – in einem persönlichen Gespräch – gerne

1. Für die ausgeschriebene Stelle bringe ich eine mehrjährige Berufserfahrung im Außendienst und einen sehr guten Abschluss als Kaufmann im Groß- und Außenhandel mit.

D Moderne Stellensuche

1 Möglichkeiten der Stellensuche › KB: D1a

Lesen Sie die Erklärungen und ergänzen Sie die Begriffe aus dem Schüttelkasten.

Jobbörsen | Staatliche Vermittlungsagenturen | Soziale Netzwerke | Printmedien | Zeitarbeit

1. *Jobbörsen* : Onlineplattform, wo Unternehmen ihre offenen Stellen ausschreiben.

2. _____ : Auf diesen Onlineplattformen registriert man sich, man erstellt ein Profil und kann dann berufliche Kontakte knüpfen und ggf. Stellenangebote bekommen.

3. _____ : Man wird für eine bestimmte Zeit an eine Firma vermittelt, man ist aber Angestellter bei der Vermittlungsfirma.

4. _____ : Hier findet man, meist an einem bestimmten Tag der Woche, Stellenangebote.

5. _____ : Das sind die Agenturen für Arbeit (auch „Arbeitsamt") und die Jobcenter.

2 Nebensätze mit „bis" und „seitdem" › KB: D3 › G: 4.2, 4.4

a Was passt? Ergänzen Sie „bis" oder „seitdem" in den Sätzen.

TIPP

„Seitdem" wird oft zu „seit" verkürzt.

1. _Seitdem_ ich ein Profil erstellt habe, bekomme ich Angebote über XING.

2. Ich möchte noch etwas warten, _____ ich mit der Stellensuche beginne.

3. _____ ich etwas finde, dauert es sicher lange.

4. _____ ich alle Freunde informiert habe, bekomme ich viele Hinweise auf Stellen.

5. Ich bin ganz optimistisch, _____ ich mit der Suche begonnen habe.

b Formulieren Sätze mit „bis" und „seitdem".

1. Ich habe meine Ausbildung gemacht. Ich arbeite in dieser Firma. (seitdem)
2. Ich kündige im April. Ich habe noch genug zu tun. (bis)
3. Meine Bewerbungsmappe ist fertig. Ich brauche noch etwas Zeit. (bis)
4. Ich suche eine neue Stelle. Ich habe in vielen Online-Börsen recherchiert. (seitdem)
5. Ich finde eine gute Stelle. Ich muss sicher viele Firmen kontaktieren. (bis)
6. Ich habe mit der Stellensuche begonnen. Ich habe viele Bewerbungsratgeber gelesen. (seitdem)

1. Seitdem ich meine Ausbildung gemacht habe, arbeite ich in dieser Firma.

TIPP

3 Die temporalen Präpositionen „bis" und „seit" › KB: D3 › G: 4.3, 4.4

Lesen Sie den Tipp und ergänzen Sie die Endungen.

Die Präposition „bis" steht mit dem Akkusativ. Sie wird oft m[it] „zu" verbunden. Die Verbindun[g] „bis zu" steht mit dem Dativ.

Eine neue Stelle zu finden, ist gar nicht so einfach. Seit [1] ein_em_ halben Jahr suche ich.

Bis [2] letzt_____ Woche habe ich erst zweimal eine Einladung zu einem Vorstellungsgespräch

erhalten. Das macht mir Sorgen, denn [3] bis zu_____ Ende dieses Jahres muss ich eine neue Stelle finden,

weil dann meine Firma schließt. Seit [4] mein_____ Registrierung bei XING bekomme ich mehr Angebote,

vielleicht ist da etwas dabei. Bis [5] nächst_____ Monat warte ich aber noch.

Rechtschreibung

1 Silbentrennung beim Schreiben

Lesen Sie die Regeln und notieren Sie hinter den Beispielwörtern unten die passende Nummer.

1. Diphthonge (Doppellaute) wie „ai", „ei", „au", „äu", „eu" werden nicht getrennt, z. B. Ei-er.
2. Das Fugen-s gehört immer ans Silbenende und wird nicht abgetrennt, z. B. Arbeits-zeit.
3. Wörter mit Eszett („ß") werden vor dem „ß" getrennt., z. B. Fü-ße.
4. Ein einzelner Konsonant im Wortinneren kommt in der Regel auf die neue Zeile z. B. Tele-fon, von mehreren Konsonanten trennt man in der Regel nur den letzten ab, z. B. abwechs-lungsreich.
5. Doppelkonsonanten wie „ll", „ss", „tt", usw. trennt man zwischen den beiden Konsonanten, z. B. Stel-le.
6. Die Konsonantenverbindungen „ch", „ck" und „sch" trennt man nicht, z. B. Ta-sche.
7. Die Verbindung „st" wird nicht getrennt, wenn „s" und „t" ein Laut ist, z. B. Bunt-stift, aber wenn man „s" und „t" wie zwei Laute spricht, kann man die Verbindung „st" trennen, z. B. Leis-tung.

1. pa-**ck**en: _6_
2. Grü-**ß**en ___
3. Kennt-**n**isse: ___
4. die Spra-**ch**e: ___
5. am bes-ten: ___
6. Fei-er: ___
7. Lebens-**l**auf: ___
8. Kenntnis-**s**e: ___

Grammatik im Überblick

1 Bildung von Nomen › G: 7.1

Verben und Adjektive können mithilfe von Endungen nominalisiert werden. Nomen mit diesen Endungen haben immer den Artikel „die", z. B.
- „-ion": diskutieren → die Diskussion, präzisieren → die Präzision
- „-(a)tion": konstruieren → die Konstruktion, organisieren → die Organisation
- „-heit": neu → die Neuheit, sicher → die Sicherheit
- „-keit": zuständig → die Zuständigkeit, tätig → die Tätigkeit
- „-ung": prüfen → die Prüfung, beraten → die Beratung

Auch der Infinitiv des Verbs kann nominalisiert werden. Die Infinitive als Nomen haben immer den Artikel „das".
Sie werden dann großgeschrieben, z. B.
- nominalisierter Infinitiv: verwalten → das Verwalten, lesen → das Lesen

Wenn man die Nomen um Informationen ergänzen möchte, muss man Folgendes beachten:
- Akkusativergänzungen im Singular und Akkusativergänzungen im Plural mit dem bestimmten Artikel gibt man als Genitiv wieder (Ausnahme: Plural mit dem unbestimmtem Artikel),
  z. B. Er prüft den Zahlungseingang. → die Prüfung des Zahlungseingangs
    Er kontrolliert die Rechnungen. → die Kontrolle der Rechnungen
- Bei Akkusativergänzungen im Plural mit dem unbestimmten Artikel fügt man die Ergänzung mit der Präposition „von" an,
  z. B. Er prüft Rechnungen. → die Prüfung von Rechnungen, außer wenn vor dem Nomen ein Adjektiv steht, z. B.
    die Prüfung hoher Rechnungen
- Präpositionalergänzungen werden in der Regel mit den gleichen Präpositionen wiedergegeben,
  z. B. Er hilft bei den Hausaufgaben. → die Hilfe bei den Hausaufgaben

2 Temporale Nebensätze mit „seitdem" / „seit" und „bis" › G: 4.2, 4.4

Temporale Nebensätze mit „seitdem" / „seit"
- Sie drücken eine Zeitspanne von einem Zeitpunkt in der Vergangenheit bis jetzt aus: • → jetzt. Das Verb im Nebensatz mit „seitdem" / „seit" kann im Präteritum bzw. Perfekt oder im Präsens stehen.
- Nebensätze mit „seitdem" / „seit" können vor oder nach dem Hauptsatz stehen.
- „Seitdem" wird in der Alltagssprache oft zu „seit" verkürzt,
  z. B. Seitdem / Seit ich mich bei monster.de angemeldet habe, bekomme ich täglich Stellenangebote per E-Mail.
    Ich bekomme täglich Stellenangebote per E-Mail, seitdem / seit ich mich bei monster.de angemeldet habe.

Temporale Nebensätze mit „bis"
- Sie drücken eine Zeitspanne von einem Zeitpunkt bis zu einem späteren Zeitpunkt (in der Vergangenheit oder Zukunft) aus: • →
- Wenn dieser Zeitpunkt in der Vergangenheit liegt, stehen die Verben im Nebensatz mit „bis" und im Hauptsatz im Perfekt oder Präteritum, z. B. Clara arbeitete sehr gern in der Krankenhausapotheke, bis ein neuer Chef kam.
- Wenn dieser Zeitpunkt in der Zukunft liegt, stehen die Verben im Nebensatz mit „bis" und im Hauptsatz im Präsens oder Futur,
  z. B. Bis du eine neue Stelle findest, dauert es sicher nicht lange. / wird es nicht lange dauern.
- Nebensätze mit „bis" können vor oder nach dem Hauptsatz stehen.

3 Die temporalen Präpositionen „seit" und „bis" › G: 4.3, 4.4

Mit den Präpositionen „seit" + Dativ und „bis" + Akkusativ kann man eine Zeitspanne ausdrücken.
- Angaben mit „seit" drücken aus, dass eine Zeitspanne von einem Zeitpunkt in der Vergangenheit bis jetzt andauert,
  z. B. Seit dem letzten Vorstellungsgespräch habe ich schon viele neue Angebote bekommen.
- Angaben mit „bis" drücken aus, dass eine Zeitspanne von einem Zeitpunkt bis zu einem späteren Zeitpunkt andauert, z. B. Bis diesen Freitag erhalte ich die Information, ob ich die Stelle bekomme.
- Die Präposition „bis" wird oft auch in Kombination mit der Präposition „zu" benutzt,
  z. B. Bis zum nächsten Freitag bekomme ich Bescheid.

A Neue Arbeitsformen

1 Radiofeature und Lexikonartikel über neue Arbeitsformen verstehen

a ▶ 3|1 **Hören Sie Teil 1 des Radiofeatures im Kursbuch 11A, 1b, noch einmal. Was ist richtig (r), was ist falsch (f)? Kreuzen Sie an.** › KB: A1b

		r	f
1.	Nur wenige Arbeitnehmer arbeiten in festen Arbeitsverhältnissen.	☐	☒
2.	Vielen sind Beruf und private Zeit gleich wichtig.	☐	☐
3.	Qualifizierte Arbeitnehmer arbeiten öfter in flexiblen Arbeitsformen.	☐	☐
4.	Untersuchungen zeigen, dass flexible Arbeitsformen die Arbeit produktiver machen.	☐	☐
5.	Wenn alles in der Cloud gespeichert wird, kann man mit mobilen Geräten arbeiten.	☐	☐
6.	Externe Fachkräfte arbeiten immer mehr im Home-Office.	☐	☐

T Ⓟ **b** **Lesen Sie den Informationstext und ergänzen Sie die Wörter A–O. Jedes Wort passt nur einmal. Fünf Wörter bleiben übrig.** › KB: A1c

TIPP

„einander" bedeutet „wechse_
seitig", z. B. Wir helfen einand_
= Du hilfst mir und ich helfe d_
„einander" kann man mit
Präpositionen verbinden, z. B
Sie arbeiten **mit**einander. = E
arbeitet mit ihr und sie mit ih_

Beim Jobsharing teilen zwei oder mehr [1] _Arbeitnehmer_ als Gemeinschaft einen Job

unter sich auf. Sie können ihre Arbeitszeit individuell [2] _____. Dieses Modell

[3] _____, dass sie zuverlässig sind und gut miteinander kommunizieren.

Clickworking-Plattformen bieten Mikrotasking für Unternehmen und [4] _____ an.

Ein Projekt wird in Kleinstaufträge [5] _____. Man kann alles online

[6] _____. Der Nachteil: Die [7] _____ ist sehr gering. Coworking ist

z. B. bei [8] _____ sehr beliebt. Sie arbeiten gleichzeitig mit anderen in

größeren Räumen. Durch den engen räumlichen Kontakt können sie ggf. gemeinsame

Projekte realisieren und voneinander [9] _____. Die notwendige

[10] _____ steht zur Verfügung.

A. Arbeitnehmer	D. Arbeitssuchende	G. Voraussetzung	J. aufgeteilt	M. Möbel
B. setzt voraus	E. festlegen	H. abarbeiten	K. vereinbart	N. profitieren
C. Bezahlung	F. Honorar	I. Freischaffenden	L. Profit	O. Infrastruktur

c **Radiofeature Teil 2 – Formulieren Sie aus den Elementen Aussagen aus dem Interview.** › KB: A1e

1. kleine Kinder – wenn – man – haben / Jobsharing – günstig – Arbeitsform – sein
2. Kinder – krank sein – wenn / können – zu Hause – man – arbeiten, – z. B. lesen – Mails – abends
3. Flexibilität – diese – manchmal – können – anstrengend sein – sehr
4. man – sich – sehr genau – absprechen – müssen – und – informieren
5. in – Coworking-Räume – haben – man – notwendige – zur Verfügung – Ausstattung
6. man – können – andere Coworker – sich austauschen mit – dort – viel – und – lernen – von ihnen
7. da – viele Menschen – in demselben Raum – sein / können – gestört werden – man – bei der Arbeit
8. in Großräumen – wenig – es geben – Privatsphäre / das – sein – Problem – bei Besprechungen
9. Mikrojobs – erledigen – man – kann – oft – in wenigen Minuten – und – Geld verdienen – von Zuhause
10. ein Mikrojob – länger dauern – oft – man – als – denken – und – Bezahlung – schlecht – sehr – sein
11. durch – Mikrotasking – gut bezahlte – Arbeit – umgewandelt werden können – in schlecht bezahlte
12. diese Arbeitsform – durch – können – Arbeitsplätze – eventuell – abgebaut werden

1. Wenn man kleine Kinder hat, ist Jobsharing eine günstige Arbeitsform.

2 Argumentieren: Vor- und Nachteile darstellen › KB: A1f

a Lesen Sie die Aussagen in 1c. Welche beschreiben Nachteile (N), welche Vorteile? (V)

1. _V_ 2. ___ 3. ___ 4. ___ 5. ___ 6. ___ 7. ___ 8. ___ 9. ___ 10. ___ 11. ___ 12. ___

b Formulieren Sie die Aussagen zu den neuen Arbeitsformen aus 1c mit den Redemitteln unten.

> Ich finde es vorteilhaft / nachteilig, wenn man … | Es ist ein Vorteil / Nachteil von …, dass man … |
> Ein positiver / negativer Aspekt von … ist, dass man … | Für / Gegen … spricht Folgendes: … |
> Günstig / ungünstig ist … | Man muss aber auch berücksichtigen, dass …

Ich finde Jobsharing vorteilhaft, wenn man kleine Kinder hat.

B Arbeitszeitmodelle

1 Flexible Arbeitszeitmodelle auf dem Vormarsch › KB: B1b

a Bilden Sie zusammengesetzte Nomen mit „-zeit" aus den Elementen.

> -arbeits- | -arbeits- | -arbeits- | -arbeits- | gleiten | ~~Kern~~ |
> Regel- | Teil- | Vertrauens- | Wochen-

1. *die Kernarbeitszeit* _____ 3. _____ 5. _____

2. _____ 4. _____ 6. _____

b Welche Wörter bzw. Ausdrücke passen zu den Erklärungen? Ordnen Sie zu.

1. häufiger werden	A. einen Wunsch äußern	1. _F_
2. weniger attraktiv werden	B. ein Ziel erreichen	2. ___
3. erreichen, was man geplant hat	C. an Bedeutung gewinnen	3. ___
4. sagen, was man sich wünscht	D. überlastet sein	4. ___
5. jmdm. geben, was er sich wünscht	E. eine Rolle spielen	5. ___
6. Arbeitszeit aufschreiben	F. auf dem Vormarsch sein	6. ___
7. so lange arbeiten, wie es festgelegt wurde	G. an Attraktivität verlieren	7. ___
8. Arbeit machen	H. einen Wunsch erfüllen	8. ___
9. zu viel Arbeit	I. Arbeitszeit erfassen	9. ___
10. wichtiger werden	J. Arbeit leisten	10. ___
11. wichtig sein	K. die Arbeitszeit einhalten	11. ___

c Ergänzen Sie die Sätze mit passenden Ausdrücken aus 1b.

1. Viele Arbeitnehmer äußern *einen Wunsch* _____ bezüglich flexibler Arbeitszeiten.

2. Unternehmen _____ Wunsch gern.

3. Komplexe Arbeitszeiten _____ Bedeutung.

4. Projektarbeit _____ Vormarsch.

5. Bei Vertrauensarbeit ist es wichtig, dass man die vereinbarten Ziele _____ .

2 Gegensätze ausdrücken mit Haupt- und Nebensätzen › KB: B2 › G: 4.1, 4.2, 4.4

a Arbeiten in Deutschland – Schreiben Sie Nebensätze mit „während".

1. In Deutschland arbeiten Männer meist in Vollzeit. Frauen arbeiten oft in Teilzeit.
2. Früher wurde die Tätigkeit meist in festen Arbeitszeiten ausgeübt. Heute ist mehr Flexibilität üblich.
3. Bei einfacher Gleitzeit ist eine Kernarbeitszeit festgelegt. Bei variabler Gleitzeit gibt es das nicht.
4. Bei flexiblen Arbeitszeiten kann man Familie und Beruf gut vereinbaren. Bei starren Arbeitszeiten ist dies schwierig.

1. Während Männer in Deutschland meist in Vollzeit arbeiten, arbeiten Frauen oft in Teilzeit.

b Hauptsätze mit den Hauptsatzkonnektoren (= Verbindungsadverbien) „dagegen", „hingegen", „jedoch" – Lesen Sie die Sätze und kreuzen Sie in der Regel an.

1. Männer arbeiten meist in Vollzeit. Dagegen / Hingegen / Jedoch arbeiten Frauen oft in Teilzeit.
2. Männer arbeiten meist in Vollzeit. Frauen arbeiten dagegen / hingegen / jedoch oft in Teilzeit.
3. Männer arbeiten meist in Vollzeit. Frauen dagegen / hingegen / jedoch arbeiten oft in Teilzeit.

> Ⓖ
>
> Gegensätze kann man auch durch Hauptsätze mit „dagegen"/„hingegen"/„jedoch" ausdrücken.
> „Dagegen"/„Hingegen"/„Jedoch" stehen im zweiten Hauptsatz
> a. ☐ auf Position 1 oder am Satzende.   b. ☐ auf Position 1 oder in der Satzmitte.
> Wenn die Konnektoren direkt nach dem ersten Wort im 2. Hauptsatz stehen, wird dieses Wort stärker betont.

c Formulieren Sie die Sätze 2–4 in 2a mit „dagegen"/„hingegen"/„jedoch" um. Schreiben Sie immer jeweils zwei Sätze und verändern Sie die Stellung dieser Verbindungsadverbien.

2. *Früher wurde die Tätigkeit meist in festen Arbeitszeiten ausgeübt, heute ist* ==jedoch== *mehr Flexibilität üblich. / Früher wurde die Tätigkeit meist in festen Arbeitszeiten ausgeübt,* ==jedoch== *heute ist mehr Flexibilität üblich.*

3. _____

_____

4. _____

_____

3 Gegensätze ausdrücken mit Präpositionen – „im Gegensatz zu", „entgegen" › KB: B2 › G: 4.3, 4.4

Lesen Sie den Tipp und formulieren Sie Sätze mit den Angaben in Klammern.

TIPP

1. ihr Mann – Frau Singer – in Teilzeit – arbeiten (im Gegensatz zu)

   Im Gegensatz zu ihrem Mann arbeitet Frau Singer in Teilzeit.

2. ihre früheren Pläne – Frau Seiler – arbeiten – jetzt – ganztags (entgegen)

   _____

3. ihre Kollegin – Frau Heller – 12 Stunden pro Woche – nur – arbeiten (im Gegensatz zu)

   _____

4. die Wünsche von vielen Arbeitnehmern – nicht so viele Arbeitgeber – Telearbeit – anbieten (entgegen)

   _____

> **TIPP**
>
> „im Gegensatz zu" und „entgegen" haben die gleiche Bedeutung.
> „entgegen" + Dativ verwendet man nicht mit Personen.

4 Alternativen ausdrücken › KB: B2 › G: 4.1, 4.2, 4.4

TIPP
An der Stelle von **„anstatt"** verwendet man auch oft die Kurzform „statt".

a Nebensätze mit „anstatt (...) zu ..." und „anstatt dass ..." – Lesen Sie die Sätze und ergänzen Sie die Regeln.

1. Anstatt wie früher in Vollzeit zu arbeiten, arbeitet Frau Singer jetzt nur noch 16 Stunden wöchentlich.
2. Frau Singer arbeitet jetzt im Jobsharing-Modell, anstatt wie früher allein verantwortlich zu sein.
3. Anstatt dass sie jeden Tag ins Büro geht, arbeitet sie einen Tag im Home-Office.
4. Anstatt dass sie zur Abteilungsbesprechung geht, nimmt ihre Kollegin daran teil.

1. Mit Sätzen mit „anstatt (...) zu ..." und „anstatt dass ..." kann man _____ ausdrücken.
2. Wenn das implizite Subjekt im Nebensatz und das Subjekt im Hauptsatz identisch sind, kann man
   a. ☐ „anstatt (...) zu ..." oder „anstatt dass ..." verwenden.   b. ☐ nur „anstatt (...) zu ..." verwenden.
3. Wenn die Subjekte nicht identisch sind, verwendet man
   a. ☐ „anstatt dass ..."   b. ☐ „anstatt (...) zu ..."

b Schlechte Alternativen – Formulieren Sie Sätze mit „anstatt (...) zu ..."/„anstatt dass ...".

1. Frau Singer geht nicht zum Sport, sondern arbeitet weiter.
2. Am Abend ruht sie sich nicht aus, sondern telefoniert mit Kunden in den USA.
3. Sie trennt Arbeit und Privates nicht, sondern ist immer erreichbar.
4. Ihre Kollegin spricht sich nicht mir ihr ab, sondern nimmt Urlaub, wann sie will.
5. Frau Singer spricht nicht mit der Kollegin, sondern ärgert sich weiter darüber.

1. Anstatt zum Sport zu gehen, arbeitet Frau Singer weiter. / Anstatt dass Frau Singer zum Sport geht, arbeitet sie weiter.

c Hauptsätze mit „stattdessen" – Formulieren Sie die Sätze aus 4b mit „stattdessen".

1. Frau Singer geht nicht zum Sport. Stattdessen arbeitet sie weiter. / Sie arbeitet stattdessen weiter.

TIPP
„stattdessen" kann am Anfang des Hauptsatzes oder in der Satzmitte stehen.

5 Alternativen ausdrücken: Die Präpositionen „statt", „anstelle (von)" › KB: B2 › G: 4.3, 4.4

Formulieren Sie Sätze mit „statt"/„anstelle (von)".

TIPP
„statt"/„anstelle" + G
„anstelle von" + D

„statt" + Präposition, z. B. Statt um 9:00 Uhr beginnen wir um 10:00 Uhr.

1. Frau Singer hat keine ganze Stelle, sondern jetzt nur eine halbe.

   Statt *einer ganzen Stelle hat Frau Singer jetzt nur eine halbe.*

2. Sie hat jetzt einen neuen Laptop und nicht mehr ihren alten PC.

   Anstelle ihres _____

3. Sie nimmt am Kongress teil und nicht ihr Chef.

   Sie nimmt anstelle von _____

4. Sie liefert einen mündlichen und keinen schriftlichen Bericht.

   Statt _____ liefert sie _____

5. Ihre Kollegin und sie treffen sich nicht im Büro, sondern in einem Café.

   Statt im Büro _____

6. Sie sprechen nicht über den Kongress, sondern über ihre Kommunikation.

   Statt _____

C Der Arbeitsvertrag

1 Verben im Arbeitsvertrag › KB: C1

a Welches Verb passt nicht? Kreuzen Sie an.

1. Einen Arbeitsvertrag
   a. ☐ kündigen
   b. ☒ erbringen
   c. ☐ schließen
2. Eine Präsentation
   a. ☐ erstellen
   b. ☐ halten
   c. ☐ mitarbeiten
3. Arbeitszeit
   a. ☐ vergüten
   b. ☐ auszahlen
   c. ☐ erbringen
4. Die Vergütung
   a. ☐ weitergewähren
   b. ☐ weiterzahlen
   c. ☐ weiterbringen
5. Die Probezeit
   a. ☐ kündigen
   b. ☐ bestehen
   c. ☐ verkürzen

BT Ⓟ **b** Lesen Sie den Arbeitsvertrag im Kursbuch 11C, 1, noch einmal. Welche Aussage passt: a, b oder c? Kreuzen Sie an.

1. Frau Neuner ist dafür zuständig,
   a. ☐ internationale Arbeitssitzungen und Workshops zu organisieren.
   b. ☐ Präsentationen zu halten.
   c. ☐ Weiterbildungsmaßnahmen selbstständig durchzuführen.

2. Frau Neuner
   a. ☐ kann ihre Wochenarbeitszeit im Rahmen der betrieblichen Arbeitszeit selbst bestimmen.
   b. ☐ vertritt ihren / ihre Jobsharing-Partner/in zu einem festen Stundenlohn.
   c. ☐ kann die Arbeitszeit mit ihrem / ihrer Jobsharing-Partner/in frei aufteilen.

3. Frau Neuner kann
   a. ☐ das Arbeitsverhältnis jeweils zum Monatsende kündigen.
   b. ☐ das Arbeitsverhältnis nur beenden, wenn ihr Chef sie kündigt.
   c. ☐ das Arbeitsverhältnis nach der Probezeit mit einer dreimonatigen Frist kündigen.

T Ⓟ **c** Lesen Sie den Auszug aus Frau Neuners Arbeitsvertrag. Ergänzen Sie die Lücken mit den Wörtern A bis O. Sie können jedes Wort nur einmal verwenden. Fünf Wörter bleiben übrig.

---

§ 1 Tätigkeit und Beginn des Arbeitsverhältnisses
Die Angestellte wird als Personalsachbearbeiterin im Jobsharing-System [1] *eingestellt* .
Das Arbeitsverhältnis beginnt am 1. März 2017 und wird auf unbestimmte Zeit [2] _____.

§ 2 Vergütung
Die Angestellte erhält ein [3] _____ von 16.760 €. Die zusätzliche in Vertretung eines anderen Jobsharing-Partners [4] _____ Arbeitszeit wird mit 18,60 € je Stunde vergütet. Die Vergütung wird am Schluss eines jeden Kalendermonats [5] _____.

§ 3 Arbeitszeit
Die regelmäßige Arbeitszeit [6] _____ 18 Wochenstunden. Die Jobsharing-Partner sind
[7] _____, sich über die Aufteilung ihrer Arbeitszeit abzustimmen. Dies muss im
[8] _____ der im Betrieb festgelegten Arbeitszeit erfolgen.

§ 4 Urlaub
Die Angestellte erhält einen jährlichen Urlaub von 30 Arbeitstagen. Nicht rechtzeitig genommener Urlaub
[9] _____ mit dem 31. März des Folgejahres.

§ 5 Krankheit
Bei Arbeitsunfähigkeit infolge Krankheit oder Unfall wird die jeweils gültige und im Vertrag festgelegte Vergütung für die Dauer von sechs Wochen [10] _____.

A. Bruttovergütung
B. eingestellt
C. schließen
D. gebrachte
E. ausgezahlt
F. verfällt
G. geschlossen
H. erbrachte
I. zahlen
J. weitergewährt
K. Pflicht
L. Rahmen
M. verpflichtet
N. Jahresbruttogehalt
O. beträgt

2 Partizip Präsens (I) und Partizip Perfekt (II) als Attribut › G: 5.3

a **Ergänzen Sie die Adjektivendungen der Partizipien I und II.** › KB: C2a

1. ein spannend**er** Term, eine spannend_____ Tätigkeit, spannend_____ Aufgaben

2. den vorliegend_____ Vertrag, für das vorliegend_____ Dokument, in die vorliegend_____ Dokumentation

3. dem vortragend_____ Bewerber, im beiliegend_____ Schreiben, mit den beiliegend_____ Zeugnissen

4. des interviewt_____ Bewerbers, des diskutiert_____ Themas, wegen der vereinbart_____ Arbeitszeit

b **Partizip I oder Partizip II? Lesen Sie die Regeln und vergleichen Sie. Ergänzen Sie dann in der Tabelle unten das Partizip I und / oder II. Zweimal passen beide. Notieren Sie auch den entsprechenden Relativsatz.** › KB: C2b

Partizip I (= Partizip Präsens)
Man verwendet es für einen Vorgang im Aktiv, der im Moment des Geschehens nicht abgeschlossen ist und gleichzeitig mit etwas anderem stattfindet. Der Moment des Geschehens kann in der Vergangenheit, Gegenwart oder Zukunft liegen, z. B.
Der Bewerber, der gerade vorträgt, ist kompetent. → Der gerade vortragende Bewerber ist kompetent.
Der Bewerber, der zuletzt vorgetragen hat, war kompetent. → Der zuletzt vortragende Bewerber war kompetent.

Partizip II (= Partizip Perfekt)
a. Man verwendet es für einen Vorgang im Passiv oder im Aktiv mit „man", z. B.
   der Vortrag, der gestern gehalten wurde / worden ist / den man gestern gehalten hat
   → der gestern gehaltene Vortrag
   Diskussionen, die häufig geführt werden / die man häufig führt
   → häufig geführte Diskussionen
b. Ein Vorgang im Aktiv, der schon beendet ist oder war. Dies gilt für Verben, die mit „sein" konjugiert werden und eine Zustandsveränderung ausdrücken, z. B. Die Frist, die abgelaufen ist → die abgelaufene Frist

Verb – Nomen	Partizip I + Nomen	Partizip II + Nomen
1. ankommen – der Bewerber	*der ankommende Bewerber → der Bewerber, der ankommt*	*der angekommene Bewerber → der Bewerber, der angekommen ist*
2. unterschreiben – der Chef		
3. unterschreiben – der Vertrag		
4. vereinbaren – die Arbeitszeit		
5. diskutieren – Kollegen		
6. abreisen – der Referent		

c **Die Pyramide – Erweitern Sie die Partizipien mit den Angaben rechts. Was fällt auf? Ergänzen Sie die Regel.** › KB: C2d

die Parteien	
die *verhandelnden* Parteien	– verhandeln
die *heute verhandelnden* Parteien	– heute
die _____ Parteien	– in Backnang
die _____ Parteien	– über das Jahresgehalt

TIPP

Die Reihenfolge von Angaben ist oft: Zeit, Ort, Ausdrücke mit Präpositionen.

Ein Partizip I oder II als Attribut kann durch Zusatzinformationen erweitert werden. Diese stehen zwischen dem Artikelwort und dem _____. Das Partizip steht direkt vor dem _____.

d Ergänzen Sie den Relativsatz mit den Elementen aus 2c. Steht das Verb „verhandeln" im Aktiv oder Passiv? Warum? › KB: C2d

Die Parteien, die *heute* _____, treffen sich um 10:00 Uhr.

3 Kürzer und knapper mit Partizipien › KB: C2e › G: 5.3

a Formulieren Sie die Ausdrücke mit dem Partizip I oder II in Relativsätze um. Markieren Sie zuerst das Artikelwort und das Nomen, auf das sich der Ausdruck mit dem Partizip bezieht. Überlegen Sie dann, ob der Relativsatz ein Aktiv- oder Passivsatz ist.

1. Der im März im Jobsharing-System eingestellte Angestellte möchte nun ganztags arbeiten.
2. Der dem Personalchef seit gestern vorliegende Änderungsantrag wird sicher genehmigt.
3. Der dem Personalchef von Herrn Mohn vorgelegte Änderungsantrag ist unvollständig.
4. Herr Mohn muss die noch fehlenden Dokumente schnell vorbeibringen.
5. Der Wunsch nach mehr Flexibilität ist auch ein häufig in den Medien diskutiertes Thema.

1. Der Angestellte, der im März im Jobsharing-System eingestellt wurde / worden ist, möchte nun

ganztags arbeiten.

b Verkürzen Sie die Relativsätze durch Ausdrücke mit Partizipien. Markieren Sie die Nomen, auf die sich der Relativsatz bezieht. Streichen Sie im Relativsatz die Wörter, die wegfallen.

1. Herr Mohn freut sich über die Vollzeitstelle, die gestern genehmigt worden ist.
2. Im Jobsharing hatte er viele Überstunden gemacht, die nicht vergütet wurden.
3. Die Plusstunden, die man angesammelt hat, werden bezahlt.
4. Die Betriebsvereinbarung, die dem Vertrag beiliegt, regelt weitere tarifliche Punkte.
5. Die Mitarbeiter, die schon länger im Unternehmen arbeiten, bekommen neue Verträge.

1. Herr Mohn freut sich über die gestern genehmigte Vollzeitstelle.

D Vielfalt im Unternehmen

1 Aus eins mach zwei – Zusammengesetzte Nomen › KB: D1b

Lesen Sie die Nomen in der Mitte und ordnen Sie sie jeweils einem Nomen links bzw. rechts zu, dann erhalten Sie zwei neue zusammengesetzte Nomen. Notieren Sie sie mit dem Artikel.

1.	*die* Ergebnis*kultur*		Gruppen	*das Kultur*angebot	
2.	Arbeit(s)		Kultur		raum
3.	Bau		Stein		haus
4.	Frei		Unternehmen(s)		arbeit
5.	Netz		Werk		zeug
6.	Technologie		Zeit		politik

2 Nomen und Verben › KB: D2a

Welche Verben passen zu den Nomen? Ordnen Sie zu.

1.	den Unterschied	A.	geben	1.	*C*	4.	jmdn. nach vorn	D.	führen	4.	⌣
2.	Feedback	B.	wahrnehmen	2.	⌣	5.	einen großen Wert	E.	bringen	5.	⌣
3.	einen Termin	C.	machen	3.	⌣	6.	zum Erfolg	F.	darstellen	6.	⌣

Grammatik im Überblick

1 Gegensätze ausdrücken › G: 4.1, 4.2, 4.3, 4.4

Gegensätze kann man mithilfe von Nebensätzen, Hauptsätzen und Präpositionen ausdrücken.

Nebensatzkonnektor	Hauptsatzkonnektor	Präposition / Ausdruck
während	dagegen, hingegen, jedoch	im Gegensatz zu + D entgegen + D

- **Nebensätze mit „während":**
  Der Nebensatz kann am Anfang oder als zweiter Satz stehen,
  z. B. Während Männer meist eine Vollzeitstelle haben, arbeiten Frauen oft in Teilzeit.
  In Deutschland arbeiten Frauen oft in Teilzeit, während Männer meist eine Vollzeitstelle haben.
- **Hauptsätze mit „dagegen"/„hingegen"/„jedoch":**
  Diese Konnektoren stehen im zweiten Hauptsatz auf Position 1 oder in der Satzmitte,
  z. B. Frauen arbeiten oft in Teilzeit. Dagegen / Hingegen / Jedoch haben Männer meist eine Vollzeitstelle.
  Frauen arbeiten oft in Teilzeit. Männer haben dagegen / hingegen / jedoch meist eine Vollzeitstelle.
- Wenn die Konnektoren direkt nach dem ersten Wort im 2. Hauptsatz stehen, wird dieses Wort stärker betont.
  z. B. Männer arbeiten meist in Vollzeit. Frauen dagegen / hingegen / jedoch arbeiten oft in Teilzeit.
- **Ausdrücke mit Präposition – „im Gegensatz zu" + Dativ oder „entgegen" + Dativ:**
  z. B. Im Gegensatz zu Petra arbeitet Gerd in Vollzeit. /
  Gerd arbeitet im Gegensatz zu Petra in Vollzeit.
- „Entgegen" wird nicht mit Personen, aber häufig mit abstrakten Nomen verwendet,
  z. B. Entgegen den Wünschen der Arbeitnehmer bieten nicht so viele Arbeitgeber Telearbeit an.

2 Alternativen ausdrücken › G: 4.1, 4.2, 4.3, 4.4

Alternativen kann man mithilfe von Nebensätzen, Hauptsätzen und Präpositionen ausdrücken:

Nebensatzkonnektor	Hauptsatzkonnektor	Präposition / Ausdruck
(an)statt … zu … (an)statt dass …	stattdessen	statt + G (ugs. auch + D) anstelle + G / anstelle von + D

- **Nebensätzen mit „anstatt (…) zu …" oder „anstatt dass …":**
  Wenn das implizite Subjekt im Nebensatz und das Subjekt im Hauptsatz gleich sind, kann man „anstatt (…) zu …"
  und „anstatt dass …" verwenden,
  z. B. Anstatt wie früher in Vollzeit zu arbeiten, arbeitet Frau Singer jetzt nur noch 16 Stunden.
  Anstatt dass sie wie früher in Vollzeit arbeitet, arbeitet Frau Singer jetzt nur noch 16 Stunden.
- Wenn die Subjekte nicht identisch sind, verwendet man nur „anstatt dass …",
  z. B. Anstatt dass sie zur Abteilungsbesprechung geht, nimmt ihre Kollegin daran teil.
- **Hauptsätze mit „stattdessen":** „Stattdessen" steht im 2. HS auf Position 1 oder in der Satzmitte,
  z. B. Frau Singer geht nicht zum Sport. Stattdessen arbeitet sie weiter. / Sie arbeitet stattdessen weiter.
- **Präpositionen „statt" + Genitiv, „anstelle" + Genitiv /„anstelle von" + Dativ:**
  z. B. Statt / Anstelle ihres alten Laptops / Anstelle von ihrem alten Laptop hat Frau Singer ein Notebook erhalten.
  („statt" wird umgangssprachlich auch mit Dativ verwendet, z. B. Statt ihrem alten Laptop …)

3 Partizip Präsens (I) und Partizip Perfekt (II) als Attribut › G: 5.3

- Das Partizip I bildet man aus dem Infinitiv eines Verbs + „d".
  z. B. arbeiten → arbeitend, gehen → gehend
- Partizip I und II können wie ein Adjektiv verwendet werden. Sie erhalten dann eine Adjektivendung.
  z. B. aus dem vorliegenden Vertrag, für das beigefügte Dokument
- Im Satz können die Partizipien als Attribut vor einem Nomen stehen und durch Beifügungen erweitert werden.
  Das Partizip steht zwischen dem Artikelwort bzw. einer Präposition und dem Nomen, auf das es sich bezieht,
  z. B. Sie finden in der Anlage **den** von mir unterschriebenen **Vertrag.**
  Das seit Stunden heftig diskutierende **Team** kam zu keinem Ergebnis.

A Handel im Wandel

1 Handel – online und offline › KB: A1c

a Wie heißen die Wörter? Setzen Sie sie aus den Elementen im Schüttelkasten zusammen und notieren Sie sie.

> einzel(n) | ~~Filial(e)~~ | Handel | Kanal | ~~Katalog~~ | Konzept | Marketing | Multi-Channel | ~~online~~ | Shop | Versand | Weg

1. *Filial* ⎫
2. *Online* ⎬ geschäft
3. *Katalog* ⎭

7. ⎫
8. Online ⎬
9. ⎭

4. ⎫
5. ⎬ handel /
6. ⎭ -Handel

10. ⎫
11. Vertriebs ⎬
12. ⎭

b Lesen Sie den Artikel und ergänzen Sie die passenden Wörter aus 1a. Einmal passen zwei.

So wie ein Reisender die Verkehrsmittel wechselt, so wechselt auch der moderne Konsument hin und her: zwischen stationärem Handel, Onlineshops und dem [1] *Kataloggeschäft* , also der Möglichkeit, Waren aus einem Katalog zu bestellen. Viele Unternehmen aus dem klassischen [2] _____ , die lange Zeit nur einen [3] _____ gewählt haben, bieten ihren Kunden heute einen zusätzlichen, digitalen an. Die Folge: Inzwischen wird fast jeder zehnte Euro im [4] _____ ausgegeben, sodass branchenübergreifend immer mehr Produkte im digitalen Warenkorb landen. Doch im sogenannten [5] _____ geht die Entwicklung in beide Richtungen. Von Unternehmen wie z. B. „notebooksbilliger", die ausschließlich E-Commerce betrieben haben, sind in einigen Großstädten die ersten [6] _____ eröffnet worden.

2 Einkaufen im digitalen Zeitalter – Hauptsätze mit zweiteiligen Konnektoren › KB: A3 › G: 4.4

Formulieren Sie Sätze mit zweiteiligen Konnektoren. Achten Sie bei den Sätzen 1–9 auch auf die Wortstellung der Konnektoren in der Satzmitte. Markieren Sie wie im Beispiel.

sowohl . . . als auch
1. Für das Login wird benötigt: der Benutzername / das persönliche Kennwort
2. Als Zahlungsmethode bieten wir Ihnen an: das Lastschriftverfahren / Kreditkartenzahlung
3. Wir informieren Sie per E-Mail: über den Warenversand / den Liefertermin

1. Für das Login wird sowohl der Benutzername als auch das persönliche Kennwort benötigt.

nicht nur . . ., sondern auch
4. Online bestellen können Sie: von zu Hause aus / in unserer Filiale
5. Für die Kaufentscheidung sind wichtig: Produktbeschreibungen / Kundenbewertungen
6. Online-Shopping ist beliebt: bei jüngeren / bei älteren Kunden

4. Online bestellen können Sie nicht nur von zu Hause aus, sondern auch in unserer Filiale.

entweder ... oder

7. Ihre Quittung können Sie erhalten: als Ausdruck auf Papier / in digitaler Form
8. Den Gutscheincode können Sie einlösen: beim nächsten Einkauf / bei der nächsten Onlinebestellung
9. Ihre Bestelldaten können Sie: löschen / für die nächste Bestellung speichern

7. Ihre Quittung können Sie entweder als Ausdruck auf Papier oder in digitaler Form erhalten.

3 Doppelte Verneinung mit „weder ... noch" › KB: A3 › G: 4.4

Formulieren Sie aus den Elementen Sätze mit „weder ... noch". Markieren Sie die Verneinung wie im Beispiel.

1. Skianzug – vorrätig sein – in der richtigen Größe – in der gewünschten Farbe
2. Ich – Benachrichtigungen – Newsletter – erhalten – wollen
3. So günstig – wie – im Internet – finden – man – Artikel – im Einzelhandel – im Großhandel
4. Auf der gesamten Webseite – finden – ich – Telefonnummer – Mailadresse

1. Der Skianzug ist weder in der richtigen Größe noch in der gewünschten Farbe vorrätig.

Ⓩ 4 Die Sache hat zwei Seiten – zweiteilige Verbindungen › KB: A3 › G: 4.4

a Lesen Sie die Produktbewertung aus dem Internet und markieren Sie die zweiteiligen Konnektoren.

> Für das neue Modell der Kameraserie TMX hat sich der Hersteller einige Veränderungen ausgedacht. Zum einen ist die Digitalkamera etwas kleiner als das vorherige Modell, zum anderen hat sich das Gewicht etwas reduziert. Das wird alle freuen, die gerne mit kompakten Kameras fotografieren. Neu hinzugekommen ist eine programmierbare Funktionstaste. Das macht die Bedienung einerseits einfacher, andererseits lassen sich nicht alle Kamerafunktionen auf die Taste legen. Wer sich für alle Verbesserungen interessiert, der findet eine komplette Liste auf der Herstellerseite.

> **TIPP**
>
> **zum einen ... (,) zum anderen:**
> Man hebt zwei gleichwertige Aspekte einer Sache hervor.
>
> **einerseits ... andererseits:**
> Man stellt Gegensätzliches, z. B. Vorteile und Nachteile, gegenüber.

b Lesen Sie den Tipp und verbinden Sie die Sätze mit den Konnektoren aus 4a. Markieren Sie wie im Beispiel.

1. Welche Folgen hat der Online-Handel für den Verkehr?
   Der Transportverkehr nimmt zu. Viele private „Einkaufsfahrten" fallen weg.
2. Welche Vorteile bietet das digitale Marketing?
   Man kann verschiedene Käufergruppen direkt ansprechen. Man führt einen Dialog mit dem Kunden.
3. Wie bewerten die Kunden die neuen E-Commerce-Angebote?
   Sie schätzen die große Flexibilität. Die Digitalisierung kann die Beratung im Geschäft nicht ersetzen.
4. Welche Gründe gibt es für die positive Entwicklung im E-Commerce?
   Die Menschen verbringen immer mehr Zeit im Internet. Das Einkaufen lässt sich so nebenbei erledigen.

1. Zum einen nimmt der Transportverkehr zu, zum anderen fallen viele private „Einkaufsfahrten" weg.

5 Das sind die Funktionen unserer neuen App › KB: A4b

Ordnen Sie den Nomen die passenden Verben aus dem Schüttelkasten zu.

| abscannen | anzeigen | bekommen | erkennen | reservieren | sammeln |

1. den Produktcode *abscannen* _____
2. Bonuspunkte _____
3. den Warenbestand _____
4. den Standort _____
5. Rabattangebote _____
6. zur späteren Abholung _____

B Neue Strukturen

1 Der Konjunktiv II – Bildung und Bedeutung › KB: B2 › G: 1.4

a Schreiben Sie die Präteritum- und die Konjunktiv-II-Formen in die Tabelle.

TIPP

er / sie / es … (Präsens)	er / sie / es … (Präteritum)	er / sie / es … (Konjunktiv II)
1. ist	*war*	*wäre*
2. kommt		
3. bleibt		
4. geht		
5. findet		
6. hat	*hatte*	*hätte*
7. kann		
8. braucht		

Konjunktiv-II-Bildung von
- **unregelmäßigen Verben:**
Präteritum + oft Vokalwechse
a, o, u → ä, ö, ü
(war… → wär…) + Konjunkti
Endungen
ich: …-e, du: …-(e)st, er/ sie
… e, wir: … en, ihr: … (e)t,
sie / Sie: -en
- **Modalverben:**
„können", „dürfen", „müssen"
könnt-, dürft-, müsst-
- **Verben der „gemischten"**
  Konjugation:
„bringen", „denken",
„brauchen" …
Stammform: brächt-, dächt-,
bräucht-, …

b Formulieren Sie höfliche Fragen, Bitten und Vorschläge mit dem Konjunktiv II.

1. Für mich – kommen – Termin – Anfang der Woche – in Frage.
2. Eine andere Möglichkeit – zu – sein – verlegen – Termin – um eine Woche – nach hinten.
3. Wir – brauchen – Ihr Terminvorschlag – Ende März – spätestens.
4. Gehen – es – Ihnen – bei – am 25. Mai – auch – vielleicht?
5. Termin – am Abend – ich – finden – besser.
6. Für – nächstes Treffen – wir – haben – drei Terminvorschläge.

1. Für mich käme ein Termin Anfang der Woche in Frage.

c Formulieren Sie höfliche Aufforderungen mit dem Konjunktiv II.

1. Wiederholen Sie das noch einmal! *Könnten Sie das bitte noch einmal wiederholen?*

2. Seien Sie so nett, mir das zu erklären! _____

3. Leiten Sie die Mail an mich weiter! _____

4. Antwortet mir bis Donnerstag! _____

2 E-Commerce: Berufe und Aufgaben › KB: B4c

a Was gehört zu den Tätigkeiten in diesem Beruf? Notieren Sie die passenden Wörter.

> Applikationen | Aktivitäten | Blogtexte | Datenbanken | Kundendaten | Lieferprozesse |
> Marketing-Strategien | Produktseiten | Soll-Ist-Berichte

1. Software-Entwickler/in: *Applikationen* entwickeln
2. Online-Redakteur/in: _____ schreiben
3. Datenanalyst/in: _____ auswerten
4. Kampagnenmanager/in: _____ erarbeiten
5. Datenbankadministrator/in: _____ pflegen

6. IT-Logistiker/in: _____ verwalten
7. Controller/in: _____ erstellen
8. Webdesigner/in: _____ gestalten
9. Social-Media-Manager/in: _____
   in Netzwerken koordinieren

b Lesen Sie Auszüge aus vier Stellenanzeigen. Welche Berufe sind gesucht? Ergänzen Sie die Namen aus 2a.

1

IT-Logistiker/in

Ihre Aufgaben:
◊ Betreuung der elektronischen Bestellung, der Rechnungsstellung und des Transports

Ihr Profil:
◊ erfolgreich abgeschlossenes IT-Studium
◊ Erfahrung in Durchführung von Projekten

3

Ihre Aufgaben:
• Definition von Zielgruppen und Werbebotschaften
• Kundenmarketing

Ihr Profil:
• abgeschlossenes BWL-Studium oder Studium mit Schwerpunkt Marketing
• Interesse an Customer Relationship Management

2

Ihre Aufgaben:
➤ Budgetplanung
➤ Soll-Ist-Berichte erstellen

Ihre Aufgaben:
➤ BWL-Studium mit Schwerpunkt E-Commerce
➤ Erfahrung im Aufbau von Kennzahlen

4

Ihre Aufgaben:
– Prozesse (Datenabfragen etc.) überwachen
– Fehlersuche und -beseitigung

Ihr Profil:
– Studium oder abgeschlossene Ausbildung in Informatik, Kenntnisse von Oracle und MySQL

---

3 Zusammengesetzte Nomen mit dem Verbstamm „liefer-" › KB: B4c

a Wie heißen die fehlen Wortteile bzw. Silben?

Anschrift | ant | ~~aus~~ | Dienst | Haus | Ketten | Express | Zu

1. der Paket*aus*lieferer
2. der Liefer_____
3. die _____lieferung
4. die Liefer_____

5. der Liefer_____
6. die _____lieferfirma
7. das Liefer_____management
8. die Frei-_____- Lieferung

b Ergänzen Sie die Sätze mit den Wörtern aus 3a.

1. Die Arbeitsbedingungen von *Paketauslieferern* _____ sind schon oft kritisiert worden.
2. Der zweitgrößte deutsche Online-Händler, die Otto-Group, hat einen eigenen _____.
3. Die Onlineshop-Software verarbeitet Informationen über alle wichtigen _____.
4. Eine der Hauptaufgaben in der Logistik ist das _____.
5. Einzelteile für die weitere Verarbeitung in der Produktion stammen von _____.
6. Ab einem bestimmten Warenwert bieten manche Webshops eine _____ an.
7. Wer ein Geschenk auf die allerletzte Minute bestellt, braucht eine _____.
8. In den meisten Fällen ist die Rechnungsadresse auch die _____.

C Interne Kommunikation

1 Das finden Sie im Intranet › KB: C1a

B P **Lesen Sie die Sätze und kreuzen Sie das Wort an, das die Lücke korrekt ergänzt.**

1. In einigen Firmen hat das Intranet die Mitarbeiterzeitung als Informationsquelle *abgelöst.*
   a. ☐ aufgehört   b. ☒ abgelöst   c. ☐ übernommen   d. ☐ übersehen

2. Für Teams, die gemeinsam an Projekten arbeiten, werden eigene Chat-Räume _____.
   a. ☐ angemeldet   b. ☐ vereinbart   c. ☐ eingerichtet   d. ☐ gegründet

3. Große Technologiekonzerne übertragen _____ wichtige Konferenzen per Live-Stream ins Intranet.
   a. ☐ einerseits   b. ☐ nicht   c. ☐ wenigstens   d. ☐ sogar

4. Oft werden Angestellte über eine _____ Umstrukturierung via Intranet informiert.
   a. ☐ versuchte   b. ☐ geplante   c. ☐ vorliegende   d. ☐ abgeschlossene

5. Datenbanken _____ es, Fachwissen allen Mitarbeitern zur Verfügung zu stellen.
   a. ☐ ermöglichen   b. ☐ verstehen   c. ☐ schaffen   d. ☐ empfehlen

6. Auch für die _____ Stellenausschreibung ist das Intranet der richtige Ort.
   a. ☐ öffentliche   b. ☐ erfolgreiche   c. ☐ interne   d. ☐ interessante

Z 2 Aussagen mit unterschiedlichem Verhältnis zur Wirklichkeit – Indikativ und Konjunktiv II › KB: C3d › G: 1.4, 4.4

a **Formulieren Sie die Aussagen in den beiden Zeitformen des Konjunktivs II.**

Präsens Indikativ	Konjunktiv II Gegenwart	Konjunktiv II Vergangenheit
1. Ich helfe dir.	*Ich würde dir helfen.*	*Ich hätte dir geholfen.*
2. Du hast die Zeit dafür.		
3. Das ist die Lösung.		
4. Das geht auch anders.		

b **Indikativ (I) oder Konjunktiv II (K)? Welche Form beschreiben die Sätze 1 bis 4? Kreuzen Sie an.**

Aussagen im Konjunktiv II unterscheiden sich von Aussagen im Indikativ:

	I	K
1. Der Inhalt dieser Aussage stimmt mit der objektiven Tatsache überein.	☒	☐
2. Diese Form der Aussage betont, dass der Inhalt möglich oder denkbar ist.	☐	☐
3. Der Sprecher ist sicher, dass der Inhalt der Aussage zutrifft.	☐	☐
4. Aus Sicht des Sprechers gab es eine Alternative zum tatsächlichen Geschehen.	☐	☐

3 Aussagen im Konjunktiv II in Haupt- und Nebensätzen › KB: C3d › G: 1.4, 4.2, 4.4

a **Lesen Sie die Dialoge aus einem IT-Chat und notieren Sie auf der nächsten Seite, was die Antworten bedeuten.**

1. ▶ Hast du dir die Videoanleitung dazu gar nicht angesehen?
   ▶ Nein, denn dann wüsste ich ja die Lösung.
2. ▶ Lange überlegt hast du nicht, oder?
   ▶ Ok, die Idee wäre mir bestimmt auch selbst gekommen.
3. ▶ In der Arbeitsdokumentation hast du nicht nachgeschaut, oder?
   ▶ Stimmt, dann wäre ich jetzt einen Schritt weiter.

> **TIPP**
>
> In kommunikativen Situationen verwendet man manchmal Aussagen im Konjunktiv II, ohne einen „wenn-Satz" zu formulieren.

1. Der Mitarbeiter weiß die Lösung nicht. *Er hat sich die Videoanleitung dazu nicht angesehen.*

2. Die Idee ist ihm nicht selbst gekommen. _____

3. Er ist keinen Schritt weiter. _____

b Formulieren Sie „wenn-Sätze" im Konjunktiv II und verbinden Sie sie mit den Aussagen aus 3a.

1. *Wenn er sich die Videoanleitung dazu angesehen hätte, dann wüsste er die Lösung.*

2. _____

3. _____

c Lesen Sie die Regeln. Was passt: a oder b? Kreuzen Sie an.

Ⓖ

1. Mit dem Konjunktiv II Vergangenheit bezieht man sich auf eine Möglichkeit,
   die man   a. ☐ wahrgenommen hat.   b. ☐ nicht wahrgenommen hat.
2. Aussagen im Konjunktiv II, die mit „wenn-Sätzen" verbunden sind, stellen das Gegenteil von dem dar,
   was tatsächlich   a. ☐ geschehen ist.   b. ☐ nicht geschehen ist.

4 Alternativen – Konjunktiv II Vergangenheit + Modalverb ›KB: C3d ›G: 1.4

a Welches Ergebnis hatte die Umstrukturierung in der E-Commerce-Abteilung? Was wäre eine Alternative gewesen? Formulieren Sie die Sätze mit dem Konjunktiv II und „können".

1. Der E-Logistiker ist bei der Firma geblieben. (auch zu anderem Unternehmen wechseln)

   Er hätte auch zu einem anderen Unternehmen wechseln können.

2. Die Produktmanagerin arbeitet weiter im Online-Vertrieb. (im neuen Projektteam / mitarbeiten)

   _____

3. Der Softwareentwickler hat gekündigt. (auch internes Stellenangebot annehmen)

   _____

4. Die Firma hat eine externe Projektleiterin eingestellt. (eigene Mitarbeiterin zur Projektleiterin machen)

   _____

5. Die Betriebsrat hat den personellen Veränderungen zugestimmt. (sie auch ablehnen)

   _____

b Lesen Sie die „wenn-Sätze" und notieren Sie, wie es tatsächlich war.

1. Wenn die Umstrukturierung gescheitert wäre, …   ↔   *Die Umstrukturierung ist nicht gescheitert.*

2. Wenn sie Abteilungsleiterin geworden wäre, …   ↔   _____

3. Wenn er die Firma damals hätte verlassen müssen, …   ↔   _____

4. Wenn ich die Abteilung hätte wechseln können, …   ↔   _____

c Bilden Sie aus den Nebensätzen in 4b und den Vorgaben Sätze. Lassen Sie das „wenn" weg.

1. Unternehmen – in Schwierigkeiten – geraten   3. erfolgreiche Geschäftsjahre – nicht miterleben
2. wichtigen Schritt – in ihrer Karriere – machen   4. die neue Arbeit – gut zu meinen Fähigkeiten – passen

1. Wäre die Umstrukturierung gescheitert, wäre das Unternehmen in Schwierigkeiten geraten.

d Ergänzen Sie die Tabelle mit zwei Beispielsätzen aus Aufgabe 4.

Konjunktiv II Vergangenheit (hätt… / wär… + Partizip Perfekt)

1. *Wäre die Umstrukturierung gescheitert, wäre das Unternehmen in Schwierigkeiten geraten.*

2.

Konjunktiv II Vergangenheit + Modalverb (hätt… + Infinitiv Vollverb + Infinitiv Modalverb)

3.

4.

D Alles ändert sich

1 Wortschatz Umstrukturierung › KB: D1

Welche Verben aus dem Schüttelkasten gehören zu den Ausdrücken?

einstellen | erbringen | erhöhen | erschließen | investieren | ~~verfolgen~~ |
vergrößern | übernehmen

1. ein Ziel *verfolgen*

2. Aufgaben

3. Personal

4. Leistungen

5. die Produktpalette

6. neue Märkte

7. in neue Geschäftsfelder

8. die Kapazität

2 Arbeitnehmerrechte in deutschen Betrieben › KB: D1

Lesen Sie den Informationstext und die Aussagen 1–4. Welche Aussagen sind richtig, welche falsch?

Schon seit Langem gibt es in der Bundesrepublik Deutschland Gesetze, die den Arbeitnehmern das Recht zur Mitbestimmung geben. Mitbestimmung heißt ganz allgemein, dass die festangestellten Mitarbeiter eines Unternehmens ihre Interessen in die Geschäftspolitik des Unternehmens einbringen können. In privatwirtschaftlichen Firmen ist das dafür verantwortliche Gremium der Betriebsrat. Er setzt sich aus einer bestimmten Zahl gewählter Vertreter zusammen.

Die Arbeit der Personalvertreter lässt sich ungefähr so beschreiben: Sie sollen es den Arbeitnehmern möglich machen, sich an unternehmerischen Entscheidungen zu beteiligen. Das Recht zur Mitbestimmung hat der Betriebsrat in sozialen Fragen (z.B. Löhne und Gehälter, Arbeitszeitregelung, Betriebsordnungen) wie auch in personellen Fragen. Dazu zählen Einstellungen oder Kündigungen. Mitbestimmung heißt, dass Entscheidungen des Arbeitgebers erst umgesetzt werden, wenn der Betriebsrat ihnen zugestimmt hat.

Darüber hinaus ist der Betriebsrat eine wichtige Adresse für Arbeitnehmer bei Problemen am Arbeitsplatz und trägt entscheidend zu einem guten Betriebsklima bei.

		r	f
1.	Die Rechte von Angestellten sind in Deutschland gesetzlich festgeschrieben.	X	☐
2.	Alle Mitarbeiter eines Unternehmens können ihre Interessen durch Vertreter durchsetzen.	☐	☐
3.	Der Betriebsrat entscheidet über alle unternehmerischen Fragen mit.	☐	☐
4.	Die betriebliche Mitbestimmung ist ein wichtiger Faktor für gute Arbeitsbedingungen.	☐	☐

Grammatik im Überblick

1 Zweiteilige Konnektoren: „sowohl" … als auch", „weder … noch", „entweder … oder", „nicht nur …, sondern auch", „zum einen … (,) zum anderen", „einerseits … andererseits" › G: 4.4

- Mit den zweiteiligen Konnektoren kann man Wörter, Wortgruppen (z. B. Angaben) oder Sätze verbinden.
  z. B. Ich besitze weder ein Smartphone noch ein Tablet. / Er hat weder angerufen, noch hat er eine SMS gesendet.
- Ausnahme: Mit „als auch" in „sowohl … als auch" kann man keinen vollständigen Satz beginnen.
  z. B. Ich habe sowohl im Katalog gesucht, als auch im Onlineshop.
- In einem Hauptsatz stehen zweiteilige Konnektoren oft in der Satzmitte.
- In zweiteiligen Hauptsätzen stehen „oder" und „sondern" im zweiten Hauptsatz auf Position 0 – identische Wörter werden meist weggelassen.

Pos. 1	Pos. 2	Satzmitte	Satzende
Sie	werden	sowohl über den Warenausgang als auch die Lieferung per E-Mail	informiert.
Ich	möchte	weder Benachrichtigungen noch einen Newsletter	erhalten.

Pos. 0	Pos. 1	Pos. 2	Satzmitte	Satzende
	Sie	können	Ihre Bestelldaten entweder	löschen
oder	(sie)	(können)	(sie) für die nächste Bestellung	speichern.
	Sie	können	nicht nur an Sonderaktionen	teilnehmen,
sondern	(sie)	(können)	auch Bonuspunkte	sammeln.

- Zweiteilige Konnektoren wie „zum einen … (,) zum anderen" / „einerseits …, andererseits" stehen meist auf Position 1 oder in der Satzmitte.
- „zum einen … (,) zum anderen" hebt zwei gleichwertige Aspekte einer Sache hervor.
  z. B. Zum einen kann man beim Onlinehandel neue Produkte schneller bekannt machen, zum anderen (kann man) verschiedene Käufergruppen direkt ansprechen.
- „einerseits …, andererseits" stellt etwas Gegensätzliches, z. B. Vorteile und Nachteile, gegenüber.
  z. B. Beim Onlinehandel nimmt einerseits der Transportverkehr zu, es fallen andererseits viele private „Einkaufs-fahrten" weg.

2 Konjunktiv II in Gegenwart und Vergangenheit – Verwendung › G: 1.4, 4.2, 4.4

Konjunktiv II Gegenwart

- Mit dem Konjunktiv II kann man betonen, dass etwas möglich und noch nicht endgültig festgelegt ist. Aussagen in dieser Bedeutung sind oft verkürzte Sätze ohne konditionalen Nebensatz.
  z. B. Dieses Treffen wäre dann für dieses Jahr das letzte. → Wenn Sie nichts dagegen haben, ist dieses Treffen dann das letzte.
- Den Konjunktiv II in der Frageform verwendet man häufig, um zu direkte Aufforderungen zu vermeiden.
  z. B. (höflich – auffordernd) Senden Sie mir bitte bis Ende der Woche Ihre Terminvorschläge zu.
  (höflich – fragend) Könnten Sie mir bis Ende der Woche (bitte) Ihre Terminvorschläge zusenden?

Konjunktiv II Vergangenheit

- Man verwendet den Konjunktiv II Vergangenheit oft, wenn man sich auf eine Möglichkeit bezieht, die man nicht wahrgenommen hat, z. B. Wir hätten die Schuhe auch online bestellen können. (Aber wir haben sie nicht bestellt.)
- Mit „wenn-Sätzen" verbundene Aussagen im Konjunktiv II (irrealer Bedingungssatz) stellen das Gegenteil von dem dar, was tatsächlich geschehen ist, z. B. Wenn sie Abteilungsleiterin geworden wäre, hätte sie einen wichtigen Schritt in ihrer Karriere gemacht. (Aber sie ist nicht Abteilungsleiterin geworden.)

Konjunktiv II Vergangenheit – Bildung

Konjunktiv II Vergangenheit (hätt… / wär… + Partizip Perfekt)
Ich hätte die Firma damals besser nicht verlassen.
Das Unternehmen wäre in Schwierigkeiten geraten.

Konjunktiv II Vergangenheit + Modalverb (hätt… + Infinitiv Vollverb + Infinitiv Modalverb)
Ich hätte die Abteilung wechseln müssen.

A Börse und Aktienkurse

1 Wie hat sich der DAX entwickelt? › KB: A1a

Formulieren Sie Sätze mit den Elementen. Verwenden Sie das Perfekt.

1. September – DAX – stark – sinken

   Im September ist der DAX stark gesunken.

2. 12 Stunden – innerhalb von – DAX – fallen von … auf – 9.834,32 Punkte – 9.715,78 Punkte

3. heute Mittag – abstürzen auf – er – 9.000,04 Punkte

4. Anfang Oktober – von – Mitte November – wieder – bis – steigen auf – 10.870,25 Punkte

5. stehen bei – Ende November – er – 11.320,15 Punkte

2 Börsenwörter › KB: A1b

Bilden Sie zusammengesetzte Nomen aus den Elementen und schreiben Sie sie zu der passenden Erklärung.

Aktien | Aktien | Anteil | Börsen | Entwicklung | Index | Indizes | Kurs | Papier |
Preis | Leit | Ort | Stand | Umsatz | Wert

1. Marktpreis der Aktien: *der Aktienkurs*
2. Ein Dokument, das einen bestimmten Wert hat: _____
3. Der Ort, wo die Börse sich befindet: _____
4. Ein bestimmter Teil des Umsatzes: _____
5. Wie sich ein Preis verändert: _____
6. Kennziffern zur Entwicklung des Aktienkurses: _____
7. In Deutschland ist der „DAX 30": _____

3 Börse, Anleger und Aktienhandel › KB: A2

T Ⓟ **Lesen Sie den Informationstext und entscheiden Sie, ob die unterstrichenen Wörter (a) richtig sind. Wenn nicht, wählen Sie ein anderes Wort (b oder c).**

Wenn ein Anleger Aktien einer AG kauft, [1] <u>erwerbt</u> er einen Teil am Grundkapital des Unternehmens. Er kann mit [2] <u>seinen</u> Aktien Gewinn oder Verlust machen. Unternehmen wollen durch den Verkauf [3] <u>der</u> Anteilen Kapital erhalten. Die Börsenmakler berechnen jeweils den Aktienkurs [4] <u>von</u> Angebot und Nachfrage. Sie wollen erreichen, dass möglichst viele Aktien [5] <u>ihre</u> Besitzer wechseln. Der Handel wird entweder [6] <u>im</u> Parkett oder über elektronische Börsen betrieben.

1. a. ☐ ✔	2. a. ☐ ✔	3. a. ☐ ✔	4. a. ☐ ✔	5. a. ☐ ✔	6. a. ☐ ✔
b. ☒ erwirbt	b. ☐ ihren	b. ☐ mit	b. ☐ nach	b. ☐ seine	b. ☐ am
c. ☐ erwerben	c. ☐ seiner	c. ☐ von	c. ☐ für	c. ☐ seinen	c. ☐ auf dem

4 Verhältnisse ausdrücken: Wortstellung in Sätzen mit „je …, desto / umso" › KB: A3b › G: 4.4

a Schreiben Sie die markierten Sätze mit „je …, desto / umso" im Kursbuch 13A, 2, in die Tabelle und ergänzen Sie die Regel.

Nebensatz			Hauptsatz		
1. Je mehr	Anleger eine Aktie	kaufen wollen,	desto höher	steigt	der Preis.

„Je" + Komparativ steht am Anfang des _____ Satzes (= Nebensatz) „desto / umso" + Komparativ steht am Anfang des _____ Satzes (= Hauptsatz), direkt danach kommt das konjungierte _____.

b Formulieren Sie Sätze mit „je …, desto / umso". Denken Sie an den Komparativ und achten Sie auf die Wortstellung. Markieren Sie wie im Beispiel.

1. Aktienkurs – stark – sinken → Angst – Anleger – groß – werden
2. Nachfrage – groß – sein → Preis – hoch – werden
3. Ölpreis – tief – sinken → Benzin – billig – werden
4. eines Unternehmens – Zahlen – gut – sein → viele Leute – seine Aktien – kaufen wollen
5. gut – sein – Aussichten → Aktienkurs – schnell – steigen
6. lange – nachdenken – ich – darüber → Aktienhandel – kompliziert – ich – finden

1. *Je stärker der Aktienkurs sinkt, desto größer wird die Angst der Anleger.* _____

_____

_____

_____

B Kurse steigen und fallen

1 Schwankungen der Kurse in der Modebranche › KB: B1c

Notieren Sie das Gegenteil der Wörter. Schreiben Sie die Nomen mit Artikel und Plural.

> Absturz | Einbruch | sich erholen | fallen | Fusion | Höhepunkt | scheitern | schwanken | sinken

1. steigen: *fallen, sinken, …* _____

2. gelingen: _____

3. sehr starker Anstieg: _____

4. die Steigerung: _____

5. gleich bleiben: _____

6. die Trennung: _____

7. sich negativ entwickeln: _____

8. der Tiefpunkt: _____

2 Indirekte Rede – Formen des Konjunktivs I (Gegenwart) › KB: B2 › G: 1.5

a Schauen Sie sich die Tabelle an und ergänzen Sie dann die Regeln.

	haben	sein	werden	wünschen	kommen	wissen	können
ich	~~habe~~ hätte	sei	~~werde~~ würde	wünschte	käme	wisse	könne
du	~~habest~~ hättest	sei(e)st	~~werdest~~ würdest	wünschtest	käm(e)st	wüsstest	könntest
er / sie / es	habe	sei	werde	wünsche	komme	wisse	könne
wir	~~haben~~ hätten	seien	~~werden~~ würden	wünschten	kämen	wüssten	könnten
ihr	~~habet~~ hättet	sei(e)t	~~werdet~~ würdet	wünschtet	käm(e)t	wüsstet	könntet
sie / Sie	~~haben~~ hätten	seien	~~werden~~ würden	wünschten	kämen	wüssten	könnten

Ⓖ

1. Der Konjunktiv I wird meist nur in der _____ Person Singular gebraucht, bei den anderen Personen verwendet man in der Regel den Konjunktiv II.
2. Bei Modalverben sowie „wissen" wird auch die _____ Person Singular verwendet und beim Hilfsverb „_____" gebraucht man den Konjunktiv I in allen Formen .

b Lesen Sie den Tipp und ergänzen Sie die passenden Konjunktiv-I-Formen im Bericht einer Lokalzeitung über die Äußerungen des Geschäftsführers von *inex-mode* in einem Interview.

Fusion Mundo-Moden – inex-mode: Der Geschäftsführer von *inex-mode*, Herr Paulo Lima,

hat sich gestern in einem Interview über die künftige Geschäftsentwicklung der Billigmarke

wie folgt geäußert: Er [1] *bewerte* _____ (bewerten) die geplante Übernahme durch

Mundo-Moden positiv und [2] _____ (sein) sich sicher, dass ihre beiden

Unternehmen schnell [3] _____ (zusammenwachsen werden). Seine

Geschäftspartner und er [4] _____ (hoffen), dass dieser Prozess nicht lange

[5] _____ (dauern werden). Er selbst [6] _____ (haben)

keine Angst vor den neuen Entwicklungen – im Gegenteil, er und sein Team

[7a] _____ (schauen) sehr zuversichtlich in die Zukunft [7b] _____.

Am nächsten Tag [8a] _____ (geben werden) es eine Versammlung mit

den Mitarbeitern von Mundo-Moden [8b] _____ .

So [9a] _____ (kennenlernen können) man sich schon etwas

[9b] _____. Ein Mitglied des Betriebsrat äußerte sich so: „Wir hoffen, dass es

zu keinen Kündigungen kommt und dass Herr Lima mit seinen Prognosen recht hat!"

c Lesen Sie den Tipp und markieren Sie im Bericht in 2b alle weiteren Pronomen, Possessivartikel und Zeitangaben.

d Was hat Herr Lima wörtlich im Interview gesagt? Schreiben Sie seine Aussagen in direkter Rede. Wie verändern sich Pronomen, Possessivartikel und die Zeitangabe?

1. „Ich bewerte die geplante Übernahme durch Mundo-Moden positiv
und bin mir sicher, dass ..."

e Geben Sie die Äußerungen des Vorstandschefs von *Mundo-Moden* in der indirekten Rede wieder. Achten Sie darauf, wie sich die Pronomen und die Zeitangaben verändern.

„Wir haben interessante Pläne für die Zukunft. Wir planen, die Modekette „inex-moden" zu übernehmen. Ich bin überzeugt davon, dass dies unserem Unternehmen nützen wird, da wir durch die Übernahme eines Billig-Anbieters weitere Kundengruppen gewinnen werden. Morgen werden die ersten Gespräche geführt. Ich hoffe auf ein positives Klima. Unsere Mitarbeiter sind vorbereitet, sie können sich diese Erweiterung gut vorstellen. Niemand hat Angst vor der Zukunft, sondern alle wünschen sich, dass die Gespräche Erfolg haben, denn dadurch kann sich die Situation des Unternehmens nur verbessern, da wir zurzeit mit vielen Problemen kämpfen."

Der Vorstand von Mundo-Moden hat gesagt, sie hätten interessante Pläne

für die Zukunft. Sie ...

3 Entwicklungen beschreiben › KB: B3b

a Formulieren Sie Sätze mit den Redemitteln. Verwenden Sie das Perfekt oder das Präteritum.

1. Aktie – steigen – am Jahresanfang – Mitte des Jahres – sinken wieder – anfänglichen Wert – auf – sie
2. nach – gleich bleiben – leichter Abfall – sie – bis – Ende des Jahres
3. aufgrund – Pressemeldungen – negativ – fallen – sie – neues Jahr – im – auf 97,2 € – von 101,0 €
4. wegen – Umsatzrückgänge – kontinuierlich – sie – sinken – bis zu – katastrophaler Absturz – auf 55 €
5. heute Morgen – sie – liegen – unter ihrem Wert – immer noch – um 6,2%
6. Vorstand – mitteilen, dass – um weitere 4% – sie – werde zurückgehen – mindestens
7. aber – zuversichtlich sein – er, die Aktie – schnell – sich erholen werde – wieder – dass

1. Am Jahresanfang ist die Aktie gestiegen und Mitte des Jahres ist sie wieder auf den anfänglichen

Wert gesunken.

b Lesen Sie den Text zur Geschäftsentwicklung von „B & M-Mode" und zeichnen Sie eine entsprechende Kurve in das Liniendiagramm ein.

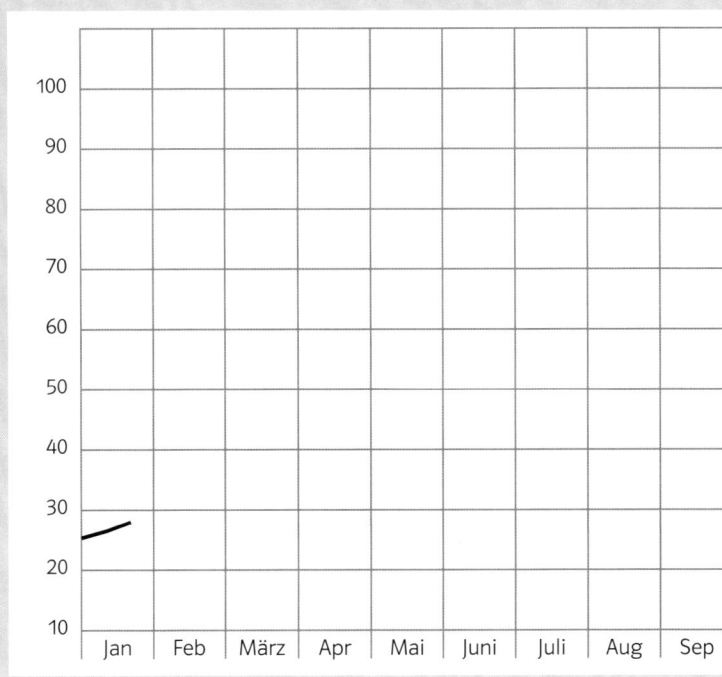

Seit Anfang Januar ist die Aktie von „B & M-Mode" kontinuierlich gestiegen. Sie lag Ende Februar bei 39 €. Aufgrund von Absatz-problemen im Inland sank sie im Laufe des März auf 36,8 €, erholte sich aber ab Ende des Monats wieder und erreichte bis Anfang Mai einen Wert von 38,0 €. Im Mai und Juni blieb sie gleich. Anfang Juli gab es Pressenachrichten über starke finanzielle Probleme des Unternehmens. Die Anleger gerie-ten in Panik, und die Aktie erlebte einen Absturz um 50%. Pläne zur Fusion mit zwei weiteren Mode-unternehmen ließen die Aktie ab Mitte August wieder steigen, sodass sie Anfang September bei 34,95 € liegt.

C Was sagt der Geschäftsbericht?

1 Diagramme beschreiben: wichtige Nomen, Verben und Präpositionen › KB: C2c

a Welche Präposition passt zu welchem Wort bzw. Ausdruck? Ergänzen Sie auch den Kasus.

[an | an | auf | auf | mit | ~~nach~~ | zu | zu | zu]

1. die Nachfrage *nach + D* _____
2. führen _____
3. es kommt _____

4. Einfluss haben _____
5. rechnen _____
6. entfallen _____

7. beitragen _____
8. erinnern _____
9. einen Anteil haben _____

b Bilden Sie zusammengesetzte Nomen aus einem Nomen aus dem linken und einem aus dem rechten Schüttelkasten. Notieren Sie auch den Artikel und den Plural.

[<u>Ausschüttung</u> | Geschäft | Kurs | Käufer | Online | Säulen | Schluss | Umsatz | Umsatz | Waren]

[Anteil | Diagramm | Einbruch | Folgerung | Gruppe | Gruppe | Jahr | <u>Politik</u> | Rückgang | Vertrieb]

die Ausschüttungspolitik, ... _____

_____

_____

_____

2 Diagramme beschreiben – Redemittel

TIPP

a Ordnen Sie die Redemittel den passenden Kategorien zu. › KB: C2e

[<u>Das Schaubild wurde dem / der ... entnommen</u> | Die Liniengrafik gibt Auskunft über ... | Aus dem Kreisdiagramm geht hervor, wie / dass ... | Das Kreisdiagramm aus dem Jahr ... stammt aus dem / der ... | Aus dem Diagramm ergibt sich, dass die Prognose für ... positiv / negativ ist. | Das Schaubild zeigt deutlich einen kontinuierlichen Rückgang des / der ... | Es ist überraschend, dass ... | Dem Diagramm kann man entnehmen, dass ... | Das Säulendiagramm zeigt die Anteile von ... am / an der ... | Die Grafik liefert Informationen über ... | Das Schaubild wurde von ... herausgegeben.]

Diagramme beschreiben
Legen Sie sich eine Liste mit Redemitteln für jeden Diagramm-Typ an und illustrieren Sie sie mit kleinen Grafiken.

Quelle u. Art des Diagramms	Inhalt	Kommentar / Fazit
Das Schaubild wurde dem / der ... entnommen; ...		

ⓩ b Welches Wort passt in die Sätze? Streichen Sie das falsche. › KB: C2g

1. Bevor ich zu den Schlussfolgerungen <u>~~laufe~~ / komme</u>, möchte ich Ihnen diese Folie hier erläutern.
2. Der Umsatz steigerte sich auf 320 Mio., wir hatten also <u>ein Minus / ein Plus</u> von 4,5 %.
3. Der Umsatz brach aufgrund des schlechten Konsumklimas <u>ein / auf</u>.
4. Als Reaktion haben wir einige weniger rentable Standorte <u>geschlossen / eröffnet</u>.
5. Dies <u>führte / kam</u> dazu, dass der Umsatz kontinuierlich stieg.
6. Im 4. Quartal 2016 ging der Umsatz wegen <u>steigender / sinkender</u> Inlandsnachfrage stark zurück.
7. Durch den Cross-Channel-<u>Vertrieb / -Betrieb</u> wollen wir unseren Umsatz weiter steigern.
8. Unsere Pläne haben überzeugt, sodass die Aktie im ersten Quartal kräftig <u>gefallen / gestiegen</u> ist.

D Börsenpsychologie

1 Börsenhandel – Achtung Emotionen! › KB: D1b

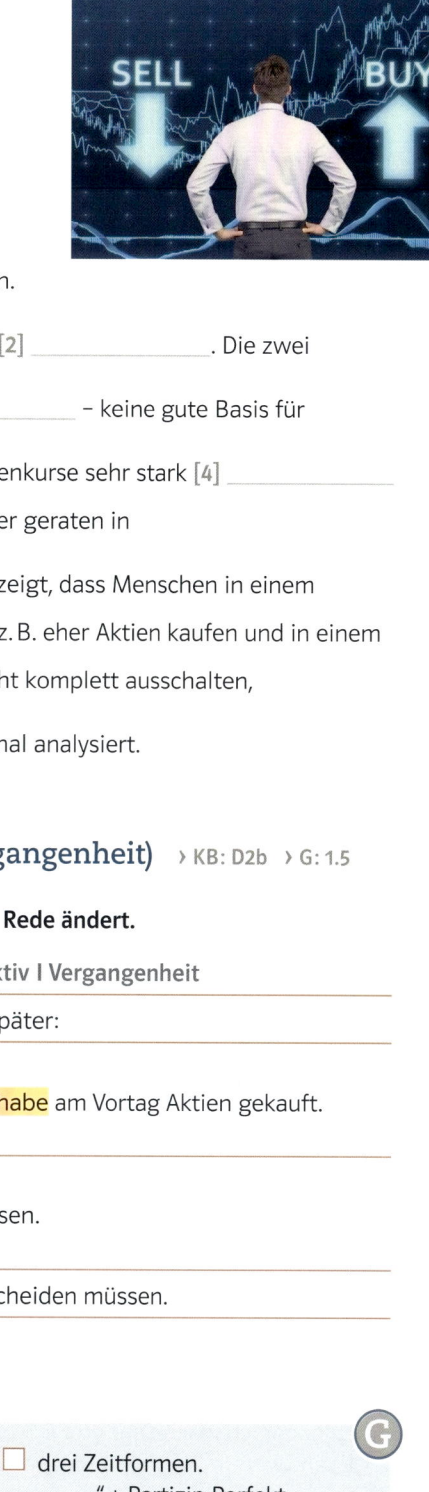

Ergänzen Sie jede Lücke mit einem passenden Wort.

Die Psyche hat viel mehr Einfluss [1] _auf_ die Börse, als wir denken.

Denn wenn es um Geld geht, spielen Emotionen oft eine größere Rolle als der [2] _____. Die zwei

wichtigsten sind Gier und Angst, zwischen denen Anleger häufig [3] _____ – keine gute Basis für

rationale Entscheidungen. Wenn z. B. aufgrund von politischen Problemen Aktienkurse sehr stark [4] _____

und intensiv darüber berichtet wird, entsteht leicht ein Klima der Angst, Anleger geraten in

[5] _____ und verkaufen Aktien zu Tiefstkursen. Versuche haben gezeigt, dass Menschen in einem

angenehmen Umfeld eher positive Entscheidungen [6] _____, also z. B. eher Aktien kaufen und in einem

negativen Klima eher [7] _____. Natürlich kann man Emotionen nicht komplett ausschalten,

[8] _____ wichtig ist, dass man sie begrenzt und die Situation rational analysiert.

2 Informationen von Dritten wiedergeben: Konjunktiv I (Vergangenheit) › KB: D2b › G: 1.5

a Lesen Sie die Sätze in der Tabelle und markieren Sie, was sich in der indirekten Rede ändert.

Direkte Rede	Indirekte Rede – Konjunktiv I Vergangenheit
Herr Renz sagt einem Journalisten:	Der Journalist berichtet später:
„Ich habe gestern Aktien gekauft." „Ich kaufte gestern Aktien." „Ich hatte gestern Aktien gekauft."	Herr Renz hat gesagt, er habe am Vortag Aktien gekauft.
„Ich bin nur kurz hier gewesen." „Ich war nur kurz hier." „Ich war nur kurz hier gewesen."	Er sei nur kurz dort gewesen.
„Ich musste mich schnell entscheiden."	Er habe sich schnell entscheiden müssen.

b Lesen Sie die Sätze in 2a noch einmal und ergänzen Sie dann die Regeln.

G

1. Im Konjunktiv I der Vergangenheit gibt es   a. ☐ nur eine Zeitform.   b. ☐ drei Zeitformen.
2. Man bildet ihn mit der Konjunktiv-I-Form von „_____" oder „_____" + Partizip Perfekt.
3. Den Konjunktiv I der Vergangenheit mit Modalverben bildet man mit der Konjunktiv-I-Form von
   „_____" + Infinitiv vom Vollverb + Infinitiv vom _____. Wenn die Konjunktiv-I-Form gleich ist wie
   der Indikativ, verwendet man den Konjunktiv II.
4. In der indirekten Rede gibt es meist einen Perspektivwechsel:
   – Personalpronomen, z. B. „ich" → „sie" oder „_____"; „mich" → „ihn / sie, „mir" → „ihm" / „ihr".
     Die Reflexivpronomen, z. B. „mich" / „mir" → „_____".
   – Zeitangaben, z. B. „heute" → „am selben Tag"; „morgen" → „am nächsten Tag"; „gestern" → „am vorigen Tag"
     oder „am _____".
   – Ortsangaben, z. B. „hier" → _____.

c Schreiben Sie die Verbformen im Konjunktiv I der Vergangenheit. Achten sie darauf, ob das Verb mit „haben" oder „sein" konjugiert wird. Schauen Sie sich ggf. noch einmal die Aufgabe 2a im Übungsbuch B an.

1. (sagen) ich *hätte gesagt*
2. (kaufen) sie (Sg.) _____
3. (gehen) wir *seien gegangen*

4. (kommen) du _____
5. (bleiben) sie (Pl.) _____
6. (beginnen) er _____

7. (steigen) es _____
8. (glauben) ihr _____
9. (wissen) wir _____

d Ein Anleger berichtet: Formulieren Sie die Sätze in die indirekte Rede um. Markieren Sie zuerst, was sich verändern wird.

1. „Ich habe gestern ein Aktienpaket an meinen Bruder verkauft".
2. „Ich hatte den Plan, das Geld in ein anderes Unternehmen zu investieren."
3. „Kollegen hatten mir gesagt, dass das ein gutes Geschäft ist."
4. „Ich habe mich gestern von der Begeisterung der anderen anstecken lassen."
5. „Ich war eben auch gierig wie so viele meiner Kollegen!"
6. „Morgen werde ich vielleicht anders darüber denken, aber ich hoffe es nicht."

1. Ein Anleger sagte, er habe am Vortag ein Aktienpaket an seinen Bruder verkauft.

e Vergleichen Sie, was die Anlegerin, Frau Selb über ein Gespräch mit einem Berater berichtet (A) mit der wörtlichen Rede des Beraters (B). Was fällt auf? Ergänzen Sie die Regeln.

A. 1. Der Berater hat sie gefragt, warum sie gerade diese Aktien kaufen wolle.
 2. Er hat auch wissen wollen, ob sie sich schon einmal mit Börsengeschäften beschäftigt habe.
 3. Er hat ihr gesagt, sie solle sich vorher ausführlich über das Unternehmen informieren.

B. 1. Der Berater hat gefragt: „Warum wollen Sie gerade diese Aktie kaufen?"
 2. Er wollte auch wissen: „Haben Sie sich schon einmal mit Börsengeschäften beschäftigt?"
 3. Er hat ihr gesagt: „Informieren Sie sich vorher ausführlich über das Unternehmen!"

Ⓖ

Fragen werden in der indirekten Rede zu indirekten Fragen mit dem Konjunktiv I:
– W-Fragen: Das W-Wort steht am Satzanfang und das Verb im Konjunktiv I am _____.
– Ja-Nein-Fragen: Am Satzanfang steht „_____" und am Satzende das Verb im Konjunktiv I.
– Imperative in der direkten Rede werden mit der Konjunktiv-I-Form von „_____" in der indirekten Rede ausgedrückt.

f Schreiben Sie für einen Zeitungsbericht über Anlegererfahrungen die Sätze in der indirekten Rede.

1. Die Anlegerin, Frau X, fragte ihren Mann: „Warum willst du unser Geld in Aktien investieren? Ist das Risiko nicht zu hoch? Ich mache mir große Sorgen. Tu das lieber nicht!"
2. Er antwortete ihr: „Alle Kollegen werden morgen Aktien von dem Unternehmen kaufen, da will ich auch dabei sein. Ich denke, wir werden eine gute Rendite erzielen, denn unserer Firma geht es gut. Unser Vorstand hat das noch gestern bei der Vorstellung des Geschäftsberichts besonders betont."
3. Nach 6 Monaten sagt der Chef in der Betriebsversammlung: „Leider muss ich Ihnen mitteilen, dass wir Absatzprobleme im Ausland haben. Unsere Aktie ist stark gefallen. Wird sie bald wieder steigen? Das kann ich Ihnen leider heute noch nicht sagen, aber wir arbeiten an der Lösung des Problems."

1. *Frau X fragte ihren Mann, warum er ihr Geld in Aktien investieren wolle. ...*

2. _____

3. _____

Grammatik im Überblick

1 Verhältnisse ausdrücken: Sätze mit „je ..., desto / umso" › G: 4.4

– Sätze mit „je ..., desto / umso" drücken ein proportionales Verhältnis zwischen zwei oder mehreren Aussagen aus. „je" + Komparativ steht am Anfang des 1. Satzes (= Nebensatz), „desto / umso" + Komparativ steht am Anfang des 2. Satzes (= Hauptsatz), direkt danach kommt das konjungierte Verb.

Nebensatz			Hauptsatz		
Je mehr	Anleger eine Aktie	kaufen wollen,	desto höher	steigt	der Preis.
Je länger	ich	nachdenke,	umso schwieriger	finde	ich es.

2 Die indirekte Rede – Konjunktiv I › G: 1.5

Konjunktiv I – Gegenwart

– Bedeutung: Den Konjunktiv I verwendet man in der indirekten Rede, um Informationen von Dritten wiederzugeben. Man will damit zeigen, dass man nur die Äußerungen von anderen und nicht die eigene Meinung wiedergibt. Er wird häufig nach Verben des „Sagens" oder „Meinens" verwendet.

	haben	sein	werden	wünschen	kommen	wissen	können
ich	~~habe~~ hätte	sei	~~werde~~ würde	wünschte	käme	wisse	könne
du	~~habest~~ hättest	sei(e)st	~~werdest~~ würdest	wünschtest	käm(e)st	wüsstest	könntest
er / sie / es	habe	sei	werde	wünsche	komme	wisse	könne
wir	~~haben~~ hätten	seien	~~werden~~ würden	wünschten	kämen	wüssten	könnten
ihr	~~habet~~ hättet	sei(e)t	~~werdet~~ würdet	wünschtet	käm(e)t	wüsstet	könntet
sie / Sie	~~haben~~ hätten	seien	~~werden~~ würden	wünschten	kämen	wüssten	könnten

– Im mündlichen Sprachgebrauch verwendet man in der indirekten Rede den Konjunktiv II auch in der 3. Person Singular oder häufig „würde" + Infinitiv, z. B. Sie hat gesagt, dass sie bald käme / kommen würde.
– Regelmäßige Verben: Die Konjunktiv-II-Form ist gleich wie das Prätertium, daher verwendet man meist die Form mit „würde".
  z. B. Ich machte das gern, wenn ... → Ich würde das gern machen, wenn ...
– Bei Modalverben sowie „wissen" wird auch die 1. Person Singular vom Konjunktiv I verwendet und beim Hilfsverb „sein" verwendet man den Konjunktiv I in allen Formen.

Konjunktiv I – Vergangenheit

– Man bildet ihn mit der Konjunktiv-I-Form von „haben" oder „sein" + Partizip Perfekt (= Partizip I),
  z. B. Herr K. sagte, er habe beim Aktienkauf viele Fehler gemacht. Es sei ein Fehler gewesen, die Aktien nicht schneller zu verkaufen.
– Den Konjunktiv I der Vergangenheit mit Modalverben bildet man mit der Konjunktiv-I-Form von „haben" + Infinitiv vom Vollverb + Infinitiv vom Modalverb,
  z. B. Er habe früher kommen wollen.
– Wenn die Konjunktiv-I-Form gleich ist wie der Indikativ, verwendet man den Konjunktiv II,
  z. B. Sie ~~haben~~ → hätten gekauft; Sie ~~haben~~ hätten kommen wollen.
– In der indirekten Rede gibt es meist einen Perspektivwechsel:
  Personenangaben: Personalpronomen, z. B. „ich" → „er" / „sie", „mich" → „ihn" / „sie" oder „mir" → „ihm" / „ihr"
  Reflexivpronomen: „mich" / „uns" → „sich"; „mir" / „uns" → „sich"
  Possessivartikel: z. B. „mein" → „sein" / „ihr";
  Zeitangaben: z. B. „heute" → „am selben Tag"; „morgen" → „am nächsten Tag"; „gestern" → „am vorigen Tag" / „am Vortag"
  Ortsangaben: z. B. „hier" → „dort"
– **Indirekte Fragen:**
  W-Fragen: Das W-Wort steht am Satzanfang und das Verb im Konjunktiv I am Satzende;
  Ja-Nein-Fragen: Am Satzanfang steht „ob" und am Satzende das Verb im Konjunktiv I.
– **Imperative:** Sie werden in der indirekten Rede mit der Konjunktiv-I-Form von „sollen" ausgedrückt.
  z. B. Informieren Sie sich die über die Firma. → Er sagte, ich solle mich über die Firma informieren.

A Arbeit & Versicherung

1 Frau Novák hat viel zu tun und braucht viele Informationen › KB: A1c

› KB: A1c

TIPP

Vom Verb „sich kranken-versichern" verwendet man nur den Infinitiv und das Partizip Perfekt, z. B. Er muss sich krankenversichern; er ist krankenversichert.

a Welches Verb passt wozu? Notieren Sie es in der passenden Form.

abschließen | sich anmelden | betragen | dienen | erhalten | sich krankenversichern | eintreten

1. *sich* beim Einwohnermeldeamt *anmelden*
2. eine Versicherung _____
3. _____ bei einer gesetzlichen Kasse _____
4. der Beitragssatz _____ zurzeit: …
5. einen Zuschuss _____
6. zum Nachweis _____
7. die Unfallversicherung _____
   bei einem Arbeitsunfall _____.

b Bilden Sie zusammengesetzte Nomen aus einem Verb bzw. Nomen links und einem Nomen rechts. Achten Sie auf die Fugenbuchstaben „-(e)s" oder „-n". Notieren Sie auch den Plural.

TIPP

Nach „-ung" und „-heit" steht immer ein Fugen-s, nach „-e" meist ein „-n".

Gehalt | Gesundheit | Jahr | Kranke | merken | Mitglied | pflegen | Sozialversicherung | wohnen

Abrechnung | Ausweis | Beitrag | Bescheinigung | Blatt | Karte | Kasse | Sitz | Versicherung

1. *die Gehaltsabrechnung, –en*
2. _____
3. _____
4. _____
5. _____
6. _____
7. _____
8. _____
9. _____

2 Das deutsche Sozialversicherungssystem › KB: A2b

› KB: A2b

a Welche Versicherungen sind das? Notieren Sie die Wörter zu den Abkürzungen.

1. KV: *Krankenversicherung*
2. UV: _____
3. RV: _____
4. PV: _____
5. ALV: _____

b Welches Wort passt: a, b, c oder d? Kreuzen Sie an.

B Ⓟ

1. Das deutsche Versicherungssystem *basiert* _____ auf zwei wichtigen Prinzipien.
2. Versicherungspflicht bedeutet, dass man sich _____ bestimmte Risiken versichern muss.
3. Solidarität: Diejenigen, die mehr Leistungen brauchen, sind durch die anderen _____.
4. Nicht pflichtversicherte Personen können sich _____ versichern.
5. Bei den privaten Versicherungen wird die Höhe der Beiträge individuell _____.
6. Die gesetzliche Pflegeversicherung _____, wenn man pflegebedürftig wird.

	a.	b.	c.	d.
1.	☐ bezieht	☐ beträgt	☒ basiert	☐ betrifft
2.	☐ auf	☐ gegen	☐ für	☐ bei
3.	☐ abgesichert	☐ sicher	☐ absichern	☐ versichert
4.	☐ freiwillige	☐ Freiwilligen	☐ frei	☐ freiwillig
5.	☐ festgestellt	☐ festgelegt	☐ festlegen	☐ festgemacht
6.	☐ tritt auf	☐ tritt bei	☐ tritt ein	☐ trat ein

C Was bedeuten die Wörter und Ausdrücke? Ordnen Sie die passende Erklärung zu.

1.	der / die Pflichtversicherte	A.	eine monatliche, jährliche etc. Summe fordern	1.	E
2.	geringfügig Beschäftigte	B.	ein Mann, dessen Frau gestorben gestorben ist	2.	⊔
3.	eine Leistung beanspruchen	C.	jmd., der Pflege braucht, ist …	3.	⊔
4.	sich richten nach	D.	Arbeitnehmer, die nicht mehr als 450€ im Monat verdienen	4.	⊔
5.	der Gesundheitsfonds	E.	jmd., der sich in den gesetzlichen Versicherungen versichern muss	5.	⊔
6.	die Prämie	F.	von etwas, z. B. einer Behandlung, Gebrauch machen	6.	⊔
7.	einen Beitrag erheben	G.	ein Kind, dessen Eltern gestorben sind	7.	⊔
8.	pflegebedürftig	H.	jmd. kann nicht mehr voll arbeiten	8.	⊔
9.	verminderte Arbeitsfähigkeit	I.	Beitrag, den Versicherte für eine Versicherung bezahlen	9.	⊔
10.	der / die Hinterbliebene	J.	abhängen von	10.	⊔
11.	der Witwer	K.	Personen, deren Angehörige gestorben sind	11.	⊔
12.	die Waise	L.	eine Geldsammelstelle für die Beiträge für gesetzliche Versicherungen	12.	⊔

3 „Derjenige", „dasjenige," „diejenige" und „mit denjenigen" › KB: A2b › G: 3.3

Ergänzen Sie in den Sätzen unten die Pronomen aus dem Schüttelkasten in der richtigen Form.

[derjenig- | derjenig- | dasjenig- | ~~diejenig-~~ | denjenig- | denjenig-

1. *Diejenigen* in Deutschland, die nicht pflichtversichert sind, können sich freiwillig versichern.

2. _____, der mehr verdient, zahlt auch mehr für die Krankenversicherung.

3. Die private Krankenversicherung ist teurer für _____, der Vorerkrankungen hat.

4. Solidarität ist _____ Prinzip der Sozialversicherung, das viele am wichtigsten finden.

5. Herr Rühl hat lange mit _____ gesprochen, die neu eingestellt wurden.

6. Wegen _____, die kleine Kinder haben, wurde eine Betriebskita eingerichtet.

> **TIPP**
>
> „-jenig-" verstärkt die Demonstrativpronomen „der", „das", „die" → „derjenige"/„dasjenige"/„diejenige". Beide Teile werden dekliniert: der 1. Teil wie ein bestimmter Artikel, „-jenig-" wie ein Adjektiv, z. B. Das sind diejenigen, mit denen ich gesprochen habe. Wir haben mit denjenigen diskutiert, die dagegen waren. „derjenige"/„dasjenige /„diejenige" wird mit Relativsätzen verwendet, z. B. Ich werde mit demjenigen sprechen, der das getan hat.

4 Die gesetzliche Unfallversicherung › KB: A2b

Was ist falsch an den folgenden Aussagen? Korrigieren Sie.

1. Die gesetzliche Unfallversicherung tritt bei ~~allen Unfällen~~ ein. *Arbeitsunfällen* _____

2. Sie wird vom Arbeitgeber und vom Arbeitnehmer finanziert. _____

3. Der Versicherte erhält keine Zahlungen bei Berufskrankheiten. _____

4. Wenn der Versicherte eine Umschulung braucht, muss er die Hälfte selbst bezahlen. _____

B Brutto- und Nettoverdienst

1 Abzüge vom Lohn und Lohnnebenkosten > KB: B1a

Welches Wort wird gesucht? Notieren Sie es. Lesen Sie dafür ggf. den Informationstext im Kursbuch 14B, 1a, noch einmal.

1. Bruttogehalt minus Steuern und Versicherungen: *das Nettogehalt*

2. Arbeitende, die maximal 450 € monatlich verdienen dürfen: _____

3. Die Steuer auf den Lohn: _____

4. Zuschlag, der wegen der Finanzierung der deutschen Wiedervereinigung eingeführt wurde:

   _____

5. Regelung, dass der Arbeitgeber einem kranken Arbeitnehmer 6 Wochen den Lohn weiter zahlt:

   _____

6. Automatischer Lohnabzug, der u.a. die Kirchen finanziert: _____

2 Der Beschäftigte – die Arbeitenden: Partizip I und II als Nomen > KB: B2 > G: 2.2

a **Lesen Sie den Tipp und ersetzen Sie den Ausdruck durch ein Nomen. Achten Sie auf die jeweilige Endung.**

1. die Frau, die arbeitet: *die Arbeitende*

2. der Mann, der studiert: _____

3. diejenigen, die handeln: _____

4. der, der beschäftigt wurde: _____

5. die Frau, die betreut wurde: _____

6. Personen, die festangestellt wurden: _____

TIPP

Nomen, die aus einem Partizip I gebildet wurden, haben eine Aktivbedeutung, z. B. die Personen, die arbeit → die Arbeitenden.
Nomen, die aus einem Partiz gebildet wurden, haben mei eine Passivbedeutung, z. B. der Mann, der angestellt wu → der Angestellte

Aus dem Partizip II bildet m auch neutrale Nomen, die m eine abstrakte Bedeutung haben, z. B. das Erreichte = das, was erreicht wurde.

Die „Partizip-I-Nomen" werd oft verwendet, um sich ge- schlechtsneutral auszudrück z. B. statt Studentensekretar (der Student, Plural: Student → Studierendensekretariat.

b **Lesen Sie zuerst im Kursbuch 14B, 2, den Tipp, dann die Regel noch einmal und ergänzen Sie die passenden Endungen.**

1. der Angestellte___, ein Angestellt___, mit den Angestellt___, viele Angestellt___

2. die Betreuend___ (Sg.), mit der Betreuend___, für Betreuend___ (Pl.), einer Betreuend___

3. das Erreicht___, vom Erreicht___, wegen des Erreicht___, nichts Erreicht___, alles Erreicht___

c **Ergänzen Sie die passenden Nomen (Partizip I- oder Partizip-II-Form) zu den Verben in Klammern und achten Sie auf die Endungen.**

Jeder [1] *Beschäftigte* (beschäftigen) erhält ein Bruttogehalt, von dem Steuern

und Versicherungen abgezogen werden. Eine Ausnahme sind die sog.

[2] „geringfügig _____" (beschäftigen). Diese [3] _____ (arbeiten) sind nicht

sozialversicherungspflichtig. Für [4] _____ (studieren) gelten besondere Regeln. Kinderlosen

[5] Arbeit_____ (nehmen) ab 23 Jahren wird ein Zusatzbeitrag von 0,25 % zur Pflegeversicherung

abgezogen. Die [6] _____ (versichern) mit Kindern zahlen zurzeit 2,35 % vom Bruttogehalt für die

Pflegeversicherung. [7] _____ (erkranken) erhalten maximal 6 Wochen Entgeltfortzahlung.

3 Der Auszug aus Frau Nováks Gehaltsabrechnung › KB: B3a

a Lesen Sie den Auszug im Kursbuch 14B, 3a, noch einmal. Was bedeuten die folgenden Wörter: a oder b? Kreuzen Sie an. Benutzen Sie ggf. ein Wörterbuch bzw. Lexikon.

1. Kinderfreibetrag: Eine Summe, für die Eltern
   - a. ☒ keine Steuern zahlen.
   - b. ☐ mehr Steuern zahlen.
2. Konfession:
   - a. ☐ Berufsgruppe
   - b. ☐ Religion
3. Kostenstelle:
   - a. ☐ Ort, an dem Kosten entstehen
   - b. ☐ Kosten der Stelle
4. SteuerID:
   - a. ☐ Nummer des zuständigen Finanzamts
   - b. ☐ Frau Nováks Steuer-Identifikationsnummer

b Was man alles aus einer Gehaltsabrechnung sehen kann. Beantworten Sie die Fragen.

1. Wie alt ist Frau Novák?
2. Hat Frau Novák Kinder?
3. Welcher Religion gehört Frau Novák an?
4. Wie viel Geld hat Frau Novák im September zur Verfügung?

1. Frau Novák ist …

C Und privat? Welche Versicherungen?

1 Wortschatz lernen: Verben mit Präpositionen › KB: C2c

a Welche Präposition passt zu welchem Verb? Ordnen Sie zu und schreiben Sie Beispielsätze.

1. sich interessieren   A. auf   1. *C*
2. ankommen   B. von   2. ⎵
3. abhängen   C. für   3. ⎵
4. schützen   D. um   4. ⎵
5. aufkommen   E. vor   5. ⎵
6. es geht   F. für   6. ⎵

1. Ich interessiere mich für Technik.

b Nomen-Verb-Verbindungen: Hier sind Verben vertauscht. Korrigieren Sie.

1. Angst ~~gehen~~ *haben* _____
2. Schäden bieten _____
3. eine Versicherung verursachen _____
4. in die Zehntausende haben _____
5. eine Rolle abschließen _____
6. Schutz spielen _____

c Ergänzen Sie die Wörter aus 1a und 1b.

Frau Novák [1] *interessiert sich* _____ für private Versicherungen. Es [2a] _____ vor allem

[2b] _____ eine Haftpflichtversicherung. Diese [3] _____ vor schlimmen Folgen

kleiner Fehler im Alltag. Die Versicherung bezahlt für Schäden, die der Versicherte selbst [4] _____

hat. Manchmal sind solche Schäden sehr teuer: Sie können in die [5] _____ . Wenn man

[6] _____ vor Einbrüchen hat, sollte man eine Hausratversicherung [7] _____ .

Diese [8a] _____ für Schäden nach Einbruch oder Diebstahl oder auch bei Bränden und

Wasserschäden [8b] _____ . Ob eine Hausratversicherung nötig ist, [9] _____

da_____ ab, was man besitzt und natürlich [10a] _____ es auch eine

[10b] _____ , ob man Angst vor Risiken hat oder eher nicht. Es [11a] _____

also [11b] _____ den Einzelnen an.

2 Wir waren doch wie folgt verblieben … › KB: C2e

BT **P** Beantworten Sie für Frau Novák die E-Mail von Herrn Merk und berücksichtigen Sie dabei Frau Nováks Notizen. Vergessen Sie nicht eine passende Einleitung und einen passenden Schluss.

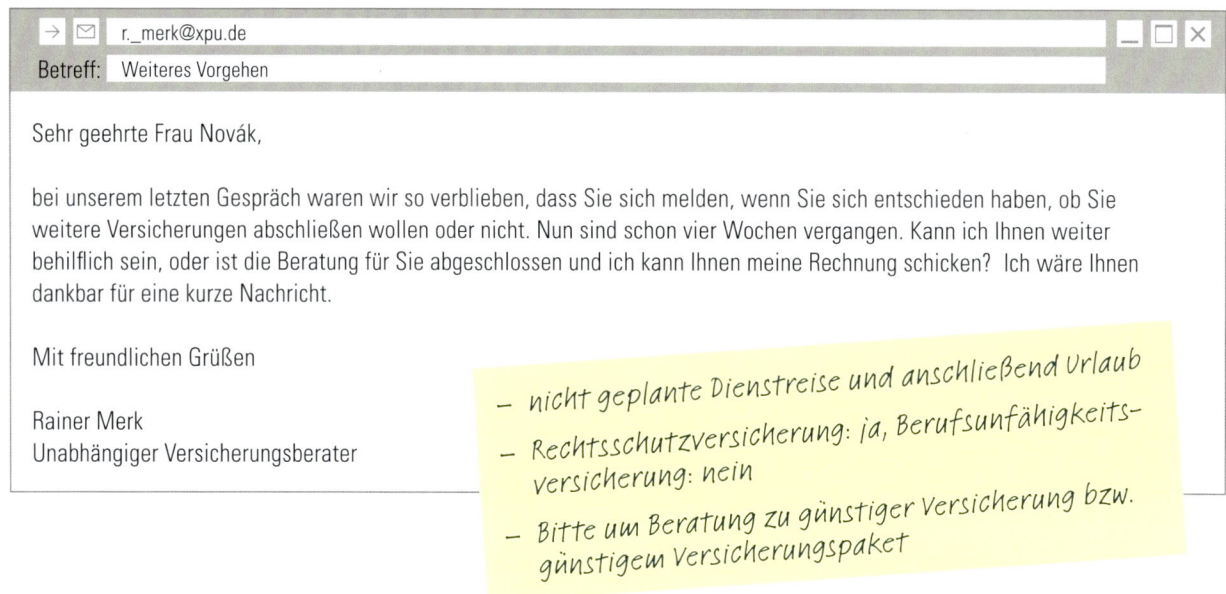

→ ✉ r._merk@xpu.de	_ □ ✕
Betreff: Weiteres Vorgehen	

Sehr geehrte Frau Novák,

bei unserem letzten Gespräch waren wir so verblieben, dass Sie sich melden, wenn Sie sich entschieden haben, ob Sie weitere Versicherungen abschließen wollen oder nicht. Nun sind schon vier Wochen vergangen. Kann ich Ihnen weiter behilflich sein, oder ist die Beratung für Sie abgeschlossen und ich kann Ihnen meine Rechnung schicken? Ich wäre Ihnen dankbar für eine kurze Nachricht.

Mit freundlichen Grüßen

Rainer Merk
Unabhängiger Versicherungsberater

- nicht geplante Dienstreise und anschließend Urlaub
- Rechtsschutzversicherung: ja, Berufsunfähigkeitsversicherung: nein
- Bitte um Beratung zu günstiger Versicherung bzw. günstigem Versicherungspaket

Sehr geehrter Herr Merk,

…

TIPP

Nebensätze mit „im Falle, dass …" und „sollte" stehen meist vor dem Hauptsatz. Nebensätze mit „falls" könne[n] vor oder nach dem Hauptsat[z] stehen.

3 Bedingungen ausdrücken – Haupt- und Nebensätze mit „falls" / „im Falle, dass …" / „im Falle (von)" / „sollte" › KB: C3 › G: 4.2, 4.3, 4.4

a Lesen Sie den Tipp. Formulieren Sie Bedingungssätze mit den Elementen. Markieren Sie, welcher Teil die Bedingung enthält. Verwenden Sie abwechselnd „falls" und „im Falle, dass …"

1. Berufsunfähigkeitsversicherung – eine Rente – zahlen – / man – nicht mehr – voll – in – ein Beruf – arbeiten – können

   Falls / im Falle, dass man nicht mehr voll in einem Beruf arbeiten kann, zahlt die
   Berufsunfähigkeitsversicherung eine Rente. / Die Berufsunfähigkeitsversicherung zahlt …

2. berufsunfähig – man – sein / seinen Beruf – ausüben – nicht mehr – zu 50 % – man – können

3. man – z. B. – können – arbeiten weniger als 20 Std. von 40 Std. / man – berufsunfähig – sein

4. Vorerkrankung – man – haben / diese Versicherung – nicht – man – abschließen können

5. Rechtsschutzversicherung – Anwaltskosten – zahlen / rechtliche Probleme – Vermieter – mit – haben – man

6. Leistungen – von – verschiedenen Versicherungen – wollen – vergleichen – man / in – Spezialportale – man – nachsehen können

b Formulieren Sie die folgenden Sätze mit „sollte . . .“ mithilfe der Elemente in Klammern.

1. Im Falle von Problemen mit dem Vertrag kann die Rechtsschutzversicherung helfen. (es geben)

   Sollte es Probleme mit dem Vertrag geben, kann die Rechtsschutzversicherung helfen.

2. Im Falle eines Schadens durch Kinder tritt die Haftpflichtversicherung ein. (Kinder verursachen einen Schaden.)

3. Im Falle einer Vorerkrankung muss man die Versicherung informieren. (Man hat eine Vorerkrankung.)

4. Im Falle von Unklarheiten melden Sie sich einfach. (etwas unklar sein)

c Lesen Sie die Sätze in 3b. Was passt: a oder b? Kreuzen Sie an.

Ⓖ

1. „im Falle“ + G verwendet man mit Nomen   a. ☐ mit   b. ☐ ohne   Artikel.
2. „im Falle von“ + D verwendet man mit Nomen   a. ☐ mit   b. ☐ ohne   Artikel.

d Ordnen Sie zuerst die Ausdrücke 1–5 den Sätzen A–E zu und formulieren Sie dann Sätze mit „im Falle“ + G oder „im Falle von“ + D.

1. eine schlechte Beratung	A. Die Hausratversicherung tritt ein.	1. _B_
2. ein Einbruch	B. Man könnte die falsche Versicherung wählen.	2. ⌐
3. Wasserschäden	C. Es ist gut, wenn man Fotos der Wertsachen hat.	3. ⌐
4. der Diebstahl von Schmuck	D. Eine Rechtschutzversicherung kann helfen.	4. ⌐
5. rechtliche Probleme	E. Die Hausratversicherung zahlt die Reparaturen.	5. ⌐

1. *Im Falle einer schlechten Beratung könnte man die falsche Versicherung wählen.*

2.

3.

4.

5.

4 Der Widerruf › KB: C4b

Ⓩ

Ergänzen Sie den Text mit den passenden Wörtern aus dem Schüttelkasten.

> Angabe von Gründen | Bedingungen | Bestätigung | beträgt | Einschreiben | Einzugsermächtigung |
> Rückschein | Vertragsunterlagen | widerrufen | Widerrufsfrist

Die [1] *Widerrufsfrist* beginnt, nachdem man sämtliche [2] _____ mit den

[3] _____ von der Versicherung erhalten hat. Die Frist [4] _____ zwei Wochen.

Während dieser Frist ist der Widerruf ohne [5] _____ möglich. Der Widerruf sollte schriftlich per

[6a] _____ mit [6b] _____ erfolgen. Eine eventuell erteilte

[7] _____ von seinem Konto sollte man gleichzeitig [8] _____ . Und man sollte

sich eine schriftliche [9] _____ zusenden lassen.

D Als Freiberufler versichert

1 Wortschatz lernen: feste Wendungen › KB: D1a

a Was bedeuten die folgenden Wendungen: a oder b? Kreuzen Sie an. Lesen Sie dafür ggf. die Forenbeiträge im Kursbuch 14D, 1a, noch einmal.

1. auf eigene Rechnung arbeiten: a. ☐ als Selbstständiger arbeiten   b. ☐ selbst Rechnungen schreiben
2. ein Muss sein: a. ☐ die Pflicht haben   b. ☐ unbedingt nötig sein
3. die Existenz kosten: a. ☐ zum Bankrott führen   b. ☐ sterben

b Formulieren Sie Sätze aus den Elementen.

1. Fitman – vorhaben, – auf eigene Rechnung arbeiten – zu
2. als Lehrer – man – versicherungspflichtig – sein, d.h., – man – sich kranken- und rentenversichern – müssen
3. eine Berufshaftpflichtversicherung – für Freiberufler – sein – ein Muss
4. die Berufshaftpflichtversicherung – Personen-, Sach- und Vermögensschäden – Schutz bieten – bei
5. private Haftpflicht – sein – enthalten – in den meisten Berufshaftpflichtversicherungen
6. als Freiberufler – brauchen – unbedingt – man – private Unfallversicherung – auch
7. der Beruf des Fitnesstrainers – verbunden sein mit – Risiken – viele
8. deshalb – abschließen – ein Fitnesstrainer – sollte – Berufsunfähigkeitsversicherung – unbedingt

1. Fitman hat vor, auf eigene Rechnung zu arbeiten.

TIPP

„irgend" hat zwei Bedeutung

1. Es verstärkt, dass jemand etwas unbekannt / unbestimmt ist, z. B. Ich habe irgend so etwas gehört. = Ich weiß nichts Genaues. Es kann mit Pronomen und Adverbien kombiniert werden: Irgendjemand hat das gesagt. Er ist irgendw angestellt.
2. Es ist egal, wer, was, wo o wohin, etc., z. B.
Wer soll das machen? – Irgendwer. = Egal, wer.
Was sollen wir essen? – Irgendwas. = Egal, was.
Wohin sollen wir fahren? – Irgendwohin! = Egal, woh
Wann soll ich kommen? – An irgendeinem Abend. = Egal an welchem Abend.

2 Irgendwer, irgendwas, irgendwo ... › KB: D1b › G: 3.5

a Lesen Sie den Tipp und ersetzen Sie die Ausdrücke durch eine Kombination mit „irgend"

1. egal wohin: *irgendwohin*
2. egal mit wem: _____
3. egal für wen: _____
4. egal wie: _____
5. egal wann: _____
6. egal woher: _____

b Ergänzen Sie die Sätze mit einem passenden Wort mit „irgend".

1. Ich kenne Adela Novák von *irgendwoher* _____ (ich erinnere mich nicht, woher)
2. _____ ist sie nach Deutschland gekommen. (unbekannt, wann)
3. _____ habe ich dann ihre Adresse verloren. (ich weiß nicht mehr, wie)
4. _____ hat dann wieder von ihr gehört. (jnd., den ich nicht kenne)
5. An _____ Sommertag haben wir uns getroffen. (unbekannter Tag)

3 Wortschatz lernen: Worte gruppieren › KB: D1b

Sehen Sie sich den Lektionswortschatz an und notieren Sie Verben und / oder Adjektive aus der Lektion, die oft zusammen mit den folgenden Nomen gebraucht werden.

1. die Versicherung: *eine V. abschließen; die V. deckt ... ab ...;versicherungspflichtig; ...* _____
2. der Beitrag: _____
3. das Entgelt: _____
4. die Versicherungsleistung: _____

Grammatik im Überblick

1 Partizipien I und II als Nomen › G: 2.2

– Aus den Partizipien I und II kann man Nomen bilden. Diese Nomen erhalten die gleichen Endungen wie Adjektive,
z.B. ein Beschäftigter, für den Erkrankten, die Beschäftigten, viele Arbeitende, das Erreichte

Partizip I als Nomen
– Nomen, die aus einem Partizip I (= Partizip Präsens) gebildet wurden, haben eine Aktivbedeutung,
z.B. die Personen, die arbeiten → die Arbeitenden; diejenigen, die studieren → die Studierenden

Partizip II als Nomen
– Nomen, die aus einem Partizip II (= Partizip Perfekt) gebildet wurden, haben meist eine Passivbedeutung,
z.B. die Frau, die angestellt wurde → die Angestellte; ein Mann, der verletzt wurde → ein Verletzter
– Aus dem Partizip II bildet man auch neutrale Nomen, die meist eine abstrakte Bedeutung haben,
z.B. das Erreichte / das Besprochene = das, was erreicht / besprochen wurde.

2 „falls", „im Falle, dass ...", „im Falle + Genitiv / von" und „sollte" › G: 4.2, 4.3, 4.4

Nebensätze mit „falls"/„im Falle, dass ..."
– Nebensätze mit „falls", „im Falle, dass ..." drücken eine Bedingung aus. Sie können vor oder nach dem Hauptsatz
stehen. Sätze mit „im Falle, dass" stehen aber meist vor dem Hauptsatz,
z.B. Falls / Im Falle, dass Sie noch Fragen haben, melden Sie sich bitte. /
Melden Sie sich bitte, falls Sie noch Fragen haben.

Hauptsätze mit „im Falle" + Genitiv / „im Falle von" + Dativ
– „im Falle" + Genitiv und „im Falle „von" + Dativ drücken Bedingungen in einem Hauptsatz aus.
– „Im Falle" + Genitiv verwendet man mit Nomen mit dem unbestimmten oder bestimmten Artikel,
z.B. Im Falle einer schweren Erkrankung kann man diese Versicherung nicht abschließen.
Im Falle des Diebstahls von Schmuck tritt die Hausratversicherung ein.
– „im Falle von" verwendet man bei Nomen ohne Artikel bzw. ohne Adjektiv.
z.B. Im Falle von Ø Unklarheiten melden sie sich einfach.
Im Falle von Ø Arbeitsunfähigkeit tritt die Versicherung ein.

Nebensätze mit „sollte" auf Position 1
– Nebensätze mit „sollte" auf Position 1 drücken Bedingungen aus. Sie stehen in der Regel vor dem Hauptsatz,
z.B. Sollten Sie noch Fragen haben, melden Sie sich bitte.

3 Demonstrativpronomen „der- / das- / diejenige" › G: 3.3

– „-jenig-" verstärkt die Demonstrativpronomen „der", „das", „die" → „derjenige"/„dasjenige"/„diejenige".
Beide Teile werden dekliniert: Der erste Teil wie ein bestimmter Artikel, „-jenig-" wie ein Adjektiv,
z.B. Das ist eine Liste mit Namen der Kunden, die der Berater gestern besucht hat. Das sind diejenigen, mit denen
er gesprochen hat. Wir haben mit denjenigen diskutiert, die dagegen waren.
– „der- / das- / diejenige" wird oft mit Relativsätzen verwendet,
z.B. Ich werde mit demjenigen sprechen, der das getan hat.

4 Indefinitpronomen „irgend" › G: 3.5

– „irgend" kann mit Pronomen und Adverbien kombiniert werden, z.B. Irgendjemand hat das gesagt. Er ist irgendwo
angestellt.
– „irgend" kann man alleine verwenden, häufig in der Kombination mit „so", z.B. Ich habe irgend so etwas gehört.
– „irgend" hat zwei Bedeutungen:
  1. Es verstärkt, dass jemand / etwas unbekannt / unbestimmt ist,
  z.B. Ich habe irgend so etwas gehört. = Ich weiß nicht genau, was genau gesagt wurde.
  2. Es ist egal, wer, was, wo oder wohin, etc.,
  z.B. Wer soll das machen? – Irgendwer. Was sollen wir essen? – Irgendwas. Wohin sollen wir fahren? – Irgendwohin!

A Das neue Produkt

1 Ein neues Produkt sucht seinen Markt › KB: A1c

a Welches Wort aus dem Schüttelkasten passt? Ergänzen Sie die Lücken.

> Alleinstellungsmerkmal | Beschaffenheit der Zielgruppe | Konkurrenzanalyse | ~~Markt~~ |
> Marktforschungsinstitut | Marktlücke | Unique Selling Point

Möchte ein Unternehmen ein neues Produkt auf den [1] _Markt_ bringen, muss es untersuchen,

ob das neue Produkt eine Chance hat. Dazu muss eine [2] _____ gemacht werden:

Welche Anbieter von ähnlichen Produkten befinden sich schon auf dem Markt? Wie sehen die Produkte dieser

Anbieter aus? Worin kann sich das neue Produkt von den schon vorhandenen, ähnlichen Produkten

unterscheiden, damit es einmalig ist? Was könnte der [3] _____, auf Deutsch das

[4] „_____", des neuen Produkts sein? Es ist auch wichtig, zu wissen, was die potentiellen

Käuferinnen und Käufer von dem neuen Produkt erwarten. Wichtig ist zudem das Wissen über die

[5] _____: Alter, Geschlecht, Einkommen und wie viel man bereit ist, für das neue Produkt zu

zahlen. Oft wird zur Klärung dieser Fragen ein spezialisiertes Unternehmen beauftragt. Das

[6] _____ analysiert diese Fragen für seine Auftraggeber. Wenn man alle diese Fragen

beantwortet hat, zeigt sich für den Produzenten besser, ob und wo es eine [7] _____ gibt.

b Bilden Sie zusammengesetzte Nomen mit dem Wort „Markt" und ergänzen Sie den Artikel und den Plural.

1. Studie: _die Marktstudie, –n_
2. Kenntnis: _____
3. Analyse: _____
4. Lücke: _____
5. Zeitschrift: _____
6. Konkurrenz: _____
7. Forschung: _____
8. Forscherin: _____
9. Einführung: _____
10. Absatz: _____

c Welche Verben passen? Ordnen Sie zu.

1. ein Produkt auf den Markt
2. Marktforschung
3. den Markt
4. eine Marktlücke
5. eine Marktstudie

A. erstellen
B. suchen und finden
C. betreiben
D. analysieren
E. bringen

1. _E_
2. ⊔
3. ⊔
4. ⊔
5. ⊔

d Synonyme: Wie sagt man noch? Kreuzen Sie an.

1. Printprodukt
2. Unique Selling Point
3. Mitbewerber
4. Zielgruppe
5. Leitfrage
6. Beschaffenheit

☐ Drucker
☐ Alleinstellungsmerkmal
☐ Wettbewerb
☐ Adressatenkreis
☐ Fragebogen
☐ Erfolg

☒ Druckerzeugnis
☐ Einziger Verkaufspunkt
☐ Konkurrent
☐ Marktteilnehmer
☐ Hauptaspekt eines Themas
☐ Art und Aussehen

e Welches Wort passt nicht? Kreuzen Sie an.

		a.		b.		c.	
1.	Konkurrent	a. ☐	Mitbewerber	b. ☒	Kunde	c. ☐	Geschäftsgegner
2.	Zeitschrift	a. ☐	Radiobeitrag	b. ☐	Printprodukt	c. ☐	Illustrierte
3.	Markt analysieren	a. ☐	Marktforschung betreiben	b. ☐	Käufer befragen	c. ☐	Kunden werben
4.	Zielgruppe	a. ☐	Kundenkategorie	b. ☐	Marktforscher	c. ☐	Kundengruppe
5.	USP	a. ☐	Alleinstellungsmerkmal	b. ☐	Eigenschaft	c. ☐	Verkaufsstelle

2 Die Marktforscherin präsentiert ihre Ergebnisse › KB: A2b

▶ 3 | 42–44 Hören Sie Teil 2 der Präsentation der Marktforscherin im Kursbuch A, 2a, noch einmal. Was ist richtig (r), was ist falsch (f)? Kreuzen Sie an.

		r	f
1.	Die meisten Frauen zwischen 30 und 60 Jahren lesen Frauenzeitschriften.	☐	☒
2.	Das Leseverhalten von älteren und jüngeren Frauen unterscheidet sich.	☐	☐
3.	Jüngere Frauen interessieren sich weniger für Print-Produkte.	☐	☐
4.	Die Marktforscher haben 1.200 systematisch ausgewählte Frauen für die Studie befragt.	☐	☐
5.	Die Befragung fand im Marktforschungsinstitut statt.	☐	☐
6.	Die Mehrheit der Frauen hat Interesse an Mode, Gesundheit und Schönheit.	☐	☐
7.	64 % der Frauen möchten Artikel über Beziehungsberatung lesen.	☐	☐
8.	Ein Drittel der Frauen möchte Rezepte und Reiseberichte in ihrer Zeitschrift finden.	☐	☐
9.	Viele der Frauen interessieren sich für Uhren, Schmuck und teure Accessoires.	☐	☐
10.	Für ClaraWoman gibt es auf dem Markt vier Mitbewerber.	☐	☐

3 Aus der Marktstudie › KB: 3a

B Ⓟ Lesen Sie den Auszug aus der Präsentation von Frau Dr. Johanson zu den Interessen von Leserinnen von Frauenzeitschriften und wählen Sie für jede Lücke das passende Wort aus der Liste a, b, c oder d.

Aus der Präsentation von Frau Dr. Johanson von Bertram und Young

Die befragten Frauen zwischen 30 und 60 Jahren interessieren sich zwar für die traditionellen Themen von

Frauenzeitschriften wie Mode, Kosmetik und Gesundheit, Kochen und Reisen, aber sie haben kein Interesse

[1] *daran*_____, dass man sie [2] _____ mit dem Zeigefinger darauf hinweist,

wo sie noch nicht perfekt sind.

Wir müssen die Antworten der Frauen sehr ernst [3] _____. Die Zielgruppe ist intelligent und

selbstbewusst. Die Welt verändert sich und mit ihr die Wünsche der Konsumentinnen. Die Leserin einer

Frauenzeitschrift möchte sich unterhalten, [4] _____ man ihr sagt, wo sie sich noch

optimieren kann. An dem Punkt könnte ClaraWoman ihren Unique Selling Point finden, hier ist ihr

Alleinstellungsmerkmal. Hier würde sich ClaraWoman von den anderen Frauenzeitschriften auf dem Markt

abheben, hier wäre sie ganz neu und hier [5] _____ sie ihre Leserinnen finden.

---

	a.		b.		c.		d.	
1.	a. ☐	damit	b. ☐	dafür	c. ☒	daran	d. ☐	darin
2.	a. ☐	angedauert	b. ☐	dauert an	c. ☐	andauert	d. ☐	andauernd
3.	a. ☐	halten	b. ☐	nehmen	c. ☐	denken	d. ☐	finden
4.	a. ☐	stattdessen	b. ☐	anstatt	c. ☐	ohne dass	d. ☐	außer dass
5.	a. ☐	müsste	b. ☐	kann	c. ☐	müsse	d. ☐	dürfe

B Werbestrategie

1 AIDA › KB: B1a

a Welches Verb wird im AIDA-Modell mit welchem Nomen verwendet? Ordnen Sie zu.

1. Aufmerksamkeit	A. auslösen	1. _C_	_Attention_
2. Verlangen	B. aktivieren	2. ⌴	
3. Interesse	C. erzeugen	3. ⌴	
4. Menschen zum Kauf	D. wecken	4. ⌴	

b Ordnen Sie die englischen Begriffe aus dem Schüttelkasten den Erklärungen in 1a zu.

Action | ~~Attention~~ | Desire | Interest

c Was macht der Kunde (K), was macht der Verkäufer (V)? Kreuzen Sie an.

	K	V
⌴ Eine Kaufentscheidung treffen und das Produkt kaufen.	X	☐
⌴ Werbephase, mit dem Ziel, beim Empfänger eine konkrete Handlung auszulösen: Kauf das Produkt!	☐	☐
⌴ Eine Werbebotschaft empfangen und ein neues Produkt wahrnehmen.	☐	☐
_1_ Ein Produkt auf den Markt bringen.	☐	☐
⌴ Erste Werbebotschaften für das Produkt aussenden, damit es wahrgenommen wird.	☐	☐
⌴ Eine Werbebotschaft prüfen: „Will ich haben!" Einen Kaufwunsch spüren.	☐	☐

d Wie funktioniert die Werbepsychologie im Idealfall? Bringen Sie die Sätze in 1c in die richtige Reihenfolge.

2 Werbemittel › KB: B2c

a Lesen Sie die Erklärungen und schauen Sie die Fotos an. Ordnen Sie dann die Begriffe zu.

Anzeige | ~~Flyer~~ | Plakat | Posts in Sozialen Medien | Pressemitteilung | Radio- / TV-Spot | Werbebrief

1 _Flyer_

2 Ein Schreiben, mit dem ein Unternehmen Print-, Radio-, und TV-Journalisten z. B. über ihr neues Produkt informieren, damit diese in ihren Sendungen darüber berichten.

3 In einem Printmedium oder in den digitalen Medien gegen Bezahlung abgedruckter bzw. veröffentlichter Text, der eine Werbebotschaft vermittelt.

4

5 Über digitale Medien zu Werbezwecken verschickte Veröffentlichungen auf Facebook, Twitter, Instagramm etc.

6 Schreiben eines Unternehmens, an eine bestimmte Zielgruppe, für die z. B. ein neues Produkt so interessant sein könnte, dass sie es kauft.

7 Ein kurzer Film- oder Radiobeitrag mit Werbung zu einem meist neuen Produkt.

b Welches Wort passt in welchen Satz? Achten Sie auf die Konjugation der Verben.

> Einsatz | bringen | zustande kommen | ~~erscheinen~~ | kleben | senden | Sonderpreis |
> zusagen | schalten

Bevor eine neue Zeitschrift [1] _erscheint_ , also neu auf den Markt kommt, muss die Zielgruppe schon

aufmerksam werden. Die Zeitschrift soll schließlich an den Leser [2] _____ (= verkauft) werden!

In der Hoffnung, dass die Medien Interesse haben, verschicken die PR- und die Marketingabteilung Pressemitteilun-

gen zu dem neuen Produkt. Wenn ein Interview zur neuen Zeitschrift [3] _____, zum Beispiel ein

Radio- oder Fernsehsender ein Interview [4] _____, dann ist das ein großer Erfolg für das Team.

Auch die Werbekampagne, der [5] _____ der Werbemittel, muss genau geplant

werden. Plakate werden [6] _____, Anzeigen [7] _____

und Spots [8] _____. Die ersten gedruckten Exemplare der Zeitschrift werden

oft billiger, also zu einem [9] _____ verkauft. Wenn die Werbekampagne

erfolgreich ist, verkauft sich das neue Produkt und die Auflage steigt.

> **TIPP**
>
> Auflage = Anzahl der auf
> einmal in einem Druckvorgang
> gedruckten Exemplare einer
> Zeitschrift oder Zeitung

3 Die Aussagen des PR-Referenten – Vermutungen äußern mit Modalverben › KB: B3c › G: 1.6

a Formulieren Sie die Sätze mit Hilfe der Adverbien in Klammern um.

1. Die Werbestrategie muss funktionieren. (ganz sicher)
   Die Werbestrategie funktioniert ganz sicher.
2. Unsere Werbestrategie kann funktionieren! (vermutlich)
   _____
3. Das neue Konzept müsste ankommen. (höchstwahrscheinlich)
   _____
4. Die Zielgruppe dürfte begeistert sein. (wahrscheinlich)
   _____
5. Die Auflage kann schnell steigen. (vielleicht)
   _____
6. Das neue Produkt könnte den Verlag reich machen. (möglicherweise)
   _____

> **TIPP**
>
> „dürfen" in der Bedeutung
> „Vermutung" → nur Konjunktiv II

b Wie sicher ist das? Ordnen Sie die Adverbien in die Tabelle ein. Manchmal passen mehrere.
Ergänzen Sie dann mithilfe von 3a die passenden Modalverben.

> auf jeden Fall / keinen Fall | bestimmt | eventuell | fast sicher | ~~höchstwahrscheinlich~~ |
> möglicherweise | ganz sicher (nicht) | sehr sicher | sicher | sicherlich | vermutlich |
> vielleicht | wahrscheinlich | wohl | ziemlich sicher

> **TIPP**
>
> Die Prozentangaben sind
> ungefähre Angaben, sie geben
> eine Vorstellung vom Grad der
> Sicherheit.

Grad der Sicherheit	ca. 98 %	ca. 90 %	ca. 75 %	ca. 50 %
Adverb		höchstwahrscheinlich		
Modalverb im Indikativ		müsste		

c Formen Sie die Vermutungen mit „kann ... nicht", „kann ... kein".

1. Diese dumme Werbestrategie funktioniert bestimmt nicht und hat sicher keinen Erfolg.
2. Eine schlecht gemachte Zeitschrift findet ganz sicher keine Leserinnen.
3. Eine gute Zeitschrift für Frauen hat bestimmt nicht zu viele langweilige Beiträge!

1. Diese dumme Werbestrategie kann nicht funktionieren und kann keinen Erfolg haben.

d Schreiben Sie Sätze mit „können", „müssen" und „dürfen" im Konjunktiv II oder im Indikativ, wo möglich.

1. Vielleicht gibt es bei der Umsetzung der Werbekampagne Schwierigkeiten.
2. Wahrscheinlich haben jüngere Leserinnen ein anderes Onlineverhalten als ältere.
3. Fotostrecken zu den Themen sind für die Zielgruppe möglicherweise interessanter als der Bericht im Heft.
4. Der Austausch mit anderen Leserinnen ist sicher auch ein wichtiges Thema für unsere Zielgruppe.
5. Höchstwahrscheinlich ist es völlig egal, ob wir mit den Spots im Radio oder im Fernsehen beginnen.

1. Bei der Umsetzung der Werbekampagne könnte (kann) es Schwierigkeiten geben.

e Formulieren Sie die Sätze neu mit Adverbien wie im Beispiel.

TIPP

1. Die Werbekampagne müsste gut funktionieren.
2. Interviews mit Privatsendern könnten zustande kommen.
3. ClaraWoman dürfte erfolgreich werden.

„wohl" kann nicht am Satzanfang stehen.

1. Die Werbekampagne funktioniert ==sicherlich== / ==höchstwahrscheinlich== *gut.*

==*Sicherlich*== / ==*Höchstwahrscheinlich*== *funktioniert die Werbekampagne gut.*

4 Wo platzieren wir die Anzeige für unser neues Produkt am besten? › KB: B5

Lesen Sie den Dialog und ergänzen Sie die Redemittel für Diskussionen.

> An dem Punkt teile ich Ihre Meinung. **|** Das sehe ich nicht so. **|** Darf ich hier kurz einhaken? **|**
> Dem kann ich nicht zustimmen. **|** Ich denke, dass ... **|** Lassen Sie mich bitte ausreden. **|**
> Meiner Meinung nach wäre es gut, wenn ...

▶ [1] *Ich denke, dass* _____ wir unser neues Produkt auch mit

Anzeigen in den Printmedien bewerben sollten, auch wenn das teurer ist als Anzeigen im Internet.

Wie siehst du das?

▶ „Hm!" [2] _____ Das kostet viel und lohnt

sich nicht. [3] _____ wir Anzeigen auf Facebook schalten

würden, auf keinem anderen Weg können wir verschiedene Alters- und Interessensgruppen so billig zielgenau

ansprechen und ...

▶ [4] _____ Anzeigen auf Facebook können auch sehr teuer

werden, hohe Klickzahl, hoher Anzeigenpreis.

▶ [5] _____ – Auf keinem anderen Weg können wir unsere

Zielgruppe so gut erreichen. Ich finde Anzeigen auf Facebook sehr effektiv.

▶ [6] _____ Nur Facebook-Anzeigen? Wir haben doch auch

viele Kunden, die Printmedien lesen und über den Kanal besser erreichbar sind.

▶ Stimmt. [7] _____ Vielleicht sollten wir doch auch

Print-Anzeigen schalten.

C Wie ist die Entwicklung?

1 Mediadaten einer Zeitschrift › KB: C1c

a Lesen Sie die Mediadaten unten rechts und ordnen Sie die Begriffe zu.

> Anzeigenpreis | Copypreis | ~~Erscheinungsweise~~ | Page Impressions | ~~Verkaufstag~~ |
> Verkaufte Auflage | Visits

b Beantworten Sie die Fragen zu den Mediadaten der Zeitschrift.

1. Was kostet ein Exemplar der Zeitschrift?

    Die Zeitschrift kostet 6,40 €.

2. Was kostet eine halbe Werbeseite?

    _____

3. Wie oft im Jahr erscheint die Zeitschrift?

    _____

4. An welchem Tag erscheint sie?

    _____

5. Wie viele Exemplare werden verkauft?

    _____

6. Wie oft wurde die Webseite angeklickt?

    _____

> ### Zeitschrift – August 2017
>
> **Print**
>
> *Erscheinungsweise* : zweiwöchentlich
>
> _____ : August 2017: 1/1 Seite: 32.000 €
>
> *Verkaufstag* : Montag
>
> _____ : 148.976
>
> _____ : 6,40 €
>
> **Online**
>
> Seitenaufrufe (= _____): 17,02 Mio.
>
> Besuche (30 Min.) auf Webseite (= _____): 1,23 Mio.

2 Das Futur und seine Bedeutungen: Vermutung oder Prognose › KB: C2b › G: 1.6

a Formulieren Sie die Sätze neu mit dem Futur.

1. Der Marktanteil von ClaraWoman dürfte größer werden.

    Der Marktanteil von ClaraWoman wird wohl größer werden.

2. Wenn die Verkaufszahlen steigen, dann müssten auch die Anzeigenpreise steigen.

    _____

3. Wenn die Verkaufszahlen sinken, dann könnten die Klickzahlen auf der Webseite von ClaraWoman sinken.

    _____

b Schreiben Sie die Sätze neu und verwenden Sie ein Modalverb.

1. Die Zielgruppe wird ganz sicher weiter Interesse an ClaraWoman zeigen.

    Die Zielgruppe muss weiter Interesse an ClaraWoman zeigen.

2. Wenn sich die Interessen der Zielgruppen ändern, dann wird das wohl die Verkaufszahlen beeinflussen.

    _____

3. Wenn die Seitenaufrufe der Webseite steigen, dann werden die Verkaufszahlen vermutlich steigen.

    _____

c Vermutung (V) oder Prognose (P)? Welche Bedeutung hat das Futur in den Sätzen?

		V	P
1.	Die Leserinnen werden wahrscheinlich Interesse an ClaraWoman haben.	☒	☐
2.	Die Auflage von ClaraWoman wird wohl weiter steigen.	☐	☐
3.	Wenn die Auflage steigt, wird der Verlag an der Zeitschrift verdienen.	☐	☐
4.	Bei den hohen Verkaufszahlen von ClaraWoman werden die Anzeigenpreise steigen.	☐	☐
5.	Bei bezahlpflichtigen Onlineinhalten werden die Klickzahlen sinken.	☐	☐
6.	ClaraWoman wird ziemlich sicher ein Erfolg.	☐	☐

d Formulieren Sie Vermutungen mit dem Futur. Verwenden Sie das Adverb in Klammern.

1. Die Auflage von ClaraWoman steigt. (möglicherweise)
2. Die Leserinnen sind begeistert. (bestimmt)
3. Die Konkurrenz verliert an Auflage. (vielleicht)
4. Die Leserinnen finden die Artikel in ClaraWoman mit jeder Ausgabe interessanter. (wahrscheinlich)

1. Die Auflage von ClaraWoman wird möglicherweise steigen.

3 Eine Entwicklung beschreiben › KB: C3b

Ordnen Sie die Redemittel der Gliederung eines entsprechenden Textes zu.

> Daraus lässt sich die Schlussfolgerung ziehen, dass … | Das könnte bedeuten, dass … | Das müsste dazu führen, dass … | ~~Die folgenden Daten stellen … dar.~~ | Die vorliegenden Zahlen geben Auskunft über … | Es dürfte ziemlich sicher sein, dass … | Vermutlich werden … sinken. | Vielleicht wird … gleich bleiben. | Wahrscheinlich wird … steigen. | Die Zahlen vergleichen … | Hieraus ergibt sich …

1. Einleitung und Thema benennen: *Die folgenden Daten stellen … dar.*

2. Schlüsse ziehen: _____

3. Vermutungen anstellen: _____

D Das Frauenmagazin „Barbara"

1 Die Zeitschrift „Barbara": Interview mit der Chefredakteurin › KB: D1a

Lesen Sie die Aussagen. Wo stehen sie sinngemäß im Interview im Kursbuch 15D, 1a?

		Zeile
1.	Das Alleinstellungsmerkmal von „Barbara" ist, dass sich das Konzept der Zeitschrift auf die Entertainerin Barbara Schöneberger bezieht.	*5–7*
2.	Wenn Frauen sich freundschaftlich treffen, sprechen sie offen miteinander und kritisieren sich nicht immer. Daran orientiert sich „Barbara".	
3.	„Barbara" richtet sich vor allem an ältere Leserinnen, steht aber anderen Lesern offen.	
4.	„Barbara" ist konkurrenzlos in Deutschland.	
5.	Die Themen in „Barbara" sind die klassischen Themen von Frauenzeitschriften, aber es wird nicht versucht, alles zu hinterfragen.	
6.	„Barbara" hat auch den Mut, komplizierte Rezepte abzudrucken.	
7.	Zuerst ließ der Verlag ein Probeexemplar von „Barbara" an der Zielgruppe testen.	
8.	Firmen haben für 1,3 Millionen Euro Anzeigenplatz gekauft.	
9.	Der Verlag erwartet keine Auflagensteigerung.	
10.	„Barbara" hat sich besser verkauft als erwartet.	

Grammatik im Überblick

1 Mit Modalverben Vermutungen und den Grad der Sicherheit ausdrücken › G: 1.6

Mit Modalverben Vermutungen ausdrücken

– Mit den Modalverben „können", „dürfen", „müssen" im Konjunktiv II + Vollverb im Infinitiv kann man Vermutungen ausdrücken.
– Die Modalverben „können" und „müssen" kann man aber auch im Indikativ + Vollverb im Infinitiv verwenden, um Vermutungen auszudrücken.
– Je nach Modalverb drückt man einen verschieden hohen Grad der Vermutung aus.
  Die Prozentangaben sind ungefähre Angaben, sie sollen nur eine gewisse Vorstellung vom Grad der Sicherheit geben.

Grad der Sicherheit	Adverb	Modalverb im Konjunktiv II od. Indikativ
ca. 98 %	bestimmt sicher sehr sicher ganz sicher (nicht) auf jeden / keinen Fall	muss kann nicht / kein-
ca. 90 %	höchstwahrscheinlich sicherlich fast sicher ziemlich sicher	müsste
ca. 75 %	wahrscheinlich wohl	dürfte
ca. 50 %	eventuell möglicherweise vermutlich vielleicht	könnte kann

z. B. Die Werbestrategie muss funktionieren! = Die Werbestrategie funktioniert bestimmt. (98 %)
Die Arbeit kann nicht umsonst gewesen sein. = Die Arbeit war ganz sicher nicht umsonst. (98 %)
Die Zielgruppe hat sich positiv geäußert, das neue Produkt müsste gekauft werden. =
Die Zielgruppe hat sich positiv geäußert, das neue Produkt wird höchstwahrscheinlich gekauft. (90 %)
Die Zielgruppe dürfte begeistert sein. = Die Zielgruppe ist wahrscheinlich begeistert. (75 %)
Die Auflage könnte steigen. = Die Auflage steigt vermutlich. (50 %)
Das kann funktionieren. = Das funktioniert vielleicht. (50 %)

2 Vermutungen mit Futur und Adverb ausdrücken › G: 1.6

– Man verwendet das Futur, um Zukünftiges, wie Pläne oder Prognosen zu äußern.
– Man gebraucht es außerdem, um Vermutungen auszudrücken. Man verwendet es dann meist mit Adverbien wie „sicher", „höchstwahrscheinlich", „bestimmt", wahrscheinlich", „wohl", „fast sicher", „möglich", „vielleicht",
  z. B. Unser neues Produkt wird sicher ein Erfolg werden. (98 %)
      Das neue Produkt wird sich höchstwahrscheinlich gut verkaufen. (90 %)
      Die Zielgruppe wird wohl sehr groß sein. (75 %)
      Die Auflage wird vermutlich steigen. (50 %)

A Konflikte im Projekt

1 Projekte und Projektberichte › KB: A1c

a Welches Verb passt zum jeweiligen Nomen? Kreuzen Sie an.

1. einen Beitrag   a. ☐ geben   b. ☒ leisten   c. ☐ schaffen
2. die Voraussetzungen   a. ☐ schaffen   b. ☐ stellen   c. ☐ geben
3. zum Abschluss   a. ☐ erreichen   b. ☐ bringen   c. ☐ schaffen
4. zur Verfügung   a. ☐ legen   b. ☐ geben   c. ☐ stehen
5. eine Entscheidung   a. ☐ machen   b. ☐ treffen   c. ☐ stellen
6. ein Projekt   a. ☐ durchführen   b. ☐ durchstellen   c. ☐ durchgeben
7. eine Vereinbarung   a. ☐ leisten   b. ☐ feststellen   c. ☐ treffen

b Formulieren Sie Sätze, ergänzen Sie passende Verben aus 1a in der angegebenen Zeitform.

1. Die Projektgruppe – ein wichtiger Beitrag – zur Modernisierung (Perfekt)
2. Die Zahlenbasis – für die Analyse – zur Verfügung – jetzt (Präsens)
3. Der Projektleiter – sollen – eine Entscheidung (Präsens, Konjunktiv II)
4. Wir erwarten, dass – das Projekt – die Voraussetzungen – für eine effiziente Logistik (Futur)
5. Die Umbaumaßnahmen – werden – zum Abschluss – letzten Monat (Passiv Präteritum)
6. Über die Weiterführung des Projekts – müssen – das Management – eine Vereinbarung mit – der Projektleiter (Präsens)
7. Als neue Teamleiterin – Frau Maier – innovative Projekte (Futur)

1. Die Projektgruppe hat einen wichtigen Beitrag zur Modernisierung geleistet.

② 2 Verneinung bei Nomen-Verb-Verbindungen › KB: A1c

a Vergleichen Sie die Sätze und markieren Sie die Verneinung.

1a. Für den Umbau steht eine ausreichende Summe zur Verfügung.
1b. Für den Umbau steht keine ausreichende Summe zur Verfügung.
2a. Die Kollegen haben den Vertrag zum Abschluss gebracht.
2b. Die Kollegen haben den Vertrag nicht zum Abschluss gebracht.

b Ergänzen Sie nun die Regeln.

1. Sätze mit Nomen-Verb-Verbindungen, bei denen das Nomen mit dem unbestimmten oder dem Nullartikel steht, werden mit „_____" verneint.
2. Wenn das Nomen mit dem bestimmten Artikel steht, wird mit „_____" verneint.

c Verneinen Sie die Sätze in 1b.

1. Die Projektgruppe leistet keinen wichtigen Beitrag für die Modernisierung.

3 Wortschatz: Die Modernisierung von Abläufen › KB: A1c

a Ergänzen Sie die fehlenden Buchstaben in den Wörtern.

1. be s c h leun i g en
2. ef___zient___ Nu___ung
3. I___-Ana___se
4. Mei___st___in
5. Proze___opt___ ___erung
6. Res___o___ ___en
7. ___ ___ll
8. Werkslo___ ___ ___ti___
9. Werkverk___ ___r

b Welches Wort aus 3a passt im Werbetext unten? Ergänzen Sie die Lücken.

Logi Consulting ist ein führender Spezialist für die Modernisierung von werksinternen Abläufen. Wir kümmern uns kompetent um alle Bereiche Ihrer [1] *Werkslogistik*. Fehlt Ihnen der Überblick über die logistischen Abläufe oder haben Sie den Eindruck, dass Kosten und Zeitaufwand höher sind als nötig? Die Berater der *Logi Consulting* helfen Ihnen bei der [2] _____ der vorhandenen Kapazitäten. Wir optimieren die räumliche Gestaltung der verschiedenen Betriebsbereiche und können auf diese Weise Transporte innerhalb des Betriebs [3] _____ . Eine solche Modernisierung des [4] _____ kann deutlich zur Kostensenkung beitragen.

Unsere Beratung beginnt mit einer genauen [5] _____ der Situation in Ihrem Betrieb. Auf dieser Basis legen wir die Ziele, also den [6] _____-Zustand, fest. Es folgt die Entwicklung eines innovativen Konzepts zur [7] _____ bei allen logistischen Abläufen. Bei Erreichen von jedem [8] _____ berichten wir Ihnen ausführlich über den Stand unserer Arbeit. – Eine effiziente Logistik steigert die Produktivität! Wir helfen Ihnen dabei, Ihre betrieblichen [9] _____ besser zu nutzen!

4 Folgen ausdrücken mit Konnektoren oder Präposition › KB: A2 › G: 4.1, 4.3, 4.4

a Verbinden Sie die Sätze, verwenden Sie dabei die angegebenen Konnektoren. Formulieren Sie jeweils zwei Satzbau-Varianten wie im Beispiel.

1. Die Umbaukosten sind gestiegen. Für weitere Investitionen ist kein Geld übrig. (folglich)
2. Die Arbeit am Projekt läuft nicht gut. Der Zeitplan ist nicht mehr realistisch. (infolgedessen)
3. Die neue Software muss erst noch angepasst werden. Wir können an dieser Stelle nicht weiterarbeiten. (somit)
4. Zwei Kollegen wurden in ein Projekt geholt. Für unsere Aufgaben haben wir nun zu wenig Mitarbeiter. (folglich)
5. Wir haben in der Firma immer mehr Projekte bekommen. Die Geschäftsführung hat keinen Überblick mehr. (infolgedessen)

1. Die Umbaukosten sind gestiegen. Folglich ist für weitere Investitionen kein Geld übrig. /
Für weitere Investitionen ist folglich kein Geld übrig.

b Vergleichen Sie die Sätze. Was fällt auf? Ergänzen Sie die Regeln.

1. Infolge der steigenden Bestellungen müssen jetzt Überstunden gemacht werden.
2. Infolge von Personalmangel können die Bestellungen nicht sofort bearbeitet werden.
3. Infolge falscher Bestellungen sind Schwierigkeiten entstanden.

Ⓖ

1. Ausdrücke mit der Präposition „infolge" nennen die Ursache für ein Geschehen, das danach folgt.
   Nach „infolge" steht das Nomen im   a. ☐ Akkusativ.   b. ☐ Genitiv.
2. Bei Nomen ohne Artikel verwendet man die Präposition „_____".
3. Wenn ein Adjektiv vor dem _____ steht, verwendet man den Genitiv.

c Formulieren Sie Sätze aus den Elementen.

1. Infolge + Werkverkehrsoptimierung → Eine Kostensenkung wurde erreicht.
2. infolge + Prozessbeschleunigungen → Der Güterfluss wird erhöht.
3. infolge + effizientere Nutzung der Ressourcen → Der Betrieb arbeitet rentabler.
4. infolge + Umbaumaßnahmen im Werk → Es gibt jetzt mehr Lagerkapazitäten.

1. Infolge der Werkverkehrsoptimierung wurde eine Kostensenkung erreicht.

d Formulieren Sie Sätze mit „infolge". Achten Sie auf die nötigen Veränderungen bei Nomen, Verben und Adjektiven.

1. Die Umsatzzahlen steigen. Infolgedessen können neue Stellen geschaffen werden.
2. Die Firma Telko hatte Lieferschwierigkeiten. Infolgedessen haben wir jetzt keine neue Ware.
3. Es gab schwere Konflikte über die Zielsetzung. Somit ist das Projekt gescheitert.
4. Es gibt Bauarbeiten auf der Autobahn A8. Infolgedessen muss mit Staus gerechnet werden.
5. Das Werk 3 wurde modernisiert. Folglich können jetzt höhere Stückzahlen produziert werden.

1. Infolge der steigenden Umsatzzahlen können neue Stellen geschaffen werden.

TIPP

Wenn vor Nomen ohne Artik[el] ein Adjektiv steht, dann wir[d] der Genitiv verwendet und die Genitivendung hängt am Adjektiv, z. B. infolge finanzie[ller] Probleme wurde das Projekt gestoppt.

B Scheitert das Projekt?

1 Perspektiven der Projektarbeit: Über Absichten und Argumente diskutieren › KB: B1b

a Markieren Sie in dem Artikel aus einer Wirtschaftsseite einer Tageszeitung die Hauptargumente. Überlegen Sie eigene Argumente dafür oder dagegen und finden Sie Beispiele, die zum Thema passen.

Teamarbeit – lohnt sich das Engagement?

Einen Jobbewerber ohne Teamfähigkeit möchte kein Arbeitgeber einstellen. Teamarbeit gilt in den meisten Betrieben als wesentlicher Erfolgsfaktor. ==Durch die wachsende Bedeutung von Projektarbeit in Unternehmen wird es immer wichtiger, dass die Mitarbeiter kooperativ und produktiv zusammenarbeiten.== Auch die Experten betonen die Innovationskraft, die durch die Zusammenarbeit mehrerer Personen in einer Gruppe entstehen kann. Doch nun weisen Psychologen darauf hin, dass der Effekt von Teamarbeit teilweise zu hoch eingeschätzt wird. Der Autor Volker Kitz sagt sogar: Bei Teamarbeit sinken die Motivation und die Zufriedenheit der Mitarbeiter. Der Grund dafür: Den Arbeitnehmern ist bei der Teamarbeit klar, dass ihre Arbeitsleistung und ihr Engagement nicht direkt gemessen werden, sondern dass nur das Teamergebnis gesehen wird. Deshalb sinkt ihre Bereitschaft, immer ihre beste Leistung zu bringen. Wenn infolgedessen einzelne Teamkollegen auch noch besonders wenig arbeiten, entstehen Ärger und Konflikte. Diese Probleme im Team führen dann zu einem weiteren Produktivitätsverlust.
Wie kann man das verhindern? Teamleiter sollten die Aufgaben so verteilen, dass jeder Mitarbeiter einen Verantwortungsbereich hat. Wenn die individuelle Leistung gesehen wird, steigt die Motivation.

T Ⓟ **b** Arbeiten Sie nun zu zweit. Beide Partner fassen kurz zusammen, welche Aussagen und Argumente des Textes Sie interessant finden. Diskutieren Sie dann über den Text. Achten Sie darauf, dass Sie beide abwechselnd zu Wort kommen.

2 Ausdrücke für die Art und Weise › KB: B3 › G: 4.1, 4.2, 4.3, 4.4

a Auf welche Weise wird etwas erreicht? Ordnen Sie zu.

1. Wir können Kosten und Platz sparen.	A. Wir schaffen mehr Gelegenheit zum Austausch.	1. _C_
2. Wir entwickeln mehr Innovationen.	B. Wir führen eine neue Lager-Software ein.	2. ⌞⌟
3. Wir modernisieren das Lager.	C. Die Buchhaltung wird ausgelagert.	3. ⌞⌟
4. Wir verbessern die Kommunikation.	D. Er probiert keine neuen Methoden.	4. ⌞⌟
5. Der Chef vermeidet jedes Risiko.	E. Die Entwickler dürfen an eigenen Ideen arbeiten.	5. ⌞⌟

b Verbinden Sie die Sätze in 2a mit den angegebenen Konnektoren. Formulieren Sie die Sätze 4 und 5 jeweils mit dem Konnektor in der Satzmitte oder am Satzanfang wie im Beispiel.

1. (dadurch, dass) *Wir können dadurch Kosten und Platz sparen, dass die Buchhaltung ausgelagert wird. / Dadurch, dass die Buchhaltung ausgelagert wird, können wir Kosten und Platz sparen.*

2. (indem) _____

3. (indem) _____

4. (dadurch, dass) _____

5. (dadurch, dass) _____

c Markieren Sie in den Sätzen die Art und Weise, wie etwas geschieht. Was fällt auf? Ergänzen Sie die Regeln.

1. Das Unternehmen hat die Wochenarbeitszeit reduziert. Dadurch muss niemand entlassen werden.
2. Durch die Reduzierung der Wochenarbeitszeit im Unternehmen muss niemand entlassen werden.

Ⓖ

1. Ausdrücke mit „durch" nennen	a. ☐ das Ergebnis.	b. ☐ die Art und Weise oder Methode.	
2. Nach „durch" steht	a. ☐ der Akkusativ.	b. ☐ der Dativ.	

d Formulieren Sie die Informationen links mit „durch" und verbinden Sie sie mit den Sätzen rechts wie im Beispiel. Achten Sie auf die notwendigen Veränderungen.

Methode / Art und Weise	Ziel / Ergebnis
1. Zunehmende Tätigkeit in Projekten	Oft entstehen mehr innovative Ideen.
2. Kooperation unterschiedlicher Spezialisten	Neue Lösungswege werden möglich.
3. Das Projektteam hat viele neue Pläne.	Jetzt ist ein Durcheinander entstanden.
4. Projektmanagement fehlt	Einige Projekte scheitern.
5. Gezielter Einsatz von Projektarbeit	Technische Entwicklungsprozesse können beschleunigt werden.

1. Durch die zunehmende Tätigkeit in Projekten entstehen oft mehr innovative Ideen.

e Ergänzen Sie die passenden Ausdrücke und achten Sie auf den Satzbau. Manchmal gibt es zwei Lösungen.

> dadurch | dadurch, dass | durch | indem | so

1. *Dadurch, dass* Kollege Bolz uns geholfen hat, haben wir den Meilenstein noch termingerecht geschafft.

2. Wir haben wegen der Probleme einen IT-Berater geholt. _____ hat es endlich geklappt.

3. Wir können die Qualität besser kontrollieren, _____ wir unsere Produktion nicht ins Ausland verlagern.

4. Wir können die vielen Aufträge nur _____ Überstunden schaffen.

5. *Schneider Textil* versucht jetzt, eine jüngere Zielgruppe zu erreichen, _____ sie eine neue „Young Fashion"-Linie starten.

6. _____ unser Startup-Unternehmen einen neuen Investor gefunden hat, können wir uns jetzt auf das Marketing konzentrieren.

7. _____ den Streit zwischen den Kollegen geht es im Logistikprojekt nicht weiter.

8. Der Teamleiter hat kritisiert, dass wir nicht mehr produktiv arbeiten. _____ wurde uns klar, dass wir endlich die Probleme im Team lösen müssen.

C Schwierige Gespräche

1 Ein Team spricht über sein Projekt › KB: C2e

Was bedeuten die Wörter aus dem Teamgespräch im Kursbuch 16 C, 2c? Kreuzen Sie die richtige Bedeutung an.

1. die Konfliktstelle
   - a. ☒ Problem, an dem ein Konflikt entsteht
   - b. ☐ eine Stelle zur Lösung von Konflikten

2. beauftragt sein
   - a. ☐ Man hat eine Bestellung bekommen.
   - b. ☐ Man hat die Anweisung bekommen, etwas zu erledigen.

3. das Change-Projekt
   - a. ☐ Projekt mit dem Ziel einer Veränderung im Betrieb
   - b. ☐ Projekt, das verändert wurde

4. die Schnittstelle
   - a. ☐ Punkt, an dem ein Prozess unterbrochen wird
   - b. ☐ Punkt, an dem sich Teilsysteme berühren

5. beteiligt sein an
   - a. ☐ nur teilweise dabei sein
   - b. ☐ aktiv an etwas teilnehmen

6. die Dimension
   - a. ☐ Größe oder Ausmaß einer Sache
   - b. ☐ Gestaltung einer Sache

7. unrealistisch
   - a. ☐ entspricht nicht der Wirklichkeit
   - b. ☐ existiert nur in der Wirklichkeit

2 Gute Kommunikation: So klappt sie!

a Setzen Sie die passenden Wörter ein. › KB: C3c

[damit | daran | darum | darüber (2x) | davon]

1. Ich bin sehr besorgt *darüber*, dass die Zusammenarbeit nicht klappt.

2. Wir sind _____ überzeugt, dass wir jetzt eine Lösung finden.

3. Wir sollten _____ sprechen, wie es weitergeht.

4. Ich bitte Sie _____, sachlich zu diskutieren.

5. Wir arbeiten _____, den Plan zu verbessern.

6. Ich habe ein Problem _____,

   dass mein Vorschlag nicht diskutiert wurde.

b Lesen Sie die Sätze. Welche Aussagen berücksichtigen die Kommunikationsregeln (✓) aus dem Kursbuch 13C, 3e? Notieren Sie. › KB: C3e

1. Wir haben einen wichtigen Kunden verloren. Wie können wir verhindern, dass so etwas noch einmal passiert? ✓
2. Du hast bei deiner Präsentation zu schnell geredet, man konnte gar nicht folgen. ☐
3. Wenn ich den ganzen Abschlussbericht schreiben muss, fühle ich mich allein gelassen. Ich wünsche mir da mehr Teamarbeit. ☐
4. Ich brauche mehr Zeit, um bei einer Präsentation alles zu verstehen. Für mich wäre es eine Hilfe, wenn du bei wichtigen Informationen mehr Pausen machst. ☐
5. Schon wieder eine neue Aufgabe? Das geht jetzt nicht, ich habe keine Zeit. ☐
6. Wir haben den Kunden Plessner verloren. Wer ist dafür verantwortlich? ☐
7. Gestern war ich wieder bis 22.00 Uhr ganz allein im Büro und habe den Abschlussbericht erledigt. ☐
8. Tut mir leid, das ist keine gute Idee. Das weiß doch jeder, dass das nicht klappt. ☐
9. Wir arbeiten noch an einigen Aufgaben, und Sie geben uns jetzt schon eine neue. Wir wissen nicht, was im Moment Priorität hat. Können wir das bitte klären? ☐
10. Ich kann mir nicht ganz vorstellen, wie das konkret klappen könnte. Haben Sie dazu schon Ideen? ☐

3 Tipps für die Arbeit im Ausland geben › KB: C4c

Welche Satzteile passen zusammen? Ordnen Sie zu.

1. Ich würde Ihnen empfehlen,
2. Es gibt einen sehr interessanten Unterschied
3. Ein Unterschied besteht darin, dass
4. Indem man über familiäre Dinge spricht,
5. Vermeiden Sie unbedingt,
6. Seien Sie vorsichtig
7. Kritik ist bei uns ein schwieriger Bereich, weil
8. Dass das Konfliktverhalten hier anders ist,
9. Beide Länder sind zwar in vielem ähnlich,

A. Vereinbarungen nicht als so fest gelten.
B. bei Diskussionen mit Vorgesetzten.
C. wissen Sie ja sicherlich.
D. aber bei der Arbeit gilt das nicht immer.
E. sie als verletzend gilt.
F. kann man die Atmosphäre verbessern.
G. bei einem Konflikt laut zu werden.
H. zwischen beiden Ländern.
I. einen Konflikt nicht direkt anzusprechen.

1. I
2. ⌴
3. ⌴
4. ⌴
5. ⌴
6. ⌴
7. ⌴
8. ⌴
9. ⌴

D Konfliktlösungswege

1 Professionelle Konfliktberatung

P **a** ▶ 4|5–6 **Lesen Sie zuerst die Fragen. Hören Sie dann die Fernsehdokumentation im Kursbuch 16D, 2a und 2b, noch einmal und kreuzen Sie die richtigen Antworten an.** › KB: D2b

1. Das Beratungsbüro von Frau Dr. Grothusen ist spezialisiert auf
   a. ☒ Konfliktmanagement in Betrieben.
   b. ☐ Beratung von Geschäftsführern.
   c. ☐ professionelle Konfliktlösung bei kleinen Streiten.

2. Von einem Konflikt spricht man, wenn
   a. ☐ ein Problem sachlich gelöst wird.
   b. ☐ zwei Kollegen wegen der Urlaubsverteilung streiten.
   c. ☐ zu einem Streit Ärger und Kommunikationsstörungen hinzukommen.

3. Im Bereich des professionellen Konfliktmanagements
   a. ☐ gibt es immer mehr externe Berater.
   b. ☐ nimmt die Nachfrage zu.
   c. ☐ entstehen immer mehr Unternehmen mit eigenen Programmen.

4. Die Globalisierung der Arbeitswelt führt dazu, dass
   a. ☐ die Flexibilität sinkt.
   b. ☐ Projekte sich schnell verändern.
   c. ☐ die Unternehmen viele neue Projekte starten müssen.

5. Die globalisierte Arbeitswelt bedeutet für die Mitarbeiter häufig
   a. ☐ neue internationale Unternehmen.
   b. ☐ schnelle Kooperation in neuen Teams mit neuen Kollegen.
   c. ☐ einfachere Kooperation.

6. In der aktuellen Situation der Globalisierung braucht man
   a. ☐ eine hohe kommunikative Kompetenz.
   b. ☐ sinnvolle Investitionen in fachliche Kompetenz.
   c. ☐ fachlich kompetente Projektleiter.

b Lesen Sie den Artikel im Kursbuch 16D, 3a, noch einmal. Was ist richtig, was ist falsch? Kreuzen Sie an. › KB: D3a

		r	f
1.	Mediation kann im Beruf, aber auch im Privatleben eingesetzt werden.	X	☐
2.	Der Mediator findet Lösungsvorschläge, damit die Konfliktbeteiligten zufrieden sind.	☐	☐
3.	Die Mediatoren haben die Aufgabe, eine produktive Kommunikation zu ermöglichen.	☐	☐
4.	In der Verhandlungsphase geht es darum, sich für eine Lösung zu entscheiden.	☐	☐
5.	Wenn die Lösung für beide Seiten fair ist, muss der Mediator keine eigenen Vorschläge machen.	☐	☐
6.	Die Ergebnisse des Gesprächs werden in einem schriftlichen Dokument festgehalten.	☐	☐

B ⓟ **c** Lesen Sie die E-Mail und überlegen Sie für jede Lücke ein passendes Wort. › KB: D3a

Betreff: Auftrag für Konfliktlösungsprozess in unserem Unternehmen

Lieber Herr Weber,

wie schon in unserem Telefongespräch besprochen, möchten wir [1] *Ihnen* den Auftrag für eine

Konfliktlösung / Mediation in unserem Betrieb geben. Bei Ihrem ersten Auftrag [2] _____ unserem Haus vor drei

Jahren wurde das Problem durch Ihren Einsatz ja erfolgreich gelöst.

Es geht [3] _____ folgenden konkreten Fall: Infolge von Rationalisierungsprozessen werden die

Abteilungen Vertrieb Deutschland und Vertrieb Europa zusammengelegt. Jeder der beiden Abteilungsleiter denkt,

[4] _____ er die neue Stelle des Gesamtleiters bekommen sollte. Daraus hat sich ein unproduktiver Konflikt

zwischen den beiden Abteilungen entwickelt, an dem auch die Mitarbeiter beteiligt sind.

Wir bitten Sie [5] _____ ein Vorgespräch, bei dem wir alle weiteren Fragen klären können und erwarten

[6] _____ Terminvorschläge.

2 Mediation – sprachlich gut formuliert › KB: D3b

Ordnen Sie die Redemittel für ein Mediationsgespräch den fünf Mediationsphasen zu.

Was könnte eine Lösung für … sein? | Es ist mir wichtig, dass … | Welche Lösungsmöglichkeiten sehen Sie? | Lassen Sie uns zunächst ein paar Regeln aufstellen: … | Ich sehe das Problem so: … | Halten wir jetzt also fest: … | Wenn du …, dann wäre ich bereit … | Könnten Sie bitte zuerst … | Aber dann müssen wir auch darüber sprechen, dass … | Wir könnten doch versuchen … | Was möchten Sie denn mit diesem Gespräch erreichen? | Haben Sie noch weitere Vorschläge für die Zukunft? | In unserer aktuellen Situation stört mich wirklich, dass … | Tut mir leid, das finde ich nicht in Ordnung, weil … | Mein Vorschlag wäre … | Damit habe ich ein Problem, weil … | Ich denke, das Problem bei uns ist, dass … | Nein, damit bin ich nicht einverstanden, weil … | Ich habe mir jetzt folgendes Ergebnis notiert: … | Wir sind zusammengekommen, um … | Ich denke, es wäre besser, wenn … | Das sehe ich anders. | Außerdem müssen wir noch … ansprechen. | Was müsste denn aus Ihrer Sicht passieren, damit …?

1. Vorgespräch: *Lassen Sie uns zunächst ein paar Regeln aufstellen: …*

2. Sammeln von Themen: _____

3. Verhandeln / Argumentieren: _____

4. Entscheiden: _____

5. Schriftlich festhalten: _____

Grammatik im Überblick

1 Folgen ausdrücken › G: 4.1, 4.2, 4.3, 4.4

- Sätze mit mit „infolgedessen", „folglich", und „somit" antworten auf die Frage: Welches Ergebnis / welche Folge hat oder hatte das?
  - z.B. Die Kosten für den Umbau steigen. Infolgedessen ist für weitere Investitionen ist kein Geld übrig. /
    Die Kosten für den Umbau steigen. Für weitere Investitionen ist infolgedessen kein Geld übrig.
  - z.B. Die neue Software muss erst noch angepasst werden. Somit können wir an dieser Stelle nicht weiterarbeiten. /
    Die neue Software muss erst noch angepasst werden. Wir können somit an dieser Stelle nicht weiterarbeiten.
  - z.B. Die Bestellungen steigen. Folglich müssen wir Überstunden machen. /
    Die Bestellungen steigen. Wir müssen folglich Überstunden machen.
- Nebensätze mit „sodass" stehen immer hinter dem Hauptsatz.
  - z.B. Die Kosten beim Umbau steigen stark, sodass keine weiteren Investitionen möglich sind.
- Den Nebensatzkonnektor „sodass" kann man auch trennen. Dann steht „so" vor einem Adjektiv oder Adverb im Hauptsatz und „das" steht am Anfang des Nebensatzes.
  - z.B. Die Kosten für den Umbau steigen so stark, dass keine weiteren Investitionen möglich sind.
- Ausdrücke mit der Präposition „infolge" + Genitiv oder „infolge" von + Dativ nennen die Ursache für ein Geschehen, das folgt.
  - z.B. Infolge der Kostensteigerung für den Umbau ist kein Geld für weitere Investitionen übrig.
    Infolge von Umsatzeinbrüchen kann der geplante Umbau nicht finanziert werden.

Nebensatzkonnektor	Hauptsatzkonnektor	Präposition
so … dass,	Also	infolge + Genitiv
sodass	Folglich	infolge von + Dativ
	Infolgedessen	
	Somit	

2 Informationen zur Art und Weise ausdrücken › G: 4.1, 4.2, 4.3, 4.4

- Modalsätze antworten auf die Frage: Wie? / Auf welche Art und Weise? / Mit welcher Methode geschieht etwas?
- „dadurch" und „so" stehen in einem Hauptsatz, der auf einen Satz mit der Information zur Art und Weise folgt. Sie können am Satzanfang und in der Satzmitte nach dem Verb stehen.
  - z.B. Wir haben wegen der Probleme einen IT-Berater geholt. Dadurch / So hat es endlich geklappt. /
    Wir haben wegen der Probleme einen IT-Berater geholt. Es hat dadurch / so endlich geklappt.
- „dadurch, dass" und „indem" leiten den Nebensatz ein, in dem die Information zur Art und Weise steht.
- Der Nebensatz mit „dadurch dass" muss immer vor dem Hauptsatz stehen.
- Der Nebensatz mit „indem" kann vor und nach dem Hauptsatz stehen.
  - z.B. Dadurch, dass / Indem die Geschäftsleitung den Teamleiter nach China geschickt hat, hat sie dem Projekt nicht geholfen. /
    Die Geschäftsleitung hat dem Projekt nicht geholfen, dadurch dass / indem sie den Teamleiter nach China geschickt hat.
- „dadurch, dass" kann man trennen: Dann steht „dadurch" im Hauptsatz in der Satzmitte, „dass" leitet den Nebensatz mit der Information zur Art und Weise ein.
  - z.B. Dadurch, dass wir die Buchhaltung auslagern, können wir Kosten sparen. /
    Wir können dadurch Kosten sparen, dass wir die Buchhaltung auslagern.
- Angaben mit der Präposition „durch" + Akkusativ nennen die Art und Weise oder Methode, wie etwas gemacht wird.
  - z.B. Durch mangelhaftes Projektmanagement scheitern viele Projekte. /
    Viele Projekte scheitern durch mangelhaftes Projektmanagement.

Nebensatzkonnektor	Hauptsatzkonnektor	Präposition
indem	dadurch	durch + Akkusativ
dadurch, dass	so	

A Meine Rechte im Betrieb

1 Der Betriebsrat – Was ist das? › KB: A1a

Lesen Sie den Lexikonartikel. Was passt: a oder b? Kreuzen Sie an.

> Der Betriebsrat vertritt die Interessen und Rechte der Mitarbeiter eines Betriebs gegenüber der Unternehmens-
> leitung. Er wird für vier Jahre gewählt. In bestimmten Bereichen hat er das gesetzlich geregelte Recht,
> mitzusprechen, z. B. bei sozialen und personellen Angelegenheiten. Zu seinen Aufgaben gehört auch die
> Kontrolle der Einhaltung von Gesetzen und Verträgen im Betrieb.

1. Der Betriebsrat ist bei Entscheidungen im sozialen Bereich a. ☐ beteiligt. b. ☐ nicht beteiligt.
2. Er überwacht, ob im Betrieb die Gesetze a. ☐ kontrolliert b. ☐ beachtet werden.

2 Bezahlung nach Tarif › KB: A2

a Lesen Sie den Infotext im Kursbuch 17A, 2, noch einmal. Was passt: a oder b? Kreuzen Sie an.

1. a. ☒ Die Höhe eines Tariflohns ist durch einen Tarifvertrag geregelt.
   b. ☐ Bei 50 % der Beschäftigten ist die Höhe des Tariflohns festgelegt.
2. a. ☐ Festangestellte Mitarbeiter sind in der Regel Gewerkschaftsmitglieder und bekommen Tariflohn.
   b. ☐ Normalerweise bekommen auch Nicht-Gewerkschaftsmitglieder Tariflohn.
3. a. ☐ Ein Tarifvertrag sorgt während seiner Laufzeit für gleichbleibende Löhne.
   b. ☐ Während der Laufzeit eines Tarifvertrags kann es Lohnerhöhungen geben.
4. a. ☐ Die Einordnung in eine Tarifgruppe erfolgt durch den Betriebsrat.
   b. ☐ Die Einordnung einer Stelle in eine Tarifgruppe folgt Kriterien wie z. B. dem benötigten Fachwissen.

b Welches Wort passt zu welcher Erklärung? Notieren Sie.

> Entgeltsystem | Personalrat | Tarifabschluss | Tarifbindung | Tariflohn | Tarifvertrag |
> Vertragslaufzeit

1. _Entgeldsystem_ : Festlegung des Lohns für die Tätigkeiten in einer Branche oder einem Betrieb
2. _____ : Ergebnis der Verhandlungen über einen neuen Tarifvertrag
3. _____ : Dauer, für die eine schriftliche Vereinbarung gültig ist
4. _____ : Arbeitsentgelt, dessen Höhe einer tariflichen Regelung entspricht
5. _____ : Durch das Unterschreiben eines Tarifvertrags sind die Vertragspartner verpflichtet, die Vertragsregeln einzuhalten.
6. _____ : Vertreter der Beschäftigten in einem Betrieb des öffentlichen Diensts
7. _____ : Rechtlich gültige Vereinbarung zwischen Vertretern der Arbeitgeber und Arbeitnehmer, z.B. über die Lohnhöhe

3 Das Passiv mit „werden" (Vorgangspassiv) › KB: A3 › G: 1.8

a Lesen Sie den Informationstext in 3b auf der nächsten Seite rechts oben und markieren Sie die Passivformen. Welche Funktion haben sie im Vergleich zu Aktivformen? Kreuzen Sie in der Regel an.

Passivformen betonen a. ☐ den Akteur (das Agens) eines Vorgangs. b. ☐ den Vorgang selbst.

Ⓖ

b Ergänzen Sie in der Tabelle die markierten Beispiele aus 3a und vervollständigen Sie Formen.

> In Deutschland <mark>werden</mark> die Arbeitsentgelte normalerweise nicht durch Gesetze <mark>geregelt</mark>, sondern durch Verträge (Tarifverträge). Eine Ausnahme ist der gesetzliche Mindestlohn: Er wurde im Jahr 2015 eingeführt und beträgt ab 1.1.2017 8,84 €. Vor dieser Regelung war viel darüber diskutiert worden, ob die Politik Einfluss auf die Lohnhöhe haben sollte. Von vielen Arbeitgebern ist behauptet worden, dass durch ein Mindestlohngesetz Produkte und Dienstleistungen erheblich teurer würden. Die Arbeitgeber würden auch in die Situation gebracht, Beschäftigte entlassen zu müssen. Diese Sorgen waren nicht immer realistisch. Längerfristig wird die Situation der Beschäftigten in den unteren Lohngruppen hoffentlich verbessert werden. Das Mindestlohngesetz ist ein Schritt dahin.

	Zeitform	Bespiel aus dem Text	Bildung der Form	
1.	Präsens	*werden geregelt*	„werden" im *Präsens*	+ *Partizip Perfekt*
2.	Präteritum	_____	„werden" im _____	+ _____
3.	Perfekt	_____	„sein" im _____	+ Partizip Perfekt + „worden"
4.	Plusquamperfekt	_____	„sein" im _____	+ Partizip Perfekt + _____
5.	Futur	_____	„werden" im _____	+ Partizip Perfekt + „werden"
6.	Konjunktiv II	_____	„werden" im _____	+ Partizip Perfekt

c Ergänzen Sie die Passivformen in der angegebenen Zeitform.

Der Betriebsrat [1a] *wird* _____ bei ganz unterschiedlichen Problemen von Beschäftigten

um Rat [1b] *gebeten* _____ (bitten / Präsens). Jemand [2a] _____ neu

[2b] _____ (eingruppieren / Präteritum), ist aber damit nicht einverstanden – das ist zum

häufiger Fall. Vielleicht [3a] _____ zuvor mit dem

Arbeitgeber Vereinbarungen [3b] _____, (treffen / Plusquamperfekt),

die dieser dann aber nicht eingehalten hat. Oder der Arbeitsplatz [4a] _____

baulich [4b] _____ _____ (verändern / Perfekt) und die Arbeitssituation hat

sich dadurch verschlechtert. Alle Fälle [5a] _____ vom Betriebsrat genau [5b] _____

(prüfen / Präsens). Die Betriebsratsmitglieder müssen sich intensiv mit Gesetzen, Regelungen und dem Tarifsystem

beschäftigen, damit die Beschäftigten erfolgreich [6] _____ _____ (vertreten / Präsens).

Wenn Betriebsräte nicht das Recht auf Fortbildung hätten und regelmäßig [7] _____

_____ (schulen / Konjunktiv II), wäre das nicht immer einfach.

> **TIPP**
>
> Statt der Futurform des Passivs wird die Präsensform bevorzugt, wenn eine Zeitangabe dabei steht,
>
> z. B. Die Verhandlungen <mark>werden</mark> abgeschlossen <mark>werden</mark>. → Die Verhandlungen <mark>werden</mark> **Ende der Woche** abgeschlossen.

4 „es" im Passiv ohne Subjekt › KB: A3 › G: 1.11

a Vergleichen Sie die Sätze. Was fällt auf? Ergänzen Sie die Regel.

1. Man verhandelte sehr lang.
2. Es wurde sehr lang verhandelt.
3. Vor dem Tarifabschluss wurde sehr lang verhandelt.

Ⓖ

1. Passivsätze sind auch ohne _____ möglich.
   Dann kann „es" als Platzhalter auf _____ stehen.
2. Ist diese Position mit einem anderen Satzteil besetzt, a. ☐ steht „es" nach dem Verb. b. ☐ fällt „es" weg.

b Bilden Sie Passivsätze in zwei Varianten wie im Beispiel: mit „es" auf Position 1 und mit den Elementen in den Klammern auf Position 1. Achten Sie auf die Zeitformen.

1. Man verhandelte wirklich intensiv. (bei den Tarifgesprächen)
2. Man hat eine Lohnerhöhung erreicht. (nach mehreren Verhandlungstagen)
3. Man hat dabei auch über viele Punkte gestritten. (dabei)
4. Man erzielte jedoch keine Einigung über die Wochenarbeitszeit. (bis jetzt)
5. Man diskutiert im Moment viel über das Verhandlungsergebnis. (in den Gewerkschaften)

1. Es wurde bei den Tarifgesprächen intensiv verhandelt. / Bei den Tarifgesprächen wurde intensiv verhandelt.

5 Das Passiv mit „sein" (Zustandspassiv) › KB: A3 › G: 1.9

a Der Betriebsrat organisiert eine Informationsstunde zum neuen Tarifabschluss. Was ist schon erledigt? Schreiben Sie Sätze im Zustandspassiv wie im Beispiel.

1. Mit der Geschäftsleitung alles vereinbaren
2. Die Beschäftigten informieren
3. Die TOPs festlegen
4. Den Raum vorbereiten
5. Den Ablauf planen
6. Die PowerPoint-Präsentation erstellen

1. Mit der Geschäftsleitung ist alles schon vereinbart.

b Vorgang oder Zustand? Lesen Sie zuerst den Tipp. Markieren Sie dann die korrekte Passivform.

1. Im Westen Deutschlands sind / **werden** mehr Beschäftigte nach Tarif bezahlt als im Osten.
2. Die Tarifverhandlungen sind / wurden seit letzter Woche beendet.
3. Die Beschäftigten sind / wurden von Ihnen noch nicht informiert, bitte tun Sie das bald.
4. In unserem Betrieb ist / wurde vor fünf Jahren ein eigener Firmentarifvertrag vereinbart.
5. Herr Kuhn bekommt zum 1.4. eine neue Position und ist / wird deshalb neu eingruppiert.
6. Seit es einen Betriebsrat gibt, sind / wurden im Betrieb positive Veränderungen erreicht.
7. Nun sind / werden kleine Verbesserungen erreicht.
8. In den Anfangsjahren des Unternehmens war / wird noch kein Firmentarifvertrag vereinbart.

B Mitbestimmung

1 Die Arbeit der Betriebsräte › KB: B1b

a Welches Wort passt nicht zu den anderen? Kreuzen Sie das unpassende Wort an.

	a.	b.	c.	d.
1.	☐ Mitbestimmung	☐ Beteiligung	☒ Grundsatz	☐ Einflussmöglichkeit
2.	☐ Belegschaft	☐ Geschäftsführung	☐ Beschäftigte	☐ Arbeitnehmer
3.	☐ Kooperation	☐ Zusammenarbeit	☐ Einigungsstelle	☐ Teamarbeit
4.	☐ Konfrontation	☐ Konflikt	☐ Streit	☐ Anhörung
5.	☐ übergeben	☐ diskutieren	☐ argumentieren	☐ sich auseinandersetzen
6.	☐ Entlassung	☐ Überstunden	☐ Kündigung	☐ Abfindung
7.	☐ Gleichgewicht	☐ Gleichbehandlung	☐ Chancengleichheit	☐ Diskriminierungsverbot

b Lesen Sie den Artikel im Kursbuch 17B, 1b, noch einmal. Was ist richtig (r), was ist falsch (f)?

		r	f
1.	Nach dem Betriebsverfassungsgesetz muss in jedem Betrieb mit mehr als 5 Beschäftigten ein Betriebsrat gewählt werden.	☐	☒
2.	Der Betriebsrat hat bei allen betrieblichen Entscheidungen starke Beteiligungsrechte.	☐	☐
3.	„Mitbestimmungsrecht" bedeutet, dass der Arbeitgeber etwas nur dann entscheiden kann, wenn der Betriebsrat zustimmt.	☐	☐
4.	Bei Problemen mit Eingruppierungen muss manchmal das Arbeitsgericht entscheiden.	☐	☐
5.	Der Betriebsrat muss darauf achten, dass im Betrieb niemand wegen seiner Herkunft oder seines Geschlechts Nachteile hat.	☐	☐
6.	Pläne für neue Arbeitsmethoden muss der Arbeitgeber mit dem Betriebsrat diskutieren.	☐	☐
7.	Wenn es bei einer Kündigung nicht zur Einigung kommt, bringt der Betriebsrat den Fall vor das Arbeitsgericht.	☐	☐
8.	Der Betriebsrat hat das Recht, regelmäßig über die Pläne des Arbeitgebers informiert zu werden.	☐	☐

2 Der Betriebsrat informiert › KB: B1c

Lesen Sie die Rundmail. Welche Betreffzeile passt? Kreuzen Sie an.

a. ☐ Protokoll vom Monatsgespräch
b. ☐ Bitte um Lösungsvorschläge zum Überstundenabbau
c. ☐ Erfolgreiche Vereinbarung über den Abbau von Überstunden

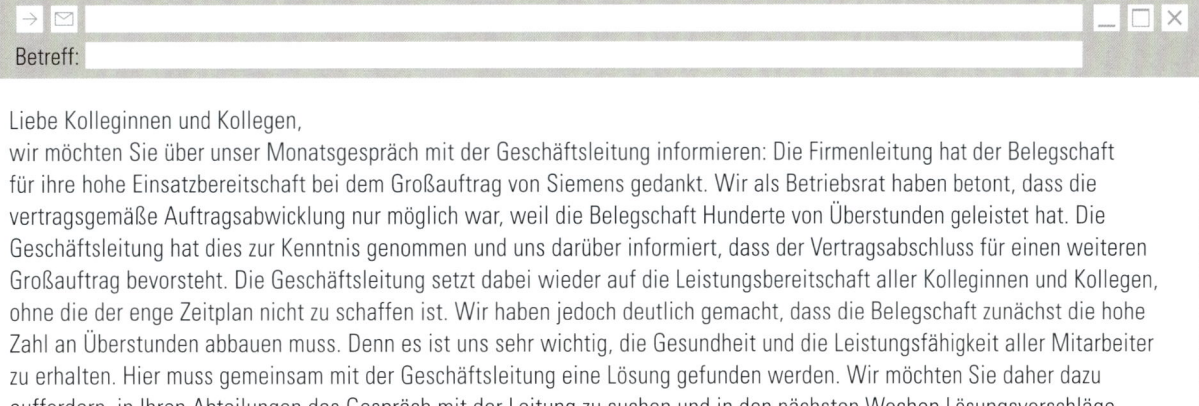

→ ✉   _ ☐ ✕

Betreff:

Liebe Kolleginnen und Kollegen,
wir möchten Sie über unser Monatsgespräch mit der Geschäftsleitung informieren: Die Firmenleitung hat der Belegschaft für ihre hohe Einsatzbereitschaft bei dem Großauftrag von Siemens gedankt. Wir als Betriebsrat haben betont, dass die vertragsgemäße Auftragsabwicklung nur möglich war, weil die Belegschaft Hunderte von Überstunden geleistet hat. Die Geschäftsleitung hat dies zur Kenntnis genommen und uns darüber informiert, dass der Vertragsabschluss für einen weiteren Großauftrag bevorsteht. Die Geschäftsleitung setzt dabei wieder auf die Leistungsbereitschaft aller Kolleginnen und Kollegen, ohne die der enge Zeitplan nicht zu schaffen ist. Wir haben jedoch deutlich gemacht, dass die Belegschaft zunächst die hohe Zahl an Überstunden abbauen muss. Denn es ist uns sehr wichtig, die Gesundheit und die Leistungsfähigkeit aller Mitarbeiter zu erhalten. Hier muss gemeinsam mit der Geschäftsleitung eine Lösung gefunden werden. Wir möchten Sie daher dazu auffordern, in Ihren Abteilungen das Gespräch mit der Leitung zu suchen und in den nächsten Wochen Lösungsvorschläge vorzulegen. Auf dieser Grundlage können wir mit der Geschäftsleitung über den Abbau der Überstunden in Verhandlung treten. Unser Ziel ist es, eine neue Vereinbarung über die Überstundenzahl zu treffen.
Sollten Sie Fragen haben, sprechen Sie uns an. Mit kollegialen Grüßen – Ihr Betriebsrat

C Hilfe vom Betriebsrat

1 Das Passiv mit Modalverben: die Formen › KB: C2 › G: 1.8

a Markieren Sie die Passivformen in den Sätzen und ergänzen Sie dann die Regeln.

1. Der Fall <mark>wird</mark> endlich <mark>abgeschlossen</mark>.
2. Der Fall soll endlich abgeschlossen werden.
3. Der Fall sollte endlich abgeschlossen werden.

In Passivsätzen mit Modalverb steht im Präsens und im Präteritum das konjugierte Modalverb auf
_____. Am Satzende steht das Partizip Perfekt des Vollverbs + „_____".

b Bilden Sie Passivsätze, ohne das Agens zu nennen. Achten Sie auf die Zeitform.

1. Wir sollen die Kündigung von Herrn Meyer prüfen.
2. Man konnte die komplizierte neue Tarifregelung kaum verstehen.
3. In der Sprechstunde des Betriebsrats darf man um Rat fragen.
4. Am 31.12. müssen Sie nicht arbeiten.
5. Man sollte Verbesserungsvorschläge machen.
6. Man musste eine Dokumentation vorlegen.

1. Die Kündigung von Herrn Meyer soll geprüft werden.

TIPP

das Agens = „handelnde" Person / Sache

c Lesen Sie zuerst den Tipp. Formulieren Sie dann die Sätze wie im Beispiel.

1. Ich denke … / Das kann geklärt werden.

   Ich denke, dass das geklärt werden kann.

2. Die Betriebsrätin sagt … / Es muss eine schriftliche Beschwerde formuliert werden.

3. Wir finden … / Dieser Plan konnte so nicht akzeptiert werden.

4. Der Geschäftsführer erklärte … / Es mussten Lohnkosten eingespart werden.

TIPP

In Nebensätzen mit Passiv und Modalverben steht im Präsens und Präteritum das konjugierte Verb am Ende. z. B. Ich habe gehört, dass er entlassen werden soll.

2 Die Passiversatzformen › KB: C2 › G: 1.10

a Welche Bedeutung haben die Passiversatzformen? Notieren Sie „k" (können) oder „m" (müssen).

1. Eine gute Kooperation zwischen Arbeitgeber und Betriebsrat ist nicht leicht erreichbar. *k*
2. Wenn die Beschäftigten einen Betriebsrat wollen, lässt sich das nicht verhindern. ___
3. Der Betriebsrat ist regelmäßig über die Pläne des Arbeitgebers zu unterrichten. ___
4. Die Eingruppierungen der neuen Kollegen sind noch einmal zu überprüfen! ___
5. Betriebliche Entscheidungen lassen sich bei Betriebsratsbeteilung nicht so schnell treffen. ___
6. Nötige Veränderungen im Betrieb sind jedoch mithilfe des Betriebsrats oft besser vermittelbar. ___

b Formulieren Sie die Sätze neu mit den Passiversatzformen in Klammern.

1. Der neue Vorschlag des Betriebsrats kann leider nicht realisiert werden. (sein + -bar)

   Der neue Vorschlag des Betriebsrats ist leider nicht realisierbar.
2. Durch den Betriebsrat kann die Gleichbehandlung im Betrieb besser kontrolliert werden. (sich lassen + Inf.)

3. Vor einer Kündigung muss immer die Ansicht des Betriebsrats gehört werden. (sein + zu + Inf.)

4. Die Entscheidungen des Geschäftsführers konnten nicht verstanden werden. (sein + zu + Inf.)

5. Die Chefin behauptet, dass die Höhergruppierungen nicht bezahlt werden können. (sein + -bar)

6. Nur von einem Betriebsrat können effektive Sozialpläne verhandelt werden. (sich lassen + Inf.)

3 Über die Eingruppierung wird verhandelt › KB: C3a

▶ 4 | 10 – 12 **Hören Sie das Gespräch im Kursbuch 17 C, 1a und 3a, noch einmal. Was ist richtig? (r) Was ist falsch (f)?**

	r	f
1. Für die Mitarbeiterin in Elternzeit ist nur eine Teilzeitkraft als Vertretung gekommen.	X	☐
2. Die neue Arbeitsplatzbeschreibung sieht ganz anders aus als die alte.	☐	☐
3. Frau Horns Dokumentation zeigt, dass sie mehr verantwortungsvolle Tätigkeiten erledigt als vorher Frau Minten.	☐	☐
4. Die falsche Eingruppierung ist kein persönliches, sondern ein strukturelles Problem.	☐	☐
5. Frau Horn macht die neuen Tätigkeiten schon seit einem Vierteljahr.	☐	☐
6. Frau Tandler will höhere Personalkosten vermeiden.	☐	☐
7. Herr Steinhorst schlägt vor, dass Frau Tandler mit der Geschäftsführung sprechen soll.	☐	☐
8. Frau Horn ist zu 40 % mit selbstständigen Tätigkeiten im Bereich Einkaufs- und Terminplanung beschäftigt.	☐	☐
9. Die Personalabteilung wird Frau Horn bis Ende der Woche höher eingruppieren.	☐	☐

4 Der Betriebsrat wird aktiv: Gesundheitsschaden wegen Verpackungsmaterial? › KB: 4b

Lesen Sie das Gespräch zwischen der Betriebsrätin, Frau Nau, und Herrn Kretz, dem Leiter der Versandabteilung. Ergänzen Sie die passenden Redemittel.

> Es muss doch machbar sein … | Die Situation ist nicht länger hinnehmbar, … | Kurzfristig könnten wir vielleicht … | Ich fürchte, das lässt sich nicht so einfach machen. | ~~Wir haben ein großes Problem mit …~~ | Ich sehe aber leider keine Möglichkeit, … | Gut, dann halten wir also fest: … | Hier besteht konkreter Handlungsbedarf! | Ich erwarte, dass …

Fr. Nau: Herr Kretz, zur Zeit klagen einige Mitarbeiter über gesundheitliche Probleme bei der Arbeit.

[1] *Wir haben ein großes Problem mit* _____ dem neuen Verpackungsmaterial der Firma *Packoset*.

Hr. Kretz: Das habe ich auch schon gehört, aber ich kann mir das wirklich nicht vorstellen, Frau Nau.

Fr. Nau: Herr Kretz, wir müssen hier etwas tun! [2] _____ ,

weil die Mitarbeiter konkret über Kopfschmerzen und Atemprobleme klagen. Und zwei Mitarbeiterinnen mussten

deswegen sogar schon die Arbeit unterbrechen! Mit dem neuen Material ist etwas nicht in Ordnung.

[3] _____ !

Hr. Kretz: Hm. [4] _____ , auf das Material verzichten.

Der Anbieter *Packoset* ist sehr preiswert, und wir haben von dem Material große Mengen auf Lager.

Fr. Nau: Aber Sie können doch nicht nur von den Kosten sprechen, wenn es um die Gesundheit der Mitarbeiter geht!

[5] _____ Sie mit der Firma *Packoset* über die Rücknahme des

Materials verhandeln.

Hr. Kretz: Moment, bitte! [6] _____ . Dafür müssten wir die Fälle

wahrscheinlich von einem Arzt dokumentieren lassen… Das ist ziemlich kompliziert.

Nau: [7] _____ , dass man so ein gefährliches Produkt reklamiert!

Hr. Kretz: [8] _____ Maßnahmen zum besseren Schutz der

Mitarbeiter überlegen. Und dann müssten wir mit unseren Anwälten in der Rechtsabteilung genau klären, was wir

gegenüber der Firma *Packoset* machen können.

Fr. Nau: [9] _____ : Sie sorgen für Schutzmaßnahmen für die

Mitarbeiter. Außerdem muss der Fall schnell mit der Rechtsabteilung besprochen werden.

D Kampf oder Kooperation?

1 Die Mittel des Tarifkonflikts › KB: D1c

a **Wie heißen die Nomen aus dem Kursbuch 17D, 1b, zu den Verben? Notieren Sie sie mit Artikel.**

1. Einfluss nehmen	4. schlichten	7. kämpfen	10. abstimmen
2. konfrontieren	5. vermitteln	8. aufrufen	11. zwingen
3. verhandeln	6. streiken	9. sich auseinandersetzen	12. ausgleichen

1. die Einflussnahme, 2. …

b **Setzen Sie passende Nomen und Verben aus 1a ein.**

In Deutschland sind die Tarifpartner durch die gesetzliche Regelung verpflichtet, eine [1] *Konfrontation*

zu vermeiden. Das hat zur Folge, dass es im europäischen Vergleich relativ wenige Tage gibt, an denen wegen

[2] _____ in den Betrieben nicht gearbeitet wird. In langen gemeinsamen [3] _____

versuchen sie, zu einem Kompromiss zu kommen. Wenn das nicht klappt, hilft ein unparteiischer

[4] _____. Er versucht eine [5] _____ des Konflikts, also eine Art Mediation. Während

die beiden Seiten also die Gespräche fortsetzen, kann gleichzeitig zu kurzen Warnstreiks [6] _____

werden. Doch wenn auch die Schlichtungsverhandlungen nicht zu einem [7] _____ der Ziele führen,

können die Gewerkschaftsmitglieder darüber [8] _____, ob sie länger streiken wollen. Wenn ja,

dann beginnt die Phase des [9] Arbeits_____. Die Streiks sollen die Arbeitgeber dazu

[10] _____, ein neues Angebot zu machen. In dieser Phase erklären Vertreter der Politik oft, dass eine

schnelle Lösung des Konflikts dringend nötig ist, aber eine direkte [11] _____ auf die Verhandlungen

ist ihnen nicht erlaubt. Häufig sind allerdings keine langen [12] _____ nötig, weil sich die Parteien

rechtzeitig zu einer Einigung kommen.

2 Ein Brief an die Gewerkschaft › KB: D1c

B **P**

Lesen Sie das Schreiben. Finden Sie 6 weitere Fehler und korrigieren Sie sie. Wenn kein Fehler in der Zeile ist, machen Sie ein Häkchen (✓).

Liebe Frau Kantereit,	
mit diesem Schreiben wende ich mich direkt an Ihnen bei	*Sie* 1
der Gewerkschaft, weil es in meiner Firma keinen Betriebsrat gibt und ich die	✓ 2
Information geseht habe, dass Sie für Gewerkschaftsmitglieder eine kostenlose	_____ 3
Beratung im Arbeitsrecht anbieten. Aufgrund gesundheitlichen Probleme kann ich	_____ 4
keine stehende Tätigkeit mehr ausüben, deshalb wurde ich versetzt. Die neue	_____ 5
Stelle liegt 2 Tarifgruppen unter meiner alte Stelle. Aber das ist doch ungerecht,	_____ 6
denn ich nicht mehr so lange stehen kann! (im Anhang eine genaue	_____ 7
Dokumentation meines Falls). Ich möchte gern wissen, ob ich etwas damit	_____ 8
unternehmen kann. Für eine Beratung wäre ich Ihren sehr dankbar.	_____ 9
Mit kollegialen Grüßen – Hajo Köhler	_____ 10

Grammatik im Überblick

1 Passiv mit „werden" (Vorgangspassiv) › G: 1.8

Passivformen betonen einen Vorgang bzw. eine Handlung. Der Akteur bzw. die handelnde Person (= das Agens) eines Vorgangs wird oft nicht genannt, denn er ist entweder bekannt oder ist im Kontext nicht wichtig.
z.B. Die Höhe des Entgelts wird durch die Einordnung in eine Tarifgruppe bestimmt.

Passiv-Form	Bildung		Beispiel
Präsens	werden (Präsens)	+ Partizip Perfekt	Der Fall wird geregelt.
Präsens mit Modalverb	Modalverb (Präsens)	+ Partizip Perfekt + „werden"	Der Fall kann schnell geregelt werden.
Präteritum	werden (Präteritum)	+ Partizip Perfekt	Der Fall wurde geregelt.
Präteritum mit Modalverb	Modalverb (Präteritum)	+ Partizip Perfekt + „werden"	Der Fall konnte schnell geregelt werden.
Perfekt	sein (Präsens)	+ Partizip Perfekt + „worden"	Der Fall ist geregelt worden.
Plusquamperfekt	sein (Präteritum)	+ Partizip Perfekt + „worden"	Der Fall war geregelt worden.
Futur	werden (Präsens)	+ Partizip Perfekt + „werden"	Der Fall wird geregelt werden.
Konjunktiv II	werden (Konjunktiv II)	+ Partizip Perfekt	Der Fall würde geregelt.

2 Passiv mit „sein" (Zustandspassiv) › G: 1.9

Das Passiv mit „sein" zeigt einen Zustand oder das Ergebnis einer Handlung.
z.B. Die neuen Mitarbeiter wurden nach genauer Prüfung tariflich eingruppiert. (Vorgangspassiv)
     Jetzt sind sie richtig eingruppiert. (Zustandspassiv)

3 „es" im Passiv ohne Subjekt › G: 1.11

- In einem Passivsatz kann man anstelle eines Subjekts den Platzhalter „es" verwenden.
- „es" steht in dem Fall immer auf Position 1.
- Das „es" fällt weg, wenn die Position 1 mit einer Angabe oder Ergänzung besetzt ist.
  z.B. Es wurde vor dem Tarifabschluss sehr lang verhandelt.
       → Vor dem Tarifabschluss wurde sehr lang verhandelt.
       Es wurde dabei auch über viele Punkte gestritten.
       → Dabei wurde auch über viele Punkte gestritten.

4 Passiversatzformen › G: 1.10

- Die Passiversatzformen „sich lassen" + Infinitiv und „sein" + „-bar" entsprechen dem Passiv mit dem Modalverb „können".
  z.B. Der Vorschlag des Betriebsrats lässt sich nicht realisieren. /
       Der Vorschlag des Betriebsrats ist nicht realisierbar. = Der Vorschlag des Betriebsrats kann nicht realisiert werden.
- Die Passiversatzform „sein + zu + Infinitiv" kann je nach Kontext entweder Passiv + Modalverb „können" oder Passiv + Modalverb „müssen" bedeuten.
  z.B. Eine gute Kooperation zwischen Arbeitgeber und Betriebsrat ist nicht leicht zu erreichen. = Eine gute Kooperation zwischen Arbeitgeber und Betriebsrat kann nicht leicht erreicht werden.
       Diese Eingruppierung ist noch einmal zu überprüfen! = Diese Eingruppierung muss noch einmal überprüft werden!

A Messezeiten

1 Vom Verb zum Nomen › KB: A1a

Lesen Sie die Informationen über die Messen und Aussteller im Kursbuch 18A, 1a. Einige Nomen sind von Verben abgeleitet. Schreiben Sie sie in die passende Tabellenspalte. Ergänzen Sie ggf. auch Nomen, die sie schon kennen.

	Person / Institution	(Ergebnis der) Handlung	Gegenstand
1. anbieten	der Anbieter, –	das Angebot, –e	
2. ausstellen			
3. ausstatten			
4. einrichten			
5. herstellen			
6. liefern			
7. leuchten			
8. senden			
9. verbrauchen			

2 Sechs wichtige Messeziele › KB: A1b

a Lesen Sie die Fragen 1–11 im Kursbuch 18A, 1b, noch einmal. Welche Ziele haben die Aussteller? Ordnen Sie die Verben zu.

> erfahren | erhöhen | finden | sammeln | testen | vorstellen

1. Wünsche von Abnehmern *erfahren*
2. Handelsvertreter _____
3. Exportchancen _____
4. Marktinformationen _____
5. Prototypen _____
6. Akzeptanz des Produkts _____

b Formulieren Sie mit den Ausdrücken in 2a und den Redemitteln 6 Sätze.

> Unser Messeziel ist es, … | Wir nehmen an der Messe teil, um … | Die Messe bietet uns die Gelegenheit, … | Wir sind hier, um … zu … | Unsere Absicht ist es, …

1. Unser Messeziel ist es, die Wünsche unserer Abnehmer zu erfahren.

3 Letzte Vorbereitungen vor Messebeginn › KB: A2a

B Ⓟ

▶ 4 | 43 – 46 **Hören Sie Gespräche der Standmitarbeiter. Was passt: a, b oder c?**

1. Wovon hat der Aussteller zu wenig erhalten?
   - a. ☐ Tageskarten für die Straßenbahn.
   - b. ☐ Dauerkarten für den Hotelparkplatz.
   - c. ☒ Parkausweise für den Messeparkplatz.
2. Was hat Nicole am Samstag vor?
   - a. ☐ Nicht so früh aufzustehen.
   - b. ☐ Etwas früher von der Messe abzureisen.
   - c. ☐ Den Dienstplan zu ändern.
3. Was sollen die Standmitarbeiter lesen?
   - a. ☐ Die Hinweise zur Kommunikation mit Kunden.
   - b. ☐ Den Gesamtkatalog.
   - c. ☐ Alle Unterlagen zur Messepräsentation.
4. Welches Problem hat der Techniker?
   - a. ☐ Der Zeitplan ist zu eng.
   - b. ☐ Die Leuchten sind beschädigt.
   - c. ☐ Es fehlen technische Voraussetzungen.

4 Die Messeeinladung › KB: A2b

Sie arbeiten im Marketing eines Ausstellers aus Kursbuch 18A, 1a. Schreiben Sie eine Messeeinladung an Ihre Stammkunden. Lesen Sie sie einem Partner oder einer Partnerin vor. Was könnte man verbessern?

Die … ist die führende Ausstellung für … | Vom … bis … erfahren Sie, wie unsere neuesten Entwicklungen dazu beitragen, … | Dieses Jahr freuen wir uns, Ihnen … vorzustellen. | Treffen Sie auf der … Experten aus der … | Informieren Sie sich über … | Entdecken Sie auf der … die neuesten … und nutzen Sie die Gelegenheit, sich … | Lassen Sie sich kompetent über … beraten. | Registrieren Sie sich unter … und laden Sie sich kostenlos … herunter.

Sehr geehrte Damen und Herren,

die „drupa 2020" ist die führende Ausstellung für Druckmaschinen und Produkte zur

Weiterverarbeitung. …

B Halle 7B – Stand 21

1 Gastronomie – Zusammengesetzte Wörter › KB: B1

a Bilden Sie zusammengesetzte Wörter. Vergleichen Sie mit Aufgabe 1 im Kursbuch 18B.

1. groß	Veranstaltung	6. Einmal	Industrie
2. groß	Restaurant	7. Gemeinschaft	Handwerk
3. hoch	Lösung	8. Nahrungsmittel	Verpackung
4. komplett	Küche	9. Konditor	Geschirr
5. schnell	Schule	10. Service	Verpflegung

die Großküche, –n

b Ergänzen Sie die passenden Wörter aus 1a.

Speisen für Studierende oder Bewohner von Altenheimen werden in [1] *Großküchen* zubereitet.

Zusammenfassend wird diese Branche [2] _____ genannt. Fast-Food-Ketten und Imbisse

mit landestypischen Spezialitäten gehören zu den [3] _____. Wer die Gerichte nicht an Ort

und Stelle isst, nimmt sie in [4] _____ mit nach Hause. Auch bei [5] _____,

wie z. B. dem Oktoberfest, gibt es „Essen auf die Hand". Und was wäre dabei praktischer, als

[6] _____ zu benutzen?

2 Thema Umweltschutz › KB: B2c

a Welche Verben passen? Ordnen Sie zu.

1. das Material / Papier / Glasflaschen	A. schonen	1. F
2. die Natur / die Umwelt / Ressourcen	B. zerfallen	2.
3. vollständig / restlos / in seine Bestandteile	C. nachwachsen	3.
4. Müll / Abfall / Altautos	D. zurückgewinnen	4.
5. Bäume / der Wald / die Pflanze	E. entsorgen	5.
6. Rohstoffe / Kunststoffe / Metalle	F. recyceln	6.

b Welches Verb aus 1a passt auch in den Satz? Notieren Sie.

1. Holz ist ein sich selbst erneuernder / *nachwachsender* Rohstoff.

2. Der Industrieabfall wird getrennt, um Rohstoffe zu recyceln /_____.

3. Nach 30 Tagen hat sich /_____ der Becher in seine Bestandteile zersetzt /_____.

4. Die geringe Standmiete nimmt Rücksicht auf /_____ die Finanzen der Aussteller.

5. Papier und bestimmte Kunststoffe lassen sich wiederverwerten /_____.

6. Geschirr aus Zuckerrohr kann in der Biotonne beseitigt /_____ werden.

3 Sprache in mündlichen Textsorten: Präsentation, Rede … › KB: B3b

a Lesen Sie den Einstieg in die Präsentation und vergleichen Sie die markierten Stellen mit dem schriftsprachlichen Text rechts. Lesen Sie auch den Tipp unten.

Der Bratwurst ist es vermutlich egal, auf welchem Teller sie serviert wird. Und – ich kann Sie beruhigen – nach Meinung von Experten bleibt das auch in Zukunft so. Anders dagegen der Endverbraucher: Ob Coffee-To-Go, saftige Burger oder lecker zubereitetes Fingerfood – Hier will der Gast immer häufiger wissen: Wie umweltverträglich ist das Geschirr, das nur zum einmaligen Gebrauch bestimmt ist? Unsere Antwort: die Produktreihe „Green Line".	Für die Bratwurst wird es vermutlich keine Rolle spielen, auf welchem Teller sie serviert wird. Zumindest ist den Experten nichts Gegenteiliges bekannt. Folglich wird sich auch in nächster Zeit nicht viel daran ändern. Dagegen sieht der Endverbraucher die Sache etwas anders: Bei Coffee-To-Go, Burger oder Fingerfood stellt sich für ihn die Frage: Wie umweltverträglich ist das Geschirr, das nur zum einmaligen Gebrauch bestimmt ist? Wir haben eine Antwort darauf gefunden: die Produktreihe „Green Line".

TIPP

b Was sind Beispiele für Stilmittel der mündlichen Sprache? Ergänzen Sie ein Beispiel aus 3a.

1. einfache Sprache: *… ist es vermutlich egal, …*_____

2. Zeitformen: *Präsens: …*_____

3. Konnektoren: _____

4. Zuhörer direkt ansprechen: _____

5. Verkürzte Sätze: _____

Die mündliche Sprache unter‌scheidet sich stark von der g‌schriebenen Sprache: Die Sä‌sind kürzer, der Sprachstil u‌die Mittel der Verbindung si‌einfacher. Außerdem komme‌sprachliche Mittel vor (z. B. v‌kürzte Sätze), die in schriftli‌Form sehr selten sind.

4 Textzusammenhang in Präsentationen und Vorträgen › KB: B3b › G: 4.5

a Lesen Sie Sätze aus Präsentationen. Welches Verbindungswort passt: a oder b?

1. Ich werde Ihnen die Funktionen des neuen Thermomix® vorstellen.
   a. ☐ Da   b. ☒ Danach   lade ich Sie zu einer Produktpräsentation an unseren Stand ein.
2. Die Verarbeitung ist sehr robust.
   a. ☐ Deshalb   b. ☐ Trotzdem   funktioniert das Gerät auch unter hoher Arbeitsbelastung zuverlässig.
3. Ich zeige Ihnen jetzt einige Verbrauchswerte.
   Bitte achten Sie   a. ☐ dabei   b. ☐ dann   besonders auf die Angaben zum Energieverbrauch.
4. Der Getränkebecher ist FSC-zertifiziert.
   a. ☐ Dagegen   b. ☐ Damit   erfüllt er die höchste Anforderung an ein nachhaltiges Produkt.
5. Alle „Green-Line"-Artikel sind biologisch abbaubar.
   a. ☐ Dafür   b. ☐ Dadurch   kann der Verpackungsmüll um viele Tonnen reduziert werden.

b Verbinden Sie die Sätze mit dem Verbindungswort in Klammern.

1. Biokunststoffe sind nachhaltig und sehr vielseitig. Sie sind für verschiedenste Zwecke geeignet. (dadurch)

2. Möchten Sie Ihr Konzept als nachhaltig präsentieren? Unser Sortiment ist eine gute Wahl für Sie. (dann)

3. Servieren Sie Fingerfood in Schalen aus Zuckerrohr. Sie überzeugen auch Ihre kritischen Gäste. (damit)

4. Unser Unternehmen beliefert viele Großküchen. Wir sind in der Gastronomie noch nicht so bekannt. (trotzdem)

5. Wir wollen die Zukunft der Branche gestalten. Wir entwickeln unsere Produkte ständig weiter. (deshalb)

1. Biokunststoffe sind nachhaltig und sehr vielseitig. Dadurch sind sie für verschiedenste Zwecke geeignet.

5 Präsentieren – Redemittel › KB: B4c

a In den Redemitteln zum Präsentieren fehlen Wörter. Ergänzen Sie sie.

1. Eine Präsentation einleiten

vorstellen | Anfang | Problem | überlegt | Neues

a. Heute möchten wir Ihnen … *vorstellen.*

b. An den _____ meiner Präsentation möchte ich eine Beobachtung stellen: …

c. Wir haben uns deshalb etwas _____ einfallen lassen.

d. Haben Sie sich schon einmal _____ , … ?

e. Sie alle kennen sicher das _____ : …

2. Ein Produkt beschreiben

Merkmal | Ansprüche | Vorteil | zeichnet | geeignet

a. Dieses Produkt _____ sich durch … aus.

b. Es ist bestens _____ für …

c. Ein besonderes _____ ist, dass …

d. Ein weiterer _____ besteht darin, dass …

e. … erfüllt alle _____ , die an ein solches Produkt gestellt werden.

3. Die Präsentation beenden

Aufmerksamkeit | Eindruck | empfehle | Fragen | Interesse

a. Ich hoffe, Sie haben einen guten _____ von … bekommen.

b. Wenn Sie sich für … interessieren, _____ ich Ihnen …

c. Ich danke Ihnen für Ihre _____ .

d. Vielen Dank für Ihr _____ .

e. Ihre _____ beantworte ich im Anschluss sehr gerne.

b Beschreiben Sie ein Produkt aus Kursbuch 18B, 4a, schriftlich. Verwenden Sie dazu die Redemittel 2 (ein Produkt beschreiben) aus 5a.

(…): Dieses Produkt ist ….

C Messegespräche

1 Präpositionen in formellen Texten › KB: C1a

Ergänzen Sie die fehlenden Präpositionen.

1. Wir bieten Catering *für* Großveranstaltungen an.

2. Wählen Sie unter einer Vielzahl _____ gastronomischen Konzepten.

3. Bei uns finden Sie ein abwechslungsreiches Angebot _____ Speisen aus aller Welt.

4. Wir legen Wert _____ eine Ressourcen schonende Verarbeitung.

5. _____ Thema „Verpackungen" sind uns nachhaltige Konzepte wichtig.

2 Im Gespräch mit dem Kunden › KB: C2a

a Lesen Sie die Redemittel unten und ordnen Sie dann die Beschreibungen im Schüttelkasten den Abschnitten eines Messegespräches zu.

> Standbesucher ansprechen | im Gespräch nachfragen | schriftliche Informationen anbieten |
> Vorschläge machen | auf den Kunden eingehen | eine Vereinbarung überprüfen |
> für ein Angebot werben | Kunden verabschieden

1. *Standbesucher ansprechen*

   Möchten Sie sich etwas genauer umsehen? / Ich sehe, Sie interessieren sich für … / Sie können mich bei Fragen zu … gerne ansprechen.

2. _____

   Sie sprechen da einen wichtigen Punkt an. / Gut, dass Sie darauf zu sprechen kommen. / Wie Sie richtig festgestellt haben, …

3. _____

   Wären Sie daran interessiert, dass wir …? / Ich hätte da ein Angebot für Sie: … / Was halten Sie davon, wenn wir …?

4. _____

   Für welche Zwecke benötigen Sie …? / Ich hätte gern gewusst, … / Könnten Sie mir bitte noch kurz sagen, …?

5. _____

   Das wäre doch sicher interessant für Sie. Das ist doch sicher auch in Ihrem Interesse. / Von dieser Lösung würden Sie sicher profitieren.

6. _____

   Wenn Sie einverstanden sind, sende ich … zu. / Diese Informationen finden Sie auch noch einmal in …

7. _____

   Ich fasse noch mal kurz zusammen: … / Ich habe mir also Folgendes notiert: … / Ich halte noch mal fest: …

8. _____

   Ich danke Ihnen für Ihr Interesse und wünsche … / Es hat mich gefreut, Sie kennenzulernen. / Ich wünsche Ihnen weitere interessante Begegnungen.

b Ergänzen Sie jeweils ein passendes Redemittel aus 2a in den Verkaufsgesprächen.

1. **V:** *Ich sehe, Sie interessieren sich für unsere Siegelmaschine KLI.*

   K: Das stimmt. Mich interessiert, ob sich das Gerät stark von der älteren Version unterscheidet.

   V: Ja, es erreicht schneller die Temperatur, die es für den Betrieb braucht.

2. **K:** Meine alte Siegelmaschine braucht viel Platz, den ich besser zum Arbeiten verwenden könnte.

   V: _____

   _____

   Genau aus diesem Grund haben wir bei diesem Gerät die Maße noch weiter reduziert.

3. **K:** Wir verkaufen jeden Mittag zirka 250 warme Essen.

   V: _____ ,

   welche Menüschalen Sie dabei verwenden.

   K: Wir benutzen Schalen mit 52 und 95 mm Tiefe.

4. **V:** _____

   Wir würden Ihnen 500 Menüschalen in der gewünschten Größe kostenlos dazugeben.

   K: Das klingt ja gar nicht schlecht. Ich werde über Ihr Angebot nachdenken.

3 Formelle Gespräche – Nomen-Verb-Verbindungen › KB: C3

a Mit welchem Verb bildet das Nomen eine feste Verbindung? Die Sätze rechts geben einen Hinweis auf die Bedeutung. Ergänzen Sie.

nehmen (3x) | geben (2x) | stehen | legen

1. etw. in Anspruch *nehmen* → „Die Präsentation dauert nur 15 Minuten."

2. im Vordergrund _____ → „Für uns ist die Umweltverträglichkeit entscheidend."

3. etw. in Auftrag _____ → „Wir möchten die Lagerung der Becher beauftragen."

4. Platz _____ → „Bitte setzen Sie sich."

5. Wert _____ auf + A → „Wir finden Kundenzufriedenheit wichtig."

6. etw. in Betrieb _____ → „Wann wird die neue Druckmaschine eingesetzt?"

7. eine Vorstellung _____ (da)von → „Können Sie mir ungefähr sagen, was das kostet?"

b Formulieren Sie die markierten Stellen in 3a mit den Nomen-Verb-Verbindungen um.

1. Die Präsentation nimmt nur 15 Minuten in Anspruch. _____

4 Das Perfekt von Modalverben und „lassen" › KB: C4 › G: 1.2

Herr Wenge ruft von der Messe einen Mitarbeiter in seiner Firma an. Formulieren Sie die Sätze aus dem Telefonat im Perfekt.

1. auf Messestand – viel los – sein / ich – Sie – leider – deshalb – warten – lassen.

   ▶ *Auf dem Messestand ist viel los gewesen. Ich habe Sie leider deshalb warten lassen.*

2. Wie viele – bedrucken – Becher – wir – im letzten Jahr – lassen – eigentlich?

   ▶ _____

3. Sie – mit – Verträge – Lieferant – abschließen – über – Einweggeschirr – können?

   ▶ _____

4. Ich – viele Gespräche – müssen – führen / bis – ich – richtig – Partner – für uns – finden.

   ▶ _____

D Der Druckauftrag

T Ⓟ **1 Muffins, Cupcakes und Co.** › KB: D1c

a Sie arbeiten bei der DEVEPA GmbH und sollen eine Anfrage der Firma „McBaker" beantworten. Lesen Sie die Anfrage genau.

McBaker GmbH
Linzer Str. 56
89077 Ulm

DEVEPA GmbH
Grasholz 128
24340 Eckernförde

Anfrage wegen Serviceverpackungen

Sehr geehrte Damen und Herren,

wir sind durch Ihre Anzeige in der „Bäckerzeitschrift" auf Sie aufmerksam geworden.
Bitte informieren Sie uns über Ihr Angebot an Verpackungsboxen und Backpapierformen.
Wir sind sehr an nachhaltigen Papierprodukten interessiert.

Nennen Sie uns bitte die verfügbaren Größen und Preise.

Mit freundlichen Grüßen
Ute Klinger

Notizen:
- *Kuchenboxen in Größen L und M*
- *aus recycelten Rohstoffen*
- *Backpapierformen: frei von Plastik, biologisch abbaubar*
- *Preisliste*
- *Mengenrabatt: 10 % bei Abnahme von 20.000 Stück*

b Schreiben Sie eine E-Mail, in der Sie alle Informationen von dem Notizzettel berücksichtigen. Bearbeiten Sie in Ihrem Schreiben alle sechs Punkte:

1. Geben Sie allgemeine Informationen: Firma …
2. Empfehlen Sie Kuchenboxen (30x30x10cm oder 22,8x22,8x10cm).
3. Weisen Sie auf Umwelteigenschaften hin.
4. Erwähnen Sie Zahlungs- und Lieferbedingungen.
5. Bieten Sie einen Mengenrabatt an.
6. Zusendung Produktmuster erwünscht?

Sehr geehrte Damen und Herren,

wir danken Ihnen für Ihr Interesse an unseren Produkten. …

c Tauschen Sie Ihre E-Mail mit einem Partner / einer Partnerin. Sind alle Punkte behandelt?

2 Allgemeine Geschäftsbedingungen › KB: D2a

Ergänzen Sie die Sätze aus der AGB mit den Wörtern aus dem Schüttelkasten.

gültig | Lieferung | Abzug | freibleibend | zahlbar | zuzüglich

1. Unser Angebot ist *gültig* _____ bis 15.10.2018.

2. Der Rechnungsbetrag ist _____ gleich nach Rechnungserhalt.

3. Alle Preise verstehen sich _____ gesetzlicher Mehrwertsteuer.

4. Der Preis ist _____.

5. _____ der Ware nur gegen Vorkasse.

6. Der Kaufpreis ist ohne _____ fällig.

Grammatik im Überblick

1 Textzusammenhang in mündlichen und schriftlichen Texten › G: 4.1, 4.2, 4.5

Damit der Zuhörer oder Leser einem mündlichen bzw. schriftlichen Text besser folgen kann, verwendet man verschiedene Wörter, die den Zusammenhang deutlich machen. Man kann sie in Gruppen einteilen:

Pronomen
- **Personalpronomen:** er / sie / es / …
  - z. B. Der Bratwurst ist es vermutlich egal, auf welchem Teller sie serviert wird. Der Marktanteil von Biokunststoffen wird weiter wachsen. Gegenüber heute wird er in drei Jahren weltweit viermal so groß sein.
- **Demonstrativpronomen:** der / das / die / …; dieser / dies / …
  - z. B. Nach Meinung von Experten bleibt das auch in Zukunft so.
    Biokunststoffe werden immer wichtiger. Dies ist eine große Herausforderung.
- **Relativpronomen:** der / das / die / …
  - z. B. Biokunststoffe gehören zu den ersten Kunststoffen, die entwickelt wurden.
    Viele wollen wissen: Wie umweltverträglich ist das Geschirr, das nur zum einmaligen Gebrauch bestimmt ist?

Artikel
- **Possessivartikel:** mein / dein / sein / ihr / …
  - z. B. Der Kunde will immer häufiger wissen, wie umweltverträglich das Einweggeschirr ist. Unsere Antwort ist die Produktreihe „Green Line".
    Biokunststoffe gibt es schon sehr lange. Aber ihr Marktanteil blieb lange sehr gering.
- **Demonstrativartikel:** der / das / die / … / dieser / dies / …
  - z. B. Zeigen Sie mir bitte noch mal den Becher aus Zuckerrohr. Denn der Becher hier sagt mir sehr zu.
    Der Anteil an Biokunststoffen blieb lange sehr gering. Noch vor zehn Jahren lag dieser Anteil nur bei 0,1%.

Adverbien und Konnektoren
- **Adverbien für Ort und Zeit:** hier / da / dort / …
  - z. B. Könnten Sie mir bitte noch etwas über Ihre Einwegbecher sagen? Besonders interessiert mich der Becher hier aus Zuckerrohr.
    Könnten Sie bitte noch mal auf den Punkt „Rabatte" zurückkommen. Da habe ich noch eine Frage.
    DEVEPA stellt auf der drupa aus. Dort präsentiert sie ihr recycelbares Einweggeschirr.
- **Verbindungsadverbien (= Hauptsatzkonnektoren):** dagegen / seitdem / stattdessen / trotzdem / …,
  - z. B. Viele Caterer arbeiten nur mit Plastikgeschirr, wir dagegen bieten alle Produkte nur noch in recycelbarem Einweggeschirr an.
    Noch vor 10 Jahren lag der Anteil von Biokunststoffen weltweit nur bei 0,1 Prozent. Seitdem sind jährlich große Steigerungen zu beobachten.
- **Präpositionaladverbien:** dafür / darin / darüber / …
  - z. B. Viele finden Einweggeschirr aus Biokunstoffen nicht notwendig. Dafür haben wir kein Verständnis. / Biokunststoffe sollten immer mehr Bedeutung erhalten. Darin sieht DEVEPA eine große Herausforderung.
- **Konjunktionen:** und / aber / denn / …
  - z. B. Einige Hersteller produzieren noch kein Einweggeschirr aus Biokunststoffen. Aber DEVEPA will neue Wege gehen.
    Einweggeschirr aus Biokunstoffen wird immer wichtiger. Denn viele Kunden wollen nicht mehr so viel Müll produzieren.
- **Nebensatzkonnektoren:** dass / damit / wenn / …
  - z. B. Marktforscher haben berechnet, dass der Marktanteil von Biokunststoffen weiter wachsen wird.
    Damit die Menge an Müll sinkt, verwenden Caterer zunehmend recycelbares Einweggeschirr.

2 Das Perfekt von Modalverben und „lassen" › G: 1.2

Das Perfekt von Modalverben und ähnlichen Verben, z. B. „lassen", bildet man mit der konjugierten Form von „haben" und zwei Infinitiven, die am Ende des Satzes stehen: dem Infinitiv vom Vollverb und dem Infinitiv vom Modalverb bzw. „lassen".
- z. B. Ich habe Sie noch etwas fragen wollen. Gerade erst ist es mir wieder eingefallen.
  Wie viele Becher haben wir eigentlich im letzten Jahr bedrucken lassen?

A Globale Transportwege

1 Gütertransport zu Land, zu Wasser und in der Luft › KB: A1c

TIPP

„per" + Nomen ohne Artikel, z.B. per Schiff, per LKW etc.

Auf welchen Lieferwegen und mit welchen Transportmitteln werden Güter transportiert? Verbinden Sie die passenden Begriffe mit einer Linie und schreiben Sie dann Sätze.

Güter werden transportiert:

1. auf dem Landweg	auf Schiffen	über das Meer
2. auf der Wasserstraße	in Güterzügen	auf der Straße
3. auf dem Luftweg	per LKW	auf der Schiene
4. auf dem Seeweg	mit Flugzeugen	über Flüsse und Kanäle
5. auf dem Landweg	mit Binnenschiffen	–

1. _Sie werden auf dem Landweg per LKW auf der Straße transportiert._

2. _____

3. _____

4. _____

5. _____

2 Die Maschine wird von Deutschland nach Namibia transportiert › KB: A1d

Was ist der beste Lieferweg? Ordnen Sie die Transportschritte.

_1_ Die Pumpe wird vom Verkäufer für den Transport verpackt und bereitgestellt.

__ Mit dem LKW wird die Anhängerpumpe dann zum Zielort in Namibia gebracht.

__ Die Pumpe wird vom Spediteur abgeholt und in einen Container geladen.

__ Der Vertrieb der Produzentenfirma macht die Frachtpapiere – auch Ausfuhrzollpapiere – bereit und legt sie der verpackten und für den Transport bereitgestellten Pumpe bei.

__ Die Pumpe wird mit dem Kran abgeladen und zum Zoll gebracht.

__ Die Pumpe wird auf dem Seeweg an den Zielhafen Walvis Bay in Namibia gebracht.

__ Der Container mit der Pumpe wird mit einem Kran auf ein Schiff verladen.

__ Die Pumpe wird zur Einfuhr ins Land verzollt.

__ Die Pumpe wird ausgeladen und an den Kunden ausgeliefert.

__ Die Pumpe wird im Container von der Speditionsfirma in einem Schwerlaster auf dem Straßenweg zum Hafen Rotterdam gebracht.

__ Die Pumpe wird auf einen LKW umgeladen.

3 „Verlust" kommt von „verlieren" › KB: A2

Wie heißen der Artikel und Plural des Nomens, wie heißt das Verb?

1. _der_ Im-/ Export: _im-/exportieren_

2. _____ Ein-/Ausfuhr: _____

3. _____ Übergang: _____

4. _____ Beschädigung: _____

5. _____ Transport: _____

6. _____ Übergabe: _____

4 Vertragsdeutsch › KB: A2

Ordnen Sie die korrekten Definitionen zu.

[Zoll | Lieferbedingungen | Gefahrenübergang | Abnahmeverpflichtung

A *Zoll*	B	C	D
anfallende Einfuhr- oder Ausfuhrabgabe bei grenzüberschreitendem Warentransport.	Ein Käufer ist dazu verpflichtet, eine Ware, die er bestellt hat, innerhalb einer Frist entgegenzunehmen und zu bezahlen.	Käufer und Verkäufer treffen in einem Vertrag Vereinbarungen, wie der Vertrag abgewickelt wird, also z.B. über Verpackung, Liefertermin, Frachtkosten.	bezeichnet den Moment, in dem das Risiko des Verlusts oder der Beschädigung einer Ware auf dem Transport von einem Vertragspartner auf den anderen übergeht.

5 Internationale Handelsklauseln Incoterms®: Pflichten von Käufer und Verkäufer › KB: A2

a Suchen Sie die Informationen im Artikel im Kursbuch 19A, 2, und notieren Sie Stichpunkte.

Handelsklauseln	PFLICHTEN	
	Verkäufer / Lieferant	Käufer
1. EXW	– *stellt Ware am Werktor zur Abholung bereit*	– *bezahlt Kosten des Transports* – *trägt Risiken des Transports*
2. FCA		
3. FOB		
4. CIF		
5. DAP		
6. DDP		

b Zwei Klauseln aus der Liste in 5a sind nur für den See- und Wasserweg. Welche? Markieren Sie sie in der Tabelle oben.

c Es gibt insgesamt 11 Incoterms®. Recherchieren Sie im Internet, welche Versandarten für den Verkäufer und welche für den Käufer am günstigsten sind.

6 Lieferbedingungen › KB: A2

Lesen Sie den Infotext und ergänzen Sie die Verben aus dem Schüttelkasten in der passenden Form.

[abschließen | bezahlen | definieren | erlassen | erledigen | regeln | tragen | verzollen

Käufer und Verkäufer müssen vertraglich [1] *regeln* , wer welche Pflichten hat. Die Incoterms®

[2] _____ die Lieferbedingungen. Je nach Vertragsbedingungen [3] _____ der Verkäufer oder

der Käufer die Kosten für den Transport. Die Internationale Handelskammer hat international einheitliche

Handelsklauseln [4] _____ . Der grenzüberschreitende Handel ist damit einfacher geworden. Je nach Vertrag

muss der Verkäufer oder der Käufer einen Versicherungsvertrag [5] _____ und die Zollformalitäten

[6] _____ die Ware [7] _____ und den Einfuhrzoll [8] _____ .

B Der Exportauftrag

1 Aus der Vertragssprache von Spediteuren › KB: B1

Welches Verb passt? Kreuzen Sie an. Einmal passen zwei.

	in Auftrag geben	entstehen	tragen	sich einigen auf	vorschlagen
1. Schaden	☐	☒	☐	☐	☐
2. Risiko	☐	☐	☐	☐	☐
3. Zollpapiere	☐	☐	☐	☐	☐
4. Vertrag	☐	☐	☐	☐	☐
5. Lieferbedingungen	☐	☐	☐	☐	☐

2 Wer trägt die Risiken, die Kosten und die Versicherung? › KB: B1

Lesen Sie den Artikel im Kursbuch 19A, 2, noch einmal und zeichnen Sie wie im Beispiel.

A. Wer trägt das Risiko? Verkäufer ———— Käufer – – – – – –

B. Wer trägt die Kosten? Verkäufer ———— Käufer – – – – – –

C. Wer zahlt die Versicherung? Verkäufer ———— Käufer – – – – – –

	Verkäufer	Frachtführer	Grenze	Hafen	Schiff	Hafen	Grenze	Benannter Ort	Käufer
1. EXW									
2. FCA									
3. FOB									
4. CIF									
5. DAP									
6. DDP									

3 Bedingungssätze mit und ohne Konnektor › KB: B4b › G: 4.2, 4.4

a **Verbinden Sie die Sätze mit den Konnektoren „wenn", „falls" und „sofern".**

1. Es gibt am Zoll Probleme. Die Ware trifft nicht pünktlich am Bestimmungsort ein.
2. Die Ware trifft immer pünktlich am Lieferort ein. Es gibt beim Transport keine Probleme.
3. Die Vertragspartner müssen schnell reagieren. Bei der Einfuhrabwicklung gibt es Schwierigkeiten.
4. Der LKW in Namibia hat auf dem Transportweg ein Problem. Man kann von Deutschland aus nicht schnell reagieren.
5. Der Transport der Pumpe hat perfekt funktioniert. Der Käufer und der Verkäufer werden weiter zusammenarbeiten.

1. Wenn es am Zoll Probleme gibt, trifft die Ware nicht pünktlich am Bestimmungsort ein.

b Formulieren Sie die Sätze in 3a jetzt in Bedingungssätze mit „sollte".

1. Sollte es am Zoll Probleme geben, trifft die Ware nicht pünktlich am Bestimmungsort ein.

4 Der Nebensatzkonnektor „sobald" › KB: B4b › G: 4.2, 4.4

TIPP

Der Konnektor „sobald"
bedeutet „sofort wenn".

Lesen Sie den Tipp und formulieren Sie Sätze mit „sobald".

1. Kaufvertrag abgeschlossen werden – Käufer und Verkäufer die Liefer- und Abnahme-bedingungen aushandeln müssen
2. Vertrag von Firma Klein und Herrn Mollner unterschrieben worden sein – er in Kraft treten
3. auf Transportweg Schaden an Ware oder Verlust der Ware eintreten – Vertragsbedingungen regeln, wer Kosten dafür tragen müssen
4. Pumpe am Bestimmungsort in Namibia eintreffen – Arbeiten im Bergwerk weitergehen
5. Techniker (Pl.) da sein – Arbeiten mit der Pumpe beginnen können

1. Sobald ein Kaufvertrag abgeschlossen wird, müssen Käufer und Verkäufer die Liefer- und Abnahmebedingungen aushandeln. / Käufer und Verkäufer müssen die Liefer- und Abnahmebedingungen aushandeln, sobald der Kaufvertrag geschlossen wird.

5 Der Hauptsatzkonnektor „andernfalls" › KB: B4b › G: 4.1, 4.4

a Lesen Sie die Sätze und markieren Sie die Position von „andernfalls". Ergänzen Sie die Regeln.

1. Liefern Sie bis zum 20.08., andernfalls treten wir vom Vertrag zurück.
2. Der Verkäufer muss bei der Aushandlung der Lieferbedingungen fair sein, der Käufer wird andernfalls nicht mehr bei ihm bestellen.
3. Der Verkäufer braucht die Maße der Pumpe, andernfalls kann er keine passende Verpackung auswählen.

G

1. Sätze mit „andernfalls" nennen die Folge davon, wenn die Bedingung, die im Satz davor genannt wird, nicht erfüllt wird. Wenn das nicht geschehen ist, werden wir (als Folge davon) dieses tun.
   „Andernfalls" verbindet einen Hauptsatz mit einem   a. ☐ Hauptsatz   b. ☐ Nebensatz.
2. „Andernfalls" steht entweder auf Position _____ oder in der _____.

b Verbinden Sie die Sätze mit „andernfalls" wie in der Regel oben in beiden Varianten und markieren Sie wie im Beispiel.

1. Die Maße der Anhängerbetonpumpe müssen bekannt sein. Die Spedition hat ein Problem bei der Bestellung des richtigen Containers.
2. Der Verkäufer muss ein gutes Angebot machen. Der Kunde bestellt bei einer anderen Firma.
3. Der Vertrieb muss günstige Lieferkonditionen aushandeln. Die Firma macht kein gutes Geschäft.
4. Die Pumpe muss schnell in Namibia sein. Es gibt sonst Verzögerungen beim Bergbau.

1. Die Maße der Anhängerbetonpumpe müssen bekannt sein, andernfalls hat die Spedition ein Problem bei der Bestellung des richtigen Containers. / Die Maße der Anhängerbetonpumpe müssen bekannt sein. Die Spedition hat andernfalls ein Problem bei der Bestellung des richtigen Containers.

6 Notizen und Nachrichten › KB: B5

B Ⓟ **Lesen Sie die Beiträge. Was passt: a, b oder c? Kreuzen Sie an.**

1 **Angebot**
Transportkosten-Kalkulationsblatt

Angebot für Firma:	Humpel GmbH		
Anfrage von Herrn / Frau:	Matthias Lerch		
Lieferkonditionen:	EXW ☒	CIF ☐	
	FCA ☐	DAP ☐	
	FOB ☐	DDP ☐	
Transportart:	LKW / Schiene		
Bestimmungsort:	Firma Humpel GmbH		
Hafen:			
Stück:	1		
Maschinentyp:	Betonpumpe HMY490T		
Teile / Zubehör:	Fernsteuerung	☒	
Verpackungsart:			
Verpackung / Konservierung	☒ ja	☐ nein	
Container: 40 Fuß			

3

DAP – Delivered At Place (Geliefert benannter Ort):
Die Ware wird vom dem Verkäufer an einen Ort geliefert, den der Käufer vorher genau festgelegt hat, den Bestimmungsort. Der Verkäufer stellt sie dort entladebereit für den Käufer zur Verfügung.
Alle Kosten und Risiken des Transports muss bis dahin der Verkäufer übernehmen.
Aber der Käufer muss die Zollformalitäten für die Einfuhr erledigen und den Einfuhrzoll zahlen.

2

Sehr geehrter Herr Lerch,

ich kann Ihnen folgendes Angebot machen:
Wir können die Ware ab Hamburg oder ab Rotterdam verschicken. Am 16.8.2017 kann das Schiff in Rotterdam starten. Der Seeweg dauert dann zirka 5 Wochen. In Hamburg ist die Überfahrt schon am 11.08.2017 möglich. Die Transportkosten von beiden Häfen sind in etwa gleich. Welcher Termin ist Sie günstiger? Geben Sie uns bald Bescheid!

Mit freundlichen Grüßen
Sebastian Meyer, TransportLogistik Meyer GmbH

4

Die fünf größten Frachtflughäfen der Welt

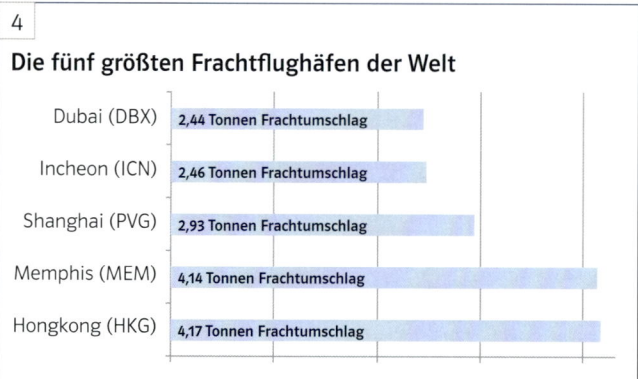

Dubai (DBX)	2,44 Tonnen Frachtumschlag
Incheon (ICN)	2,46 Tonnen Frachtumschlag
Shanghai (PVG)	2,93 Tonnen Frachtumschlag
Memphis (MEM)	4,14 Tonnen Frachtumschlag
Hongkong (HKG)	4,17 Tonnen Frachtumschlag

1. Die Ware wird
   a. ☐ verpackt auf dem LKW zur Firma Humpel GmbH transportiert.
   b. ☒ auf dem Landweg verschickt und wurde mit Zubehör bestellt.
   c. ☐ ohne Zubehör bestellt. Transport: Zug und LKW.

2. Herr Meyer möchte wissen,
   a. ☐ wie hoch die Transportkosten sind.
   b. ☐ wann genau die Ware am Bestimmungsort ankommt.
   c. ☐ von welchem Hafen die Ware nach Namibia gehen soll.

3. Der Verkäufer
   a. ☐ trägt alle Risiken und Transportkosten bis zum Bestimmungsort.
   b. ☐ trägt alle Risiken und Kosten des Transports, inklusive Zoll.
   c. ☐ teilt die Risiken und Kosten mit dem Käufer.

4. Der Frachtflughafen von
   a. ☐ Dubai schlägt mehr Waren um als der Frachtflughafen von Hongkong.
   b. ☐ Shanghai schlägt 0,49 Tonnen mehr Waren um als der Frachthafen von Dubai.
   c. ☐ Memphis schlägt nur 0,13 Tonnen weniger Waren als der Frachtflughafen von Hongkong um.

7 Um Informationen bitten und seine Meinung dazu äußern › KB: B5

B Ⓟ **Arbeiten Sie zu zweit. Sie möchten eine Anhängerbetonpumpe von Stuttgart nach Hongkong verschicken. Informieren Sie sich bei Ihrem Partner / Ihrer Partnerin über folgenden Sachverhalt. Tauschen Sie dann die Rollen.**
   1. Welche Verpackung ist die beste? Welcher Transportweg ist der beste? Welche Lieferbedingungen möchten Sie dem Käufer anbieten, weil sie günstig für Ihre Firma sind?
   2. Begründen Sie, warum sie welche Lösung gewählt haben.

C Geliefert, aber …

1 Eine mangelhafte Lieferung › KB: C2b › G: 6.1, 6.2

a Markieren Sie die passende Präposition oder den passenden Konnektor.

1. <mark>Gemäß</mark> / Binnen unserem Vertrag müssen Sie die Verpackung der Ware übernehmen.
2. Gemäß / Binnen einer Woche erwarten wir die Behebung des Fehlers.
3. Gemäß / Binnen der nachträglich getroffenen Vereinbarung zwischen den Vertragspartnern zahlt der Käufer die Entsorgung der Verpackung.
4. Wir werden Ihnen als Kunden erhalten bleiben, andernfalls / sofern Sie Ihre Falschlieferung zügig korrigieren und die korrekte Ware liefern.
5. Korrigieren Sie Ihre Falschlieferung zügig andernfalls / sofern werden wir uns in Zukunft einen anderen Lieferanten suchen.
6. Den Lieferkonditionen entsprechend / andernfalls übernehmen Sie die Risiken des Transports.
7. Entsprechend / Innerhalb einer mündlichen Vereinbarung der beiden Vertragspartner vom 12.12.2017 zum Vertrag zahlt der Käufer die Versicherungskosten.
8. Entsprechend / Innerhalb einer Woche erwarten wir dringend die Nachsendung.

b Lesen Sie den Tipp und notieren Sie die passenden Sätze.

1. Gemäß Vertrag müssen Sie die Verpackung der Ware übernehmen.

2 Wir müssen das Problem unbedingt bald lösen › KB: C3

Markieren Sie die Sätze in der Mail, wo ein „unbedingt" passt und formulieren Sie die Sätze dann mit „unbedingt" um.

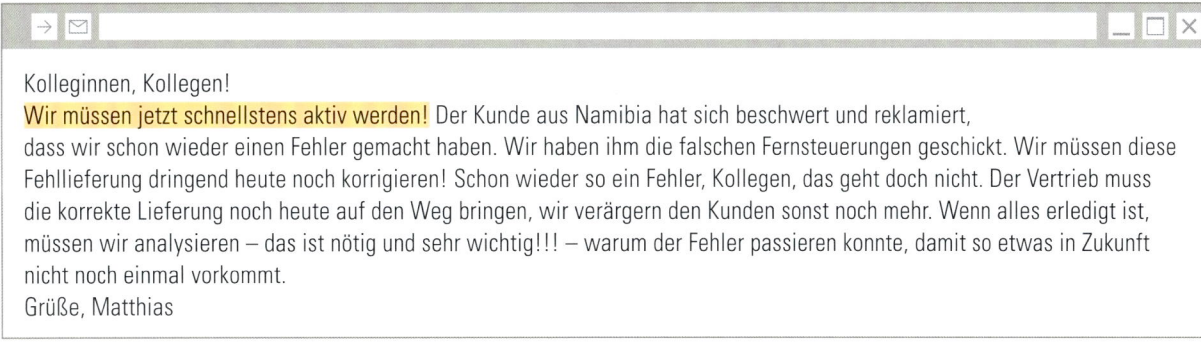

Kolleginnen, Kollegen!
<mark>Wir müssen jetzt schnellstens aktiv werden!</mark> Der Kunde aus Namibia hat sich beschwert und reklamiert, dass wir schon wieder einen Fehler gemacht haben. Wir haben ihm die falschen Fernsteuerungen geschickt. Wir müssen diese Fehllieferung dringend heute noch korrigieren! Schon wieder so ein Fehler, Kollegen, das geht doch nicht. Der Vertrieb muss die korrekte Lieferung noch heute auf den Weg bringen, wir verärgern den Kunden sonst noch mehr. Wenn alles erledigt ist, müssen wir analysieren – das ist nötig und sehr wichtig!!! – warum der Fehler passieren konnte, damit so etwas in Zukunft nicht noch einmal vorkommt.
Grüße, Matthias

Wir müssen jetzt unbedingt aktiv werden!

3 Eine Beschwerde: Bis heute Abend haben wir alles geklärt! › KB: C4 › G: 1.1

a Ergänzen Sie die Sätze im futurischen Perfekt.

Die Chefin sagt: Ich rechne damit, dass …
1. ihr – den Fehler finden – morgen Nachmittag
2. wir – dem Kunden – antworten – bis 18:00 Uhr
3. Tatjana und Sven – bis morgen – mit dem Kunden – alles klären
4. der Vertrieb – das Problem – morgen – aus der Welt schaffen
5. der Versand – die Nachlieferung – morgen Abend – verschicken
6. die Sendung – spätestens übermorgen – beim Kunden – eingehen

1. … ihr den Fehler bis morgen Nachmittag gefunden habt.

b Was müssen die Mitarbeiter bis spätestens morgen gemacht haben? Schreiben Sie die Sätze aus 3a wie im Beispiel.

1. Die Mitarbeiter müssen bis morgen Nachmittag den Fehler gefunden haben.

D Beschwichtigung

1 Beschwerdemanagement: Redemittel › KB: D1

a Ordnen Sie die Redemittel den Kategorien zu. Mehrere Redemittel können zweimal passen.

> Wären Sie mit dieser Lösung / Entschädigung einverstanden? | Ich verstehe Ihr Problem. | Das tut uns leid. | Durch den Stau / den Streik / die Wetterlage konnte die Ware nicht pünktlich ausgeliefert werden. | Wir bieten Ihnen als Entschädigung beim nächsten Auftrag an: … | Wir bedauern das. | Wir können uns nur entschuldigen. | Da ist bei … / im … ein Fehler passiert | Sie sind zu Recht verärgert. | Die Schuld für … liegt bei uns. | Wir werden (gemeinsam) eine Lösung finden. | Da wurde bei der Verpackung nicht gut gearbeitet. | Morgen hat sich sicher alles geklärt. | Da ist uns ein Fehler unterlaufen: … | Ich kümmere mich noch heute darum. | Das wird nicht wieder vorkommen. | Wäre das eine Lösung für Sie? | Ich verstehe, dass Sie aufgebracht sind. | Ich werde persönlich dafür sorgen, dass Ihnen der Ersatz mit allergrößter Eile zugestellt wird.

1. sich entschuldigen: *Das tut uns leid.; …* _____

2. Verständnis äußern: _____

3. beschwichtigen: _____

4. Fehler benennen: _____

5. Lösungsvorschlag machen: _____

B P b In der Aufgabe 7 im Übungsbuch 19B haben Sie Informationen für die Lieferung einer Anhängerbetonpumpe eingeholt. Diskutieren Sie jetzt mit Ihrem Partner / Ihrer Partnerin über folgendes Thema.

Was macht eine gute Reaktion auf die Beschwerde oder Reklamation eines Kunden aus?

2 Die Klein GmbH aus Bayern produziert für den Weltmarkt › KB: D2

a Lesen Sie den Artikel im Kursbuch 19D, 2. Was ist richtig (r), was ist falsch (f)?

	r	f
1. Die Betonpumpen werden oft auf Baustellen in Ländern mit schwierigen klimatischen und geographischen Bedingungen verwendet.	☒	☐
2. Verwendung finden die Betonpumpen nur dort, wo sie unproblematisch gewartet werden können.	☐	☐
3. Neben Beton- und Kolbenpumpen stellt die Firma Klein auch Solarzellen her.	☐	☐
4. Die Qualität der Maschinen ist den gut ausgebildeten Mitarbeitern und den strengen technischen Regeln von der Firma Klein zu verdanken.	☐	☐
5. Auch nach Ablauf der Garantiezeit können Käufer mit Hilfe von der Firma Klein rechnen, wenn es Probleme mit der Maschine gibt.	☐	☐

b Nomen Verb-Verb-Verbindungen. Was passt: a, b oder c? Kreuzen Sie an.

		a.		b.		c.	
1.	Die Klein GmbH	☐ legt		☒ garantiert		☐ arbeitet	Qualität.
2.	Maschinen	☐ arbeiten		☐ halten		☐ kommen	zum Einsatz.
3.	Firma Klein	☐ berät		☐ hält		☐ baut	Kontakt mit dem Kunden.
4.	Die Abteilung	☐ nimmt		☐ pflegt		☐ arbeitet	die Pumpe in Betrieb.
5.	Die Garantie	☐ nimmt		☐ geht		☐ läuft	ab.

Grammatik im Überblick

1 Konditionalsätze (= Bedingungssätze) › G: 4.1, 4.2, 4.4

- Konditionalsätze (=Bedingungssätze) können mit „wenn", „falls" oder „sofern" eingeleitet werden.
  - z. B. Wenn die Lieferung nicht bis in 10 Tagen eintrifft, treten wir vom Vertrag zurück.
    Falls wir durch Ihre Schuld in Lieferverzug geraten, verlangen wir Schadensersatz.
    Sofern Sie den Vertrag nicht erfüllen können, teilen Sie uns dies bitte mit.
- Gibt es im Konditionalsatz keinen Konnektor, steht das Verb auf Position 1 und es folgt ein Hauptsatz.
  - z. B. Können Sie den Vertrag nicht erfüllen, teilen Sie uns dies bitte mit.
- Konditionalsätze mit „sollte" auf Position 1. Sie stehen meist vor dem Hauptsatz.
  - z. B. Sollten Sie die Maschine nicht innerhalb von 10 Tagen repariert haben, verlangen wir eine Ersatzlieferung.
- „Sollen" im Bedingungssatz steht auf Position 1. Der Bedingungssatz mit „sollte…" kann auch nach dem Hauptsatz stehen, z. B. Wir werden den Rechtsweg gehen, sollten Sie nicht für Ersatz sorgen.

Konditionale Hauptsätze mit „andernfalls"

- Ein Hauptsatz mit dem Verbindungsadverb „andernfalls" bezieht sich auf einen Hauptsatz davor, in dem eine Bedingung ausgedrückt wird. Im zweiten Hauptsatz mit „andernfalls" steht dann, was die Folge ist, wenn die Bedingung im ersten Hauptsatz nicht erfüllt wird: Wenn das nicht geschehen ist, werden wir (als Folge davon) dieses tun.
  - z. B. Wir bitten Sie dringend, uns die passenden Kabelfernsteuerungen innerhalb von 5 Tagen zuzusenden. Andernfalls behalten wir uns vor, Schadensersatz zu fordern. / Wir bitten Sie dringend, uns die passenden Kabelfernsteuerungen innerhalb von 5 Tagen zuzusenden. Wir behalten uns andernfalls vor, Schadensersatz zu fordern.

2 Temporale Nebensätze mit „sobald" › G: 4.2, 4.4

- Nebensätze mit „sobald" haben die gleiche temporale Bedeutung wie „sofort wenn".
  - z. B. Sobald die Pumpe repariert ist, können die Arbeiten im Bergwerk weitergehen.
    Die Arbeiten im Bergwerk können weitergehen, sobald die Pumpe repariert ist.

3 Futurisches Perfekt › G: 1.1

Das Perfekt kann für ein Geschehen oder eine abgeschlossene Handlung in der Zukunft stehen, wenn der Bezug durch Kontext oder Temporalangaben wie „morgen", „nächste Woche", „bald" usw. deutlich ist,
z. B. Die Verantwortlichen müssen das Problem bis nächste Woche gelöst haben. / Herr Mollner erwartet, dass der Vertrieb die Nachlieferung bis zum Abend verschickt hat.

4 Die Präpositionen „binnen", „innerhalb", „gemäß", „entsprechend", „laut" › G: 6.1, 6.2

Präposition	Bedeutung	Beispielsatz:
binnen + D / G (in formaler Sprache mit G)	in einem Zeitraum von, innerhalb	Binnen einem Monat muss die Lieferung erfolgen. Bitte rufen Sie uns binnen einem Tag zurück. Binnen eines Tages erwarten wir Ihren Rückruf!
innerhalb + D / G (bei Zahlen steht „innerhalb" mit „von")	in einem Zeitraum von, binnen	Bitte reparieren Sie das Gerät innerhalb eines Monats. Wir haben dem Kunden innerhalb von zwei Stunden helfen können.
gemäß + D	laut, entsprechend	Gemäß unserem Vertrag müssen Sie Kabelfernsteuerungen liefern.
entsprechend + D (kann auch hinter dem Wort stehen, auf das es sich bezieht.)	laut, gemäß	Entsprechend unserem Vertrag installieren Sie die Maschine. Unserem Vertrag entsprechend installieren Sie die Maschine.
laut + D / G (in formaler Sprache oft mit dem G)	dem Wortlaut nach	Laut unserer Absprache transportieren Sie die Ware FOB. Laut dem Vertrag / Laut Vertrag sind wir für die Wartung zuständig. Laut Ihres Schreibens hat die Zulieferfirma den Schaden verursacht.

A Zum Vorstellungsgespräch eingeladen

1 Wortschatz aus Stellenanzeigen › KB: A1b

a Lesen Sie die Aufgabenbeschreibung in der Stellenanzeige im Kursbuch 20A, 1a, noch einmal und formulieren Sie sie um wie im Beispiel.

1. Monats-, Quartals-, und Jahresabschlüsse *erstellen* _____

TIPP

2. die Umsatz-, Budgetplanung _____

Machen Sie sich mit dem Vokabular der Anzeige vertra… So können Sie bereits sprach… Ihr Vorstellungsgespräch gut vorbereiten.

3. Umsatz- und Kostenentwicklung _____

4. Optimierungsmaßnahmen _____

5. interne Prozesse _____

6. vorhandene Controllinginstrumente _____

b Ihr Profil. Formulieren Sie zu jedem Stichpunkt zwei Sätze mit den Angaben in Klammern.

1. erfolgreich abgeschlossenes Studium der Betriebswirtschaft (abschließen / absolvieren)
2. mehrjährige Berufserfahrung (mitbringen / haben)
3. sicherer Umgang mit dem ERP-System (umgehen / sicher sein in)
4. sehr gute Englischkenntnisse (besitzen / verfügen über)
5. ein Teamplayer (sein / sich sehen als)

1. Ich habe mein Studium der Betriebswirtschaft erfolgreich abgeschlossen. /
Ich habe mein Studium der Betriebswirtschaft erfolgreich absolviert.

c Varianten für „können": Schreiben Sie Sätze mit den Nomen-Verb-Verbindungen aus 1a. Verwenden Sie dabei die vorgegebene Variante für „können".

1. (in der Lage sein + Inf. + zu): *Ich bin in der Lage, Monats-, Quartals-, und Jahresabschlüsse zu erstellen.*

2. (können): _____

3. (besonders gut können): _____

4. (imstande sein + Inf. + zu): _____

5. (eine meiner Stärken sein): _____

6. (in der Lage sein + Inf. + zu): _____

d Welches Adjektiv passt zu den Nomen? Ordnen Sie zu.

1. abwechslungsreich	A. die Einarbeitung	1.	*C*
2. flexibel	B. das Team	2.	
3. innovativ	C. das Aufgabengebiet	3.	
4. leistungsgerecht	D. die Arbeitszeiten	4.	
5. flach	E. das Unternehmen	5.	
6. umfassend	F. die Hierarchien	6.	
7. etabliert	G. die Behandlung der Bewerbungsunterlagen	7.	
8. vertraulich	H. die Entlohnung	8.	

e Nachfragen zu Angaben in der Stellenanzeige: Formulieren Sie Fragen mithilfe der Ausrücke in 1d.

> Was bedeutet (es) konkret für mich, … | Können Sie mir Genaueres zu … sagen? |
> Ich möchte gern wissen, was Sie unter … verstehen. | Was heißt das konkret für mich?

1. *Was bedeutet konkret für mich,*
   die Einarbeitung ist umfassend?

2. _____

3. _____

4. _____

5. _____

6. _____

7. _____

8. _____

2 Das Unternehmen BWT › KB: A1b

Recherchieren Sie im Internet unter www.bwt.de weitere Informationen zur BWT Wassertechnik GmbH.

1. Welche Geschäftsbereiche und Produkte hat das Unternehmen?
2. Wann wurde die BWT Gruppe gegründet?
3. Welche Produktionsstätten gibt es?
4. Welche Produkte der BWT haben Preise und Auszeichnungen bekommen?

1. Das Unternehmen hat fünf Geschäftsbereiche: …

3 Terminvereinbarungen › KB: A2b

a Lesen Sie die Sätze. Was passt: a, b, c oder d? Kreuzen Sie an.

1. *Ginge* _____ auch ein anderer Termin?
   a. ☐ Kann   b. ☐ Wäre   c. ☐ Gibt   d. ☒ Ginge

2. Dieser Termin _____ mir lieber.
   a. ☐ passt   b. ☐ wäre   c. ☐ kann   d. ☐ geht

3. _____ Sie an einem anderen Tag Zeit?
   a. ☐ Hätten   b. ☐ Wären   c. ☐ Könnten   d. ☐ Würden

4. _____ es auch um 17:00 Uhr gehen?
   a. ☐ Müsste   b. ☐ Würde   c. ☐ Hätte   d. ☐ Wäre

5. _____ Sie auch später? Dieser Termin ist mir zu früh.
   a. ☐ Würden   b. ☐ Wären   c. ☐ Müssten   d. ☐ Könnten

b Da bin ich verhindert. Bilden Sie Sätze wie im Beispiel.

1. ich – da – verhindert sein (Präsens) *Da bin ich verhindert.* _____

2. ich – den Termin verschieben müssen – leider (Präsens) _____

3. ein anderer Termin – vielleicht – besser passen? (Präsens, Konj. II) _____

4. da – schlecht aussehen – bei mir – es (Präsens) _____

5. den Termin festhalten – am 25.7. um 9:00 Uhr – ich (Präsens) _____

6. gehen – auch ein anderer Termin? – eventuell (Präsens, Konj. II) _____

7. den Termin – notieren – ich (Perfekt) _____

8. lieber sein – ein anderer Tag? – Ihnen (Präsens, Konj. II) _____

c Ordnen Sie die Redemittel aus 3b zu.

1. Termin absagen: *Da bin ich verhindert.; ...* _____

2. nach alternativen Terminen fragen: _____

3. einen Termin festhalten: _____

B Gespräch vorbereiten

1 Die Selbstpräsentation vorbereiten › KB: B2a

a Über die Ausbildung sprechen. Ersetzen Sie das Verb „machen" durch ein anderes Verb.

> ablegen | absolvieren (2x) | besuchen | erstellen (2x) | erwerben

1. Von 2001–2004 habe ich ein Betriebswirtschaftsstudium ~~gemacht~~. *absolviert* _____

2. Die Bachelorprüfung habe ich im Sommer 2004 gemacht. _____

3. Nach dem Studium habe ich ein dreimonatiges Praktikum gemacht. _____

4. Während meiner Tätigkeit bei Xia habe ich Weiterbildungen zum SAP®-Modul MM gemacht. _____

5. An einer Sprachschule habe ich ein Zertifikat in Geschäftsenglisch gemacht. _____

6. Ich mache in meinem derzeitigen Job die Monats- und Jahresabschlüsse. _____

7. Außerdem mache ich regelmäßig Umsatzanalysen. _____

b Was passt noch? Finden Sie drei Ausdrücke. Arbeiten Sie ggf. mit einem Wörterbuch.

1. erwerben: *ein Diplom, Sprachkenntnisse, einen Abschluss* _____

2. absolvieren: _____

3. erstellen: _____

TIPP

Im Digitalen Wörterbuch de
deutschen Sprache (DWDS)
unter www.dwds.de könne
Sie typische Wortverbindung
unter „DWDS-Wortprofil" un
auf der Seite nachschlagen.

c Aufgaben und Stärken beschreiben: Formulieren Sie Sätze, indem Sie die markierten Verben nominalisieren oder ggf. Komposita bilden. Markieren Sie dann die neue Formulierung.

1. zuständig sein für: in früherer Firma – die Personalplanung erstellen
2. verantwortlich sein für: alle Aufgaben im Zusammenhang mit – Mitarbeiter/innen weiterbilden
3. zu meinen Aufgaben gehören außerdem: Optimierungsmaßnahmen definieren und durchführen
4. Schwerpunkt meiner Tätigkeit sein: eine Datenbank zum Wissensmanagement aufbauen
5. mehrjährige Erfahrungen mitbringen: im Bereich – Personal entwickeln
6. eine meiner Stärken ist: kompetent sein – in der Konfliktlösung
7. mir sehr liegen: individuelle und nachhaltige Lösungen entwickeln

1. In meiner früheren Firma war ich für die Erstellung der Personalplanung zuständig.

_____

_____

_____

_____

_____

d Ordnen Sie die Redemittel den drei Schwerpunkten einer Selbstpräsentation zu.

> Ich bin ausgebildete/r … | Ich möchte gern …-erfahrungen einbringen und mein/e Kenntnisse in … weiterentwickeln. | 20.. habe ich mein Studium in …/ meine Ausbildung als … mit Erfolg abgeschlossen. | Eine meiner Stärken ist …, deshalb … | Schwerpunkte meiner Ausbildung / meines Studiums waren … | Insbesondere interessiert mich auch … | Eine weitere wichtige Qualifikation ist … | … liegt mir sehr, deshalb arbeite ich gern im Bereich …/als … | Ein Erfolg war für mich … | Ich habe … | So habe ich 20… als … gearbeitet. | Deshalb gelang es dem Unternehmen … | Die ausgeschriebene Stelle interessiert mich, weil ich viele Erfahrungen in … mitbringe. | In 5 Jahren möchte ich gern … sein / als … arbeiten.

Sagen Sie „ich" statt „wir" oder „man" – in Deutschland klingt das selbstsicher. Für das Gelingen eines Vorstellungs-gesprächs ist es sehr wichtig, dass man seine Schwächen und Stärken gut kennt und auch nennt, wo es passend ist.

1. Über die eigene Ausbildung und Berufserfahrungen sprechen: *Ich bin ausgebildete/r …*

2. Wichtige Qualifikationen und Stärken betonen: _____

3. Über berufliche Ziele sprechen: _____

e Stationen im Lebenslauf: Schreiben Sie Sätze mit den Zeitformen in Klammern.

1. während – meine Ausbildung – regelmäßig Praktika in Unternehmen absolvieren (Perfekt)
2. nachdem – erste Berufserfahrungen in einem mittelständischen Betrieb sammeln (Plusquamperfekt) – Betriebswirtschaft – an der Universität Madrid studieren (Perfekt)
3. noch bevor – Studium erfolgreich abschließen (Perfekt) – bereits eine neue Stelle in der Personalabteilung eines großen Konzerns finden (Perfekt)
4. nachdem – zwei Jahre als Mitarbeiterin der Personalabteilung tätig sein (Plusquamperfekt) – Weiterbildung im Bereich Wissensmanagement absolvieren (Perfekt)
5. während – Weiterbildung besuchen (Perfekt) – eine Leitungsstelle im Unternehmen übernehmen (Perfekt)
6. bevor – sich auf diese Stelle bewerben (Perfekt) – sich intensiv mit meiner beruflichen Entwicklung und den eigenen Zielen beschäftigen (Perfekt)

1. Während meiner Ausbildung habe ich regelmäßig Praktika in Unternehmen absolviert.

C Das Vorstellungsgespräch

1 Small Talk – Beginn und Ende des Vorstellungsgesprächs › KB: C1b

Typische Sätze: Welche Antwort passt zu welcher Frage? Ordnen Sie zu.

1. Haben Sie uns gut gefunden?
2. Wie war Ihre Anreise?
3. Möchten Sie einen Kaffee?
4. Es freut uns, dass Sie gekommen sind.
5. Wir melden uns nächste Woche bei Ihnen.
6. Kommen Sie gut nach Hause.

A. Ja gern. Hätten Sie bitte Zucker?
B. Haben Sie vielen Dank für die Einladung.
C. Danke. Wann ungefähr wird das sein? Eher Ende der Woche?
D. Vielen Dank. Einen schönen Tag noch.
E. Das war kein Problem. Die Verbindung mit Bus und Bahn ist wirklich sehr gut.
F. Ja, ohne Probleme. Die Wegbeschreibung auf Ihrer Webseite ist auch sehr hilfreich.

1. F
2. __
3. __
4. __
5. __
6. __

2 Gut antworten auf Standardfragen im Bewerbungsgespräch › KB: C1c

› KB: C1c

a Lesen Sie die Antworten auf Fragen in einem Bewerbungsgespräch unten. Welche Antwort ist besser: a oder b? Kreuzen Sie an und begründen Sie Ihre Meinung, indem Sie einen Tipp aus der Checkliste auf der nächsten Seite auswählen. Manchmal passen mehrere Tipps.

> **TIPP**
>
> Der wichtigste Faktor für den Erfolg beim Vorstellungsgespräch ist die Kommunikationsfähigkeit.

Tipp

1. **Erzählen Sie uns etwas über sich.**   _2_
   a. ☐ Ich habe 2005 Abitur gemacht und danach ein BWL-Studium aufgenommen. Seit 2010 arbeite ich als Mitarbeiter der Finanzabteilung.
   b. ☒ Wie Sie auch im Lebenslauf gesehen haben, habe ich 2010 mein BWL-Studium mit sehr gutem Erfolg abgeschlossen. Als Mitarbeiter der Finanzabteilung kümmere ich mich um die Erstellung der Monats- und Jahresabschlüsse. Diese Tätigkeit macht mir viel Spaß und liegt mir auch, weil ich ein sehr genauer Mensch bin.

2. **Warum haben Sie sich bei uns beworben?**   ☐
   a. ☐ Ich möchte mich gern in meinem Beruf weiterentwickeln und neue Aufgaben übernehmen. Besonders reizt mich, dass Sie mit Spanien kooperieren. Da ich fließend Spanisch und Englisch spreche und außerdem bereits Erfahrung im Controlling mitbringe, könnte ich sicherlich einen positiven Beitrag zum Erfolg des Unternehmens leisten.
   b. ☐ Ich habe viel Erfahrung und ich finde es toll, dass ich meine Muttersprache bei der Stelle sprechen kann. Das fehlt mir sehr, meine Muttersprache zu sprechen.

3. **Aus welchem Grund wollen Sie Ihren derzeitigen Arbeitgeber verlassen?**   ☐
   a. ☐ Meine Stelle ist befristet, sie endet im November dieses Jahres. Deshalb muss ich mir neue Chancen eröffnen.
   b. ☐ Ich kenne meine Aufgaben mittlerweile sehr gut. Da ich aber ein sehr umfassendes Studium absolviert habe, möchte ich nun mein Tätigkeitsspektrum erweitern und weitere neue Aufgabengebiete kennenlernen.

4. **Was wissen Sie über unser Unternehmen?**   ☐
   a. ☐ Ich verfolge die Entwicklung des Unternehmens aufmerksam. Mich interessiert insbesondere der Ausbau der Zusammenarbeit mit Spanien, da ich hier meine Erfahrungen gut einbringen kann.
   b. ☐ Das Unternehmen ist ja sehr bekannt. Jeder weiß, was Sie herstellen. Ich habe sogar ein Produkt von Ihnen zu Hause und bin davon sehr begeistert.

5. **Was möchten Sie in drei (fünf oder zehn) Jahren erreicht haben?**   ☐
   a. ☐ Ich habe bereits in Projekten erste Leitungserfahrung gesammelt. Ich kann mir vorstellen, später als Teamleiterin tätig zu sein.
   b. ☐ Das weiß ich noch nicht genau. Ich möchte gern erst noch mehr Erfahrungen sammeln und dann sehe ich weiter.

6. **Warum denken Sie, die richtige Besetzung für diese Stelle zu sein?**   ☐
   a. ☐ Ich bin absolut bereit für neue Erfahrungen und neugierig, was mich erwartet.
   b. ☐ Mit meinen Erfahrungen im Controlling und meiner Qualifikation bringe ich alle Voraussetzungen für die Stelle mit. Und wie ich schon gesagt habe, spreche ich fließend Spanisch.

7. **Was sind Ihre persönlichen Stärken und Schwächen?**   ☐
   a. ☐ Ich arbeite besonders schnell und gründlich bei der Erstellung von Monats- und Jahresabschlüssen. Dafür habe ich von meinen Kollegen viel Lob bekommen. Berichte auf Deutsch zu schreiben, ist nicht so ganz meine Stärke, aber ich habe bereits Sprachtrainings absolviert, um besser zu werden.
   b. ☐ Also, gut bin ich im Rechnen. Das hat mir schon in der Schule viel Spaß gemacht. Nicht so gut bin ich im Schreiben, in Deutsch besonders. Das ist wirklich schwer für mich. Ich übe das auch manchmal mit meiner Frau zu Hause.

8. **Was möchten Sie verdienen?**   ☐
   a. ☐ Darüber habe ich mir noch keine Gedanken gemacht.
   b. ☐ Derzeit verdiene ich 35.000 € pro Jahr. Ich hätte gern 10 % mehr.

Checkliste – Vorstellungsgespräch

1. Sprechen Sie nicht über persönliche Motive für die Bewerbung oder über Emotionen.
2. Antworten Sie ausführlich auf die Fragen. Setzen Sie Schwerpunkte, die für die Stelle wichtig sind.
3. Äußere Umstände sollten nicht das Motiv für Ihre Bewerbung sein bzw. Sie sollten sie nicht nennen.
4. Sehen Sie als „Schwäche" eine Fähigkeit an, wo Sie noch Potenzial haben, sich zu verbessern. Sagen Sie, wie Sie dieses Potenzial entwickeln wollen.
5. Begründen Sie professionell Ihre Eignung. Seien Sie dabei nicht zu bescheiden.
6. Lassen Sie Zielstrebigkeit erkennen.
7. Informieren Sie sich über die üblichen Gehälter, bevor Sie einen Gehaltswunsch nennen.
8. Zeigen Sie in Ihrer Antwort, dass Sie sich gründlich mit dem Unternehmen beschäftigt haben.

b **Gute Begründungen: Schreiben Sie Sätze mit den Wörtern in Klammern. Achten Sie auf die Zeitformen.**

1. diese Tätigkeit liegt mir – ein sehr kommunikativer Mensch sein (weil)
2. ich – fließend Spanisch sprechen und außerdem bereits Erfahrung im Controlling mitbringen – sicherlich eine Bereicherung für das Team sein (da)
3. bereits erste Projektmanagementerfahrung sammeln – sich vorstellen können, die Teamleitung zu übernehmen (deshalb)
4. mehrjährige Berufserfahrung und umfassende Qualifikationen – alle Voraussetzungen für die Stelle erfüllen (aufgrund)
5. schnell und gründlich bei der Projektplanung arbeiten – von meinem Chef viel Lob bekommen (da)

1. Diese Tätigkeit liegt mir, weil ich ein sehr kommunikativer Mensch bin.

3 Typische Redemittel im Vorstellungsgespräch › KB: C2b

▶ **4|39 Hören Sie Teil 2 des Vorstellungsgesprächs im Kursbuch 20C, 2b, noch einmal und ergänzen Sie die Wörter.**

1. Wie Sie sicherlich meinem Lebenslauf *entnommen* _____ haben, …
2. Dort habe ich in der Exportabteilung gearbeitet und den nordamerikanischen Markt _____ .
3. Im _____ dieser Tätigkeit habe ich ein Vertriebsnetz für die USA und Kanada aufgebaut.
4. Aufgrund dieser Tätigkeit konnte ich auch meine Englischkenntnisse noch weiter _____ .
5. Bei der Grupo ACSF wurde ich sehr gut _____ und habe dann selbstständig Umsatzanalysen erstellt.
6. Besonders _____ mich bei der BWT Wassertechnik GmbH die internationale Ausrichtung und die …
7. Das ist auch der _____ für meine Bewerbung bei Ihnen.

4 „es" bei unpersönlichen Verben und Ausdrücken › KB: C3b › G: 1.11

a **Ordnen Sie die Sätze den Kategorien zu.**

Heute geht es um die Weiterbildung im Job. | Es schneit schon die ganze Woche. | Es hat geklingelt. | Dafür ist es jetzt zu spät. | Es geht mir gut. | Es hat geklopft. | Es ist noch zu früh. | Es handelt sich um das neue Konzept. | Es freut mich, dass du kommst. | Es hagelt. | Es ärgert mich, dass er oft fehlt.

1. Geräusche: *Es hat geklingelt.*
2. Thema: _____
3. persönliches Empfinden: _____
4. Zeit: _____
5. Wetter: _____

b Formulieren Sie Sätze mit „es".

1. sinnvoll für dich sein – <u>Weiterbildung im Bereich Personalführung machen</u>
2. wünschenswert sein – <u>einen Tag im Home Office arbeiten</u>
3. ich gerne prüfen können – <u>entsprechende Schreibtrainings geben</u>
4. sehr hilfreich sein – <u>während der Einarbeitung einen persönlichen Ansprechpartner haben</u>
5. wir noch klären wollen – <u>sich um einen sinnvollen Projektplan handeln</u>

1. Es ist für dich sinnvoll, eine Weiterbildung im Bereich Personalführung zu machen.

c Stellen Sie die Sätze um. Beginnen Sie mit den unterstrichenen Satzteilen. Wo kann das „es" wegfallen, wo nicht?

1. Eine Weiterbildung im Bereich Personalführung zu machen, ist für dich sinnvoll.

D Außerdem wissenswert

1 Eignungstests › KB: D2a

› KB: D2a

B Ⓟ **a** Lesen Sie den Tipp und lösen Sie den Test zur Grammatik.

TIPP

Circa 25 % der deutschen Unternehmen und auch das Jobcenter prüfen ihre Bewer rinnen und Bewerber mithilf eines Eignungstests. Dieser umfasst Tests zur Sprache (Grammatik, Rechtschreibun Wortschatz) und oft eine Erörterung.

In einem Eignungstest wird [1] *das* Wissen, die Persönlichkeit, die Intelligenz

und die Konzentration eines Kandidaten / einer Kandidatin geprüft, um [2] _____ ,

ob dieser / diese sich für einen bestimmten Bildungsweg oder eine Arbeit eignet. Sie

müssen [3] _____ Aufgaben lösen. Neben dem Allgemeinwissen zu den Themen Politik, Wirtschaft,

Geschichte, Literatur oder Technik kann es Fragen zum logischen Denken, zur Mathematik und in Deutsch geben.

Hier [4] _____ die Grammatik und die Rechtschreibung getestet. Oft muss man auch einen Aufsatz /

eine Erörterung schreiben. Es werden vor allem Fähigkeiten und Fertigkeiten getestet, [5] _____ der

gewählte Beruf, die Tätigkeit oder die Ausbildungsmaßnahme [6] _____ , um erfolgreich zu sein.

1. a. ☐ der   b. ☐ dem   c. ☒ das   d. ☐ die
2. a. ☐ feststellen   b. ☐ festzustellen c. ☐ festgestellt d. ☐ stellt fest
3. a. ☐ verschiedener b. ☐ verschiedenen c. ☐ verschiedene d. ☐ verschiedenem
4. a. ☐ werden   b. ☐ wurde   c. ☐ würde   d. ☐ wurden
5. a. ☐ der   b. ☐ den   c. ☐ das   d. ☐ die
6. a. ☐ erfordert werden b. ☐ erfordert c. ☐ erfordern   d. ☐ erfordert haben wird

b Rechtschreibung überprüfen: Welches Wort ist richtig geschrieben? Kreuzen Sie an.

1. Nach der schriftlichen Bewerbung erhält man eine Einladung zu einem …
   a. ☐ Jobbinterview   b. ☐ Jobinterwiev   c. ☒ Jobinterview   d. ☐ Jobinterveiw
2. in einem Test wird die … überprüft.
   a. ☐ berufliche Eignung b. ☐ beruflische Eignung c. ☐ berufliche Eigenung d. ☐ berufliche Eihgnung
3. An der Tafel kann man das … finden.
   a. ☐ Speisenangebot   b. ☐ Speißenangebot   c. ☐ Speisenangeboht   d. ☐ Spiesenangebot
4. Prüfungen kann man auch an der Industrie- und … ablegen.
   a. ☐ Handelkammer   b. ☐ Hanndelskammer   c. ☐ Handelskamer   d. ☐ Handelskammer

c Sprachliche Logik überprüfen: Welches Wort passt? Kreuzen Sie an.

1. groß: klein; breit: a. ☐ dick   b. ☐ dünn   c. ☐ schmal   d. ☐ riesig
2. arbeiten: Lohn; kaufen: a. ☐ Preis   b. ☐ Gehalt c. ☐ Honorar d. ☐ Miete
3. Kaffee: kochen; Pizza: a. ☐ packen   b. ☐ essen   c. ☐ schneiden d. ☐ backen

Grammatik im Überblick

1 Funktionen von „es" › G: 1.11

Das Wort „es" hat verschiedene Funktionen:
- „es" ist formales Subjekt bei unpersönlichen Verben bzw. Ausdrücken: es gibt, es geht um, es handelt sich um, es hängt ab von, es kommt an auf, …
  z.B. Im Gespräch geht es um die neuen Vertriebsstrategien des Unternehmens.
- „es" kündigt einen „dass-Satz", einen Nebensatz mit „ob"/„was"/„wie"/ … oder einen Infinitivsatz an,
  z.B. Es tut mir sehr leid, dass ich heute nicht an der Sitzung teilnehmen kann.
        Es ist nicht sicher, ob ich morgen kommen kann.
        Es ist aber sicherlich sinnvoll, die Dokumente zu scannen.

Stellt man die Sätze um, gelten folgende Regeln:
- Bei unpersönlichen Verben bzw. Ausdrücken fällt das „es" nicht weg.,
  z.B. Er sagte mir, dass es im Gespräch um die neuen Vertriebsstrategien des Unternehmens geht.
- Steht der „dass-Satz", der Nebensatz mit „ob"/„was"/„wie"/ … oder der Infinitivsatz vorne, fällt das „es" weg.
  z.B. Dass ich heute nicht an der Sitzung teilnehmen kann, tut es mir sehr leid,
        Ob ich morgen kommen kann, ist es nicht sicher.
        Die Dokumente zu scannen, ist es aber sicherlich sinnvoll.

Lektion 1

1A Branchen und Produkte

1a 2. die Bekleidungsindustrie, -n • 3. die Chemieindustrie, -n • 4. die IT-Industrie, -n • 5. die Getränkeindustrie, -n • 6. die Kosmetikindustrie, -n • 7. die Nahrungsmittelindustrie, -n • 8. die Pharmaindustrie, -n • 9. die Elektroindustrie, -n • 10. die Stahlindustrie, -n

1b 2. SAP gehört zur IT-Industrie und produziert Software. • 3. BASF ist in der Chemieindustrie tätig und stellt z. B. Kunststoffe her. • 4. ThyssenKrupp arbeitet in der Stahlindustrie und produziert z. B. Verpackungsstahl. • 5. Bosch ist in der Elektroindustrie tätig und stellt z. B. Produkte für (den) Haushalt oder (den) Fahrzeugbau her.

1B Wirtschaftsbereiche

1a 2. dienen • 3. erbringen • 4. ausüben • 5. sein

1b 2E • 3A • 4B • 5D

2a *Mögliche Lösung:* 1b. Bäcker (kleiner Betrieb) • 2. **Dienstleistungshandwerk** • 2a. Automechaniker • 2b. Maler

2b *Mögliche Lösung:* 1. **Verbrauchsgüter** • 1a. Getränke • 1b. Kosmetik • 2. **Gebrauchsgüter** • 2a. Haushaltsgeräte • 2b. Mobiltelefon

3a 1. die Beratung der Anwältin, die Tätigkeit des Arztes und des Teams • 2. die Bearbeitung der Aufträge, die Liste der Firmen, die Öffnungszeiten der Geschäfte • 3. die Reparatur eines PKWs, das Streichen einer Wand, der Bau eines Hauses • 4. die Reparatur von PKWs, das Streichen von Wänden, der Bau von Häusern

3b/c a • **Markierungen:** meiner Geschäftsreise • keines Fluges • keiner seiner Vorschläge • unseres Reisebüros

3d **Possessivartikel:** unseres Büros • meiner Reise • seiner Vorschläge • **Negativartikel:** keines Flug(e)s • **Regel:** -s, -er • -er

3e A. **Dienstleistung:** 2. von Waren • 3. eines Kunden • 4. von Anwälten, Beratern oder Ärzten • 5. eines Handwerkers • B. **Investitionsgüter:** 1. des Namens • 2. des Gut(e)s • 3. eines Betriebs • 4. der • 5. von Erzeugnissen

1C Wirtschaftsnachrichten

1 2A • 3B • 4F • 5H • 6E • 7D • 8G

2a 2. Die Geschäftsführer treffen sich, um über die Unternehmensziele zu diskutieren. • 3. Sie erhöhen die Investitionssumme, um den Forschungsbereich auszubauen. • 4. Das Unternehmen erwägt einen strategischen Tausch, um den Bereich „Tiermedizin" weiterzuentwickeln. • 5. Sanofi plant eine Konferenz, um die Konditionen des Tauschs zu besprechen.

2b 2. Die Geschäftsführer treffen sich, damit sie über die Unternehmensziele diskutieren können. • 3. Sie erhöhen die Investitionssumme, damit sie den Forschungsbereich ausbauen können. • 4. Das Unternehmen erwägt einen strategischen Tausch, damit es den Bereich „Tiermedizin" weiterentwickeln kann. • 5. Sanofi plant eine Konferenz, damit es die Konditionen des Tauschs besprechen kann.

2c

Nebensatz				Hauptsatz	
2.	Damit	die Medizintechnik mehr Platz	hat,	baut	Sanofi die Gebäude.
3.	Um	den neuen Geschäftspartner	zu treffen,	reist	der Abteilungsleiter ins Ausland.
	Damit	er den neuen Geschäftspartner	treffen kann,	reist	der Abteilungsleiter ins Ausland.
4.	Damit	der Text über die Firmengeschichte aktuell	ist,	bearbeitet	man ihn.

Hauptsatz		Nebensatz		
2. Sanofi baut die Gebäude,		damit	die Medizintechnik mehr Platz	hat.
3. Der Abteilungsleiter reist ins Ausland,		um	den neuen Geschäftspartner	zu treffen.
Der Abteilungsleiter reist ins Ausland,		damit	er den neuen Geschäftspartner	treffen kann.
4. Man bearbeitet den Text über die Firmengeschichte,		damit	er aktuell	ist.

3a 2. Die Geschäftsführung informiert die Mitarbeiter darüber, dass der Bau bald beginnt. • 3. Die Unternehmen planen einen strategischen Tausch. Davon wurde in der Presse berichtet. • 4. Beide Unternehmen sehen einen Vorteil darin, dass sie die Bereiche tauschen.

3b 2. Worüber informiert die Geschäftsführung die Mitarbeiter? – Darüber, dass der Bau bald beginnt. • 3. Wovon wurde in der Presse berichtet? – Darüber, dass die Unternehmen einen strategischen Tausch planen. • 4. Worin sehen beide Unternehmen einen Vorteil? – Darin, dass sie die Bereiche tauschen.

4a 3. Über wen haben die Kollegen gesprochen? • 4. Worüber hat man in der Firma sehr viel gesprochen? • 5. Worum geht es? • 6. Um wen geht es in dem Gespräch auch?

4b 2. Sie kümmert sich darum, dass die Mitarbeiter die Informationen bekommen. • 3. Sie beschweren sich darüber, dass sie die Informationen zu spät bekommen. • 5. Er ist damit einverstanden, dass ein Kollege der Assistentin hilft.

1D Eine Firma präsentieren

1 2. vereinbart • 3. Franchisenehmer • 4. Dienstleistungen • 5. betreibt • 6. unterstützt • 7. Schulungen • 8. Franchisegebühren

2a 2D • 3B • 4E • 5I • 6A • 7L • 8G • 9K • 10H • 11J • 12F • 13N • 14M

2b 1. **Begrüßung und Einleitung:** Ich begrüße Sie herzlich zu meiner Präsentation. • Ich freue mich, dass ich Ihnen … vorstellen kann. • 2. **Vorstellung der Punkte der Präsentation:** Zunächst möchte ich Ihnen kurz sagen, was Sie in …

erwartet. • Zuerst erzähle ich kurz etwas zu … • Dann will ich einige Geschäftszahlen vorstellen. • Drittens möchte ich etwas über die Vor- und Nachteile sagen. • Und zum Schluss ziehe ich ein Fazit. • Danach haben wir eine Viertelstunde Zeit für Fragen • 3. **Bei der Präsentation den nächsten Punkt nennen:** Ich beginne also mit … • Damit komme ich zum zweiten Punkt, zu … • Nun komme ich zu … • Mein Fazit ist: … • 4. **Schluss und Dank:** Meine Damen und Herren, ich danke Ihnen für Ihr Interesse.

3a 2E: Banktermin verschoben • 3H: Termin Besichtigung • 4G: Falsche Rechnung

3b 1r • 2f • 3f

Rechtschreibung

1 2. hält • 3. zunächst • 4. Teilnehmer • 5. stellt • 6. Zuerst • 7. erzählt • 8. Geschäfts • 9. Angestellte • 10. selbstständig • 11. Idee • 12. Bäckerei • 13. Verkaufsfläche • 14. beträgt • 15. neben • 16. Getränke • 17. Kaffee • 18. Tee • 19. geht • 20. sehr

Lektion 2

2A Krank zur Arbeit?

1a 2. die Rückenschmerzen • 3. die Erkältung • 4. der Schnupfen • 5. die Magenschmerzen • 6. die Halsschmerzen • 7. die Übelkeit • 8. die Kopfschmerzen • 9. der Husten

1b 2. b • c • 3. a • b • 4. a • c • 5. b • c • 6. a • c

2a 2. unangenehmen Kopfschmerzen • 3. starken Hustens • Schnupfens • 4. komplizierten Rückenproblems • 5. leichten Erkältung

2b 2. … geht er zum Arzt. • 3. … nimmt Vera Hustentropfen. • 4. … hat Marga Rückenbeschwerden.

2c **Maskulinum (M):** dauernden • **Neutrum (N):** falschen • **Plural (M, N, F):** schrecklicher
Regel: -en • -er

3a 2. Wegen einer langweiligen Besprechung. • 3. Wegen dunkler Räume. • 4. Wegen eines langsamen Kollegen. • 5. Wegen alter Computer. • 6. Wegen des schlechten Kantinenessens.

3b 2. Wegen einer interessanten Besprechung. • 3. Wegen heller Räume. • 4. Wegen eines schnellen Kollegen. • 5. Wegen neuer Computer. • 6. Wegen des guten Kantinenessens.

4a 2. Hustens • 3. Behandlung • 4. Medikaments

4b **Markierungen:** 2. trockenen • 3. guten • 4. guten • **Regel:** -en

2B Zum Arzt und danach?

1a 2. Orthopäde • 3. Zahnarzt • 4. Hals-Nasen-Ohren-Arzt / Facharzt für Allgemeinmedizin • 5. Facharzt für Allgemeinmedizin / Internist • 6. Facharzt für Allgemeinmedizin

1b 2b • 3a • 4a

2a 2M: unverzüglich • 3L: übernimmt • 4I: krankgeschrieben • 5H: innerhalb • 6A: Arbeitsvertrag • 7B: Attest • 8E: Diagnose • 9O: Zeitraum • 10J: Kündigung

2b 2a • 3b

3 2. (+) Wenn der Arzt mit einem Flug einverstanden ist, darf man fliegen. • (–) Man sollte nicht fliegen, wenn der Arzt es nicht erlaubt hat. • 3. (+) Man darf Lebensmittel holen, wenn man nur noch etwas krank ist. • (–) Wenn man hohes Fieber hat, sollte man keine Lebensmittel holen. / Mit hohem Fieber sollte man keine Lebensmittel holen. • 4. (+) Man darf vor dem Ende der Krankschreibung wieder arbeiten gehen, wenn man selbst weiß, dass man wieder gesund ist. • (–) Man sollte vor dem Ende der Krankschreibung nicht arbeiten gehen, wenn man noch nicht ganz gesund ist. • 5. (+) Man darf Sport machen, wenn es nur eine leichte körperliche Aktivität ist. • (–) Man sollte keinen Sport machen, wenn es zu anstrengend ist.

2C Krankgeschrieben – und nun?

1a/b 3. Info, wann wieder im Büro: Ich bin voraussichtlich ab … wieder erreichbar. • 4. Name der Vertretung: Bitte wenden Sie sich in dringenden Fällen an meine Vertretung, Frau / Herrn … • 5. Telefonnummer / E-Mail der Vertretung: … • 6. Gruß: Mit freundlichen Grüßen • 7. eigene Kontaktdaten: …
Zuordnung: 2D • 3A • 4B

1c 2. Die Dauer der Krankheit ist nicht vorhersehbar. • 3. Die Krankheit ist gut behandelbar. • 4. Der Arzt ist immer ansprechbar.

2a *Mögliche Lösungen:*

1. Hauptsatz	2. Hauptsatz
3. In der HNO-Praxis gibt es kein Röntgengerät.	Deshalb musste Vera zum Internisten gehen.
4. Vera hat „nur" eine schwere Bronchitis.	Sie ist daher sehr froh.
5. Die Chefin braucht die Flyer.	Darum soll Anton beim Marketing anrufen.

2b 2. deshalb / daher / darum / deswegen • 3. Weil / Da • 4. Deshalb / Daher / Darum / Deswegen • 5. deshalb / daher / darum / deswegen

3 2. Aus • 3. Vor • 4. Aus • 5. Vor • 6. Aus

2D Job und Gesundheit

1 2b • 3a • 4d • 5c • 6a

2 2c • 3b • 4a

3 *Mögliche Lösung:* 1. **Krankheit:** die Bronchitis • das Fieber • die Grippe • der Husten • die Kopfschmerzen • die Rückenchmerzen • der Schnupfen • 2. **Termin beim Arzt:** Könnte ich kurz vorbeikommen? • Kann ich nicht schon heute kommen? • 3. **Ärzte:** Hals-Nasen-Ohrenarzt, ⸚e • der Internist, -en • der Orthopäde, -n • 4. **Behandlung:** ein Medikament nehmen • eine Spritze geben • Tropfen nehmen • 5. **Krankschreibung:** die Arbeitsunfähigkeit • die Bescheinigung ausfüllen • im Zeitraum von … • 6. **Betrieb und Gesundheit:** die Abwesenheitsnotiz, -en • die Vertretung, -en • die Gesundheitsförderung (hier nur Sg.) • das Gesundheitsprojekt, -e • die Mitarbeitergesundheit (hier nur Sg.) • der Krankenstand (hier nur Sg.) • die Gesundheitsberatung, -en • die Gesundheitsschulung, -en

Rechtschreibung

1a 2. Der Arzt hat Marga eine Spritze gegeben. • 1, 7 • 3. Vera macht das Arbeiten Spaß, sie arbeitet sehr viel. • 6, 5 • 4. Das Schöne war: Sie wurde schnell wieder gesund. • 6, 3 • 5. Die Krankschreibung kam zu spät, denn die Adresse war falsch. • 4, 2 • 6. Der Arbeitgeber war nicht zufrieden. Und er beschwerte sich. • 5, 1

Lektion 3

3A Unternehmen stellen sich vor

1a 1B • 2C • 3A

1b **Industrie:** Autos (Automobilindustrie) • Brot (Nahrungs-mittelindustrie) • Computerdisplays • Kleidung • Medikamen-te (Pharmaindustrie) • Lampen • Mobiltelefone • Möbel • Telefonanlagen • Torten (Nahrungsmittelindustrie) • **Produzie-rendes Handwerk:** Brot (Bäckerei) • Kleidung (Schneiderei) • Möbel (Tischlerei) • Torten (Konditorei) • **Dienstleistungs-handwerk:** Autos (KFZ-Werkstatt) • Brot (Verkauf in der Bäckerei) • Reinigung • **Dienstleistungen:** Hochzeitsbuffet (Catering-Service) • Mobiltelefone (Telefonladen) • Partyservice • Physiotherapie • Telefonanlagen (Installation) • Unternehmensberatung • Umzugsservice

2 2. …branche • 3a. vertreibt • 3b. über • 4. Produkte • 5. Produktpalette • 6. Dienstleistung • 7. Kunden • 8. Markt

3B Die Geschäftsidee

1a 2. die Marktgröße • 3. der Auslandsmarkt • 4. die Markt-lücke • 5. der Biermarkt • 6. der Marktanteil • 7. die Marktana-lyse • 8. die Markteinführung

1b B: 7 • C: 4 • D: 6 • E: 2 • F: 8 • G: 5 • H: 3

2a 2. lokale Kunden • 3. Direktverkauf • 4. Mund-zu-Mund-Propaganda • 5. Werbung • 6. annoncieren

2b 2A • 3B • 4F • 5D • 6E

3a 2. Wir beabsichtigen, alkoholfreies und kalorienarmes Bier zu brauen und in eine Marktlücke zu stoßen. • 3. Unsere Idee ist, ein Ladenlokal zu eröffnen und unser Bier lokalen Kunden anzubieten. • 4. Wir sind sicher, bald neue Kunden zu gewinnen und unseren Anteil am Biermarkt zu vergrößern. • 5. Wir hoffen, von der Bank einen Kredit zu bekommen und viele Kunden zu gewinnen.

3b 2. Thomas und Elizabeth denken schon lange daran, ei-nen Kredit aufzunehmen. • 3. Elizabeth spricht davon, einen Termin mit der Bank zu vereinbaren. • 4. Thomas freut sich darauf, bald mit der Arbeit zu beginnen. • 5. Er kümmert sich darum, alle Unterlagen zusammenzustellen.

3c **Markierungen:** 2a. Sie haben sich überlegt, dass sie zu einer Unternehmensberatung gehen.
Regel: a

3d 3. Thomas möchte den Kontakt zur regionalen Gastronomie pflegen. Er hat das vor. → Thomas hat vor, den Kontakt zur regionalen Gastronomie zu pflegen. • 4. Elizabeth und Thomas haben eine gute Unternehmensberaterin. Es ist wichtig. → Es ist wichtig, dass Elizabeth und Thomas eine gute Unternehmensberaterin haben.

3e 2. zu viel Alkohol zu trinken • 3. die Brauerei weiterzufüh-ren • 4. hier zu rauchen

4 2. **Die Geschäftsidee:** Wir möchten …/Wir planen …/Wir beabsichtigen, … • 3. **Name des Unternehmens:** Unser Unternehmen heißt … • 4. **Produkt oder Dienstleistung:** Wir produzieren …/Wir bieten … an. • 5. **Team:** Ich möchte Ih-nen unser Team vorstellen: Wir sind … • 6. **Marketing:** Wir haben den Markt für unser Produkt/unsere Dienstleistung analysiert: … • Der Markt für unser Produkt/unsere Dienst-leistung ist … 7. **Vertrieb:** Wir wollen unser Produkt über … verkaufen./Wir bieten unsere Dienstleistung über … an. • 8. **Finanzplan:** Als Startkapital bringen wir … Euro Eigenkapi-tal und … in Sachwerten mit. • 9. **Bitte um Kredit:** Uns fehlen … Euro./Wir brauchen einen Kredit in Höhe von … Euro.

3C Welche Rechtsform passt?

1a **Tabelle:** solltest • sollte • sollten • solltet • sollten • soll-ten
Regel: a

1b 2. sollten • 3. sollte • 4. wäre • 5. würde • 6. würde • 7. sollte/könnte • 8. sollten/könnten • 9. würde • 10. wäre • 11. könnten/sollten

2a 2. Erbe • 3. Sachwerten • 4. Verlust • 5. Firmenkapital • 6. Gewinn

2b 2D • 3E • 4B • 5F • 6A

3 2b • 3b • 4a • 5c

3D Wo finden Sie Beratung?

1a *Mögliche Lösung:* 1. **Kredit:** das Kreditgespräch • der Kredit • 2. **Unternehmen/Geschäft:** die Geschäftsidee • die Selbstständigkeit • das Unternehmenskonzept • die Gewer-beanmeldung • ein Geschäft anmelden • 3. **Unterlagen:** die Firmenpräsentation • der Finanzplan • das Formular • die Lohnbuchhaltung • die Steuer • der Jahresabschluss • 4. **Geld:** das Startkapital • das Kreditgespräch • die Bank • die Zinsen • die Laufzeit • 5. **Werbung:** die Marketingstrategie • der Markt • die Werbung • die PR-Strategie • die Medien • das Event • die Aktion • 6. **Beratung:** das Beratungsangebot • das Public Relations-Consulting • der Steuerberater • der Schulungsservice

1b 2b • 3b • 4a

Rechtschreibung

1a/b 2. allgemein • Ärztin für allgemeine Medizin • Allge-meinärztin • 3. einzeln • einzeln unternehmen • Einzelunter-nehmer

Lektion 4

4A Eine neue Nachricht

1a 2r • 3f • 4f • 5r

1b **Markierungen: Das österreichische Telefonalphabet:** Ö Österreich • ß scharfes S • Ü Übel • X Xaver • Z Zürich •

Das Schweizer Telefonalphabet: Ä Äsch (Aesch) • **D** Daniel • **J** Jakob • **K** Kaiser • **L** Leopold • **M** Marie • **N** Niklaus • **Ö** Örlikon (Oerlikon) • **P** Peter • **Q** Quasi • **R** Rosa • **S** Sophie • **X** Xaver • **Y** Yverdon • **Z** Zürich

2a 2b • 3a

2b 2. Können Sie das buchstabieren, bitte? • 3. Wie ist die Ländervorwahl von Frankreich? • 4. Können Sie mir die E-Mail-Adresse von Herrn Funke sagen, bitte?

4B Eine Nachricht hinterlassen

1 2F • 3A • 4C • 5B • 6E

2a 2. erreichen • 3a. mit • 3b. verbinden • 4. weiterhelfen • 5. weitergeben / ausrichten • 6. zurückrufen • 7a. richte / gebe • 7b. aus / weiter
Markierungen: Ich müsste sie dringend sprechen. Könnten Sie mir bitte helfen? Ja, das wäre prima. Ich hätte nämlich eine Nachricht für Sie. Könnten Sie sie bitte weiterleiten. Dürfte ich Sie noch um Ihren Namen bitten, …

2b **haben:** ich hätte • du hättest • er / sie / es hätte • ihr hättet • Sie (Sg. u. Pl.) hätten • **sein:** ich wäre • er / sie / es wäre • wir wären • ihr wär(e)t • sie wären • Sie (Sg. u. Pl.) wären • **können:** du könntest • er / sie / es könnte • wir könnten • ihr könntet • sie könnten • Sie (Sg. u. Pl.) könnten • **müssen:** ich müsste • du müsstest • er / sie / es müsste • wir müssten • sie müssten • Sie (Sg. u. Pl.) müssten • **dürfen:** ich dürfte • du dürftest • wir dürften • ihr dürftet • sie dürften • Sie (Sg. u. Pl.) dürften • **sollen:** ich sollte • du solltest • er / sie / es sollte • wir sollten • ihr solltet • Sie (Sg. u. Pl.) sollten • **werden:** ich würde • du würdest • er / sie / es würde • wir würden • ihr würdet • sie würden

2c 2. Wären • 3. Hätten • 4. wäre • 5. Hättest • 6. Wäre

2d

	Modalverb im Konjunktiv II		Infinitiv
4. Sie	könnten	eine Nachricht	hinterlassen.
6. Sie	müssten	bitte noch einmal	anrufen.

	Modalverb im Konjunktiv II		Infinitiv
3. Könnten	Sie	mir Ihre Handynummer	geben?
5. Dürfte	ich	Sie mit Frau Sulzer	verbinden?

2e 2. Und würden Sie bitte auch die Mitarbeiter der Personalabteilung informieren? • 3. Würden Sie bitte das Protokoll der letzten Teamsitzung versenden? • 4. Würden Sie sich bitte um die nötigen Dokumente kümmern? • 5. Würden Sie bitte die Arbeitserlaubnis kopieren? • 6. Würden Sie mich bitte sofort über die Änderungen in unserer Personalplanung informieren?

2f 3. Sie möchten bitte die Dokumente scannen. • 4. Sie sollen bitte sofort in die dritte Etage kommen. • 5. Sie möchten bitte die Buchhaltung an die Abrechnung erinnern.

3 1b • 2b • 3a

4 2. Einen Moment bitte, … • 3. Hören Sie? • 4. Möchten Sie eine Nachricht hinterlassen? • 5. Richten Sie ihm bitte aus, dass … • 6. Das richte ich gern aus.

4C Wie war das, bitte?

1 2. etwas ausrichten • 3. verschieben • 4. notieren • 5. es ist möglich • 6. es passt nicht

2a 2. an den Vertriebsleiter • 3. über den Chef • 4. mit ihm • 5. auf den neuen Kollegen • 6. von dem Meeting • 7. um das aktuelle Projekt • 8. an den Zeitplan

2b 3. Über wen will er mit Ihnen sprechen? • 4. Mit wem sollen Sie telefonieren? • 5. Auf wen freuen wir uns / Sie sich? • 6. Wovon profitiert der neue Kollege? • 7. Worum geht es? • 8. Woran müssen wir / Sie denken?

2c 3. … über wen er mit mir sprechen will. • 4. … mit wem ich telefonieren soll. • 5. … auf wen wir uns freuen? • 6. … wovon der neue Kollege profitiert? • 7. … worum es geht? • 8. … woran wir denken müssen.

2d 2. Weißt du auch, um wie viel Uhr das Treffen beginnt? • 3. Bitte sag mir, bis wann die Sitzung geht. • 4. Weißt du vielleicht, ab wie viel Uhr Herr Müller erreichbar ist? • 5. Bitte informier mich, wie lange das Treffen geht. • 6. Ich möchte gern wissen, seit wann Frau Schneider im Urlaub ist.

3 2b • 3b • 4a

4D Rufen Sie bitte zurück!

1 2E • 3G • 4F • 5D • 6C • 7A

2a/b du lässt • er / sie / es lässt • wir lassen • sie lassen • Sie (Sg. + Pl.) lassen
Regel: b

2c

	„lassen"		Infinitiv
2. Ich	lasse	ein Angebot	erstellen.
3. Wir	lassen	die Sitzung von der Assistentin	protokollieren.
4. Du	lässt	die E-Mail-Adresse	aufschreiben.
5. Sie	lassen	die Reservierungs- bestätigung vom Hotel	faxen.

2d 2. für eine andere Person • 3. für mich (Auftraggeber) • 4. für eine andere Person
Regel: 1. Satz 3 • 2. Sätze 2 • 4

Rechtschreibung

1a 2b • 3b • 4a • 5b • 6a

1b 2. Bescheid • 3. Termin • 4. Freitagabend • 5. Grund • 6. Flug • 7. Pause • 8. Gast • 9. Donner • 10. Vertriebspartner • 11. Kundenbindung • 12. Erfolg • 13. Lob • 14. Wiederhören.

Lektion 5

5A Eine Messe planen

1a 2. der Messebesucher • 3. der Messestand • 4. die Produktpalette • 5. die Standausstattung • 6. die Standvitrine • 7. die Messetheke • 8. das Rollup • 9. der Prospektständer

1b 2. Mittelpunkt • 3. Werbespruch • 4. unterscheiden • 5. Attraktion • 6a. bildet • 6b. ab • 7a. führen • 7b. vor • 8a. stellt • 8b. aus • 9. Sortiment

1c 2. hinten links • 3. in der Mitte rechts • 4. vorne links • 5. Daneben • 6. gegenüber von

2a 2. werdet • verbunden • 3. wirst • zurückgerufen • 4. wird • erkannt

2b Regel: von

2c 2. Die Messebaufirma transportiert die Messemöbel zur Messe. • Die Messemöbel werden von der Messebaufirma zur Messe transportiert. / Die Messemöbel werden zur Messe transportiert. • 3. Die Messegesellschaft informiert alle Aussteller über das Messeprogramm. • Alle Aussteller werden von der Messegesellschaft über das Messeprogramm informiert. / Alle Aussteller werden über das Messeprogramm informiert. • 4. Die Geschäftsführerin plant ein Abendessen mit Großkunden. • Ein Abendessen mit Großkunden wird von der Geschäftsführerin geplant. / Ein Abendessen mit Großkunden wird geplant. • 5. Die Mitarbeiter der Firma Rischge richten den Messestand ein. • Der Messestand wird von den Mitarbeitern der Firma Rischge eingerichtet. / Der Messestand wird eingerichtet. • 6. Die Marketingabteilung stellt die Ideen zum Messeauftritt zusammen. • Die Ideen zum Messeauftritt werden von der Marketingabteilung zusammengestellt. / Die Ideen zum Messeauftritt werden zusammengestellt. • 7. Der Vertriebsleiter stellt die neue Produktpräsentation vor. • Die neue Produktpräsentation wird vom Vertriebsleiter vorgestellt. / Die neue Produktpräsentation wird vorgestellt. • 8. Das Standpersonal testet die Funktionen des „Pen" für die Messe. • Die Funktionen des „Pen" werden vom Standpersonal für die Messe getestet. / Die Funktionen des „Pen" werden für die Messe getestet.

2d 2. Oft werden Flyer und Werbegeschenke an interessierte Fachbesucher verteilt. • 3. Auf einem Touchscreen wird ein Film über die Herstellung des Produkts gezeigt. • 4. Kontakte zu alten Kunden werden gepflegt und neue Kundenkontakte (werden) aufgebaut. • 5. An einem Messestand wird über das Sortiment des Ausstellers informiert.

5B Was wurde schon gemacht?

1 3. die Überweisung, -en • 4. die Planung, -en • 5. die Bestellung, -en • 6. der Auftrag, ¨e • 7. die Verpackung, -en • 8. die Einteilung, -en • 9. die Reservierung, -en • 10. die Lieferung, -en

2 2. 1939 wurden bereits über 200.000 Füller produziert. • 3. 1948 wurde die Orthos Füllfederhalter-Fabrik in die C. Josef Lamy GmbH umgewandelt. • 4. 1957 wurde die Firma in den Heidelberger Stadtteil Wieblingen verlegt. • 5. 1990 wurde das 60-jährige Jubiläum gefeiert. • 6. 2014 wurde ein Umsatz von 72 Millionen Euro erwirtschaftet.

3 3. Strom und WLAN für den Messestand sind schon bestellt worden. • 4. Der Besprechungsraum für Samstagabend ist noch nicht reserviert worden. • 5. Die Parkausweise sind schon beantragt worden. • 6. Das Standpersonal für alle Messetage ist noch nicht eingeteilt worden.

5C Das Messe-Event

1a 2r • 3f • 4f • 5r • 6f

1b

	Modalverb		Partizip Perfekt + „werden"	
2. Die Zimmer	konnten	schon	umgebucht werden.	B
3. Die Einschreibegebühr	kann	erst morgen	überwiesen werden.	A
4. 10.000 Flyer	sollten	letzte Woche	gedruckt werden.	B
5. Die Einladungen	müssen	bald	verschickt werden.	A
6. Die Vorschläge für …	sollten	am letzten Donnerstag	besprochen werden.	B

Regel: Position 2 • Satzende

1c 2. Die neuen Visitenkarten können in zwei Tagen in der Druckerei abgeholt werden. • 3. Der Stand sollte schon vor einem halben Jahr angemeldet werden. • 4. Die Eintrittskartengutscheine konnten schon vor zwei Wochen verschickt werden. • 5. Die neue Messewand muss morgen mit Werbung bedruckt werden.

1d 2. worden • 3. wurde • 4. wird

2a Markierungen: Unser Papierlieferant hatte technische Probleme, die erst gestern Abend gelöst wurden. • Es tut uns leid, dass Ihre Flyer deshalb gestern nicht verschickt werden konnten. • Wir beginnen sofort mit dem Druck Ihrer Flyer, wenn das Papier geliefert wird.

2b

Hauptsatz	Nebensatz		
2. Unser Papierlieferant hatte technische Probleme,	die	erst gestern Abend	gelöst wurden.
3. Es tut uns leid,	dass	Ihre Flyer deshalb gestern nicht	verschickt werden konnten.
4. Wir beginnen sofort mit dem Druck Ihrer Flyer,	wenn	das Papier	geliefert wird.

2c Regel: Satzende • Verb

2d 2. … sie letzte Woche geliefert worden ist. • 3. … die Standkonzeption geplant wird, … • 4. … sie noch verpackt werden müssen, …

3a 2. wecken / erregen • 3. stehen / sein • 4. geben • 5. geben / bekommen • 6. bekommen / machen • 7. geben • 8. machen

3b 2. Auftrag gegeben • 3. Druck gegeben • 4. gibt Bescheid • 5. Interesse • wecken • 6. macht • Eindruck • 7. Aufmerksamkeit erregt • 8. macht • Geschenk

4 2. einverstanden • 3. Ihre Argumente • 4a. stimme • 4b. zu • 5. eine gute Idee • 6a. für • 6b. entscheiden

5D Messen in Deutschland

1 2. pflegen • 3. gewinnen • 4. verbessern • 5. erschließen • 6. abschließen

Rechtschreibung

1a [s]: Ausweis • äußern • Künstler • begrüßen • festlegen • klassisch • außerhalb • Messe • [ts]: Konzeption • Innovation • Zubehör • Nutzfahrzeug • Attraktion • Zauberer • Marktplatz • Azubi

Lektion 6

6A Auftragsabwicklung perfekt!

1a 2. macht • 3. demontiert • 4. entsorgt • 5. kontrolliert • 6. montiert • 7. verkleidet • 8a. mauert • 8b. ein • 9. fliest • 10. streicht • 11. installiert

1b 2b • 3a • 4c

2a 2. du hattest geantwortet • 3. er / sie hatte gesagt • 4. es hatte angefangen • 5. wir hatten entschieden • 6. ihr hattet angesehen • 7. sie hatten recherchiert • 8. Sie (Sg. + Pl.) hatten beraten

2b 2. du warst gekommen • 3. er/sie war gestartet • 4. es war passiert • 5. wir waren gegangen • 6. ihr wart weggefahren • 7. sie waren gelaufen • 8. Sie (Sg. + Pl.) waren abgereist

3a **Markierungen:** 2. Sie musste abends noch arbeiten. Herr Unger ist gegangen. • 3. Herr Unger hat sie beraten. Sie war sehr zufrieden. • 4. Sie hat eine Lösung gefunden. Sie hat lange nachgedacht.

3b

Nebensatz			Hauptsatz	
3. Nachdem	Herr Unger sie	beraten hatte,	war	sie sehr zufrieden.

Hauptsatz	Nebensatz		
2. Sie musste abends noch arbeiten,	nachdem	Herr Unger	gegangen war.
4. Sie hat eine Lösung gefunden,	nachdem	sie lange	nachgedacht hatte.

3c 2a. stellte • 2b. vor • 3a. fingen • 3b. an • 4. kam • 5. angerufen hatte • 6. gebracht hatte • 7. machte • 8. beendet hatte • 9. demontiert hatte • 10. machte

3d 2. Nachdem er den Katalog geholt hatte, konnten wir alles am Telefon besprechen. • 3. Nachdem ich zuerst alles ausgesucht hatte, haben wir über Termine gesprochen. • 4. Nachdem er den Terminplan erklärt hatte, musste ich eine Änderung machen. • 5. Nachdem er das Angebot schnell geschickt hatte, war ich sehr froh.

6B Unser Angebot

1 2A • 3B • 4E • 5F • 6D

2a 2. länger • 3. am tollsten • 4. teurer • am dunkelsten • 5. weiter • am heißesten • hübscher • am kürzesten • größer • am praktischsten • 6. näher • am höchsten • besser • am liebsten • mehr

2b 2b • 3a • 4b • 5a • 6b

2c **Regel:** 1b • 2a • 3b

2d 2. höheren • 3. moderneres • 4. komplizierterer • 5. preiswerteste • 6. bester • 7. einfachste • 8. größeres • 9. längerer

2e 2. interessanteste • 3. kürzester • 4. besser • 5. meisten • 6. komplizierter • 7. wichtigste • 8. späterer

3 3. Die Badarmaturen in Chrom gefallen mir genauso gut wie welche in Weiß. • 4. Die breitere Dusche ist praktischer als die schmale (Dusche). • 5. Ein niedrigerer Spiegel sieht in meinem Bad nicht so gut aus wie ein hoher (Spiegel). • 6. Ein flacheres Waschbecken finde ich genauso gut wie ein tieferes (Waschbecken). • 7. Dunklere Fliesen passen nicht so gut ins Bad wie hellere (Fliesen).

4a 2. die Anfrage • 3. der Einzelpreis • 4. der Gesamtpreis • 5. die Zahlungsbedingungen • 6. die Auftragserteilung • 7. die Materialbestellung • 8. die Fertigstellung • 9. das Rechnungsdatum

4b 2. bezeichnen • 3. demontieren • 4. abtransportieren • 5. entsorgen • 6. erteilen • 7. abschließen • 8. abziehen • 9. übertragen

4c 2. pauschal • 3. termingerecht • 4. Übertrag • 5. gültig • 6. innerhalb • 7. zahlbar • 8. ohne Abzug • 9. zusagen

6C Rechnungen bezahlen

1 2. Das ist die Handwerkerrechnung nach Vergabe- und Vertragsordnung für Bauleistungen. • 3. Die Rechnung ist sofort nach Rechnungserhalt zahlbar auf eines der Konten unten. • 4. Die Rechnung ist ohne Abzug zahlbar innerhalb von 14 Tagen ab Rechnungsdatum.

2a 2. Begünstigter • 3. Verwendungszweck • 4. Ausführungstermin • 5. Kontoinhaber • 6. Auftraggeberkonto

2b 2. Man kann SEPA in 34 Staaten verwenden. • 3. Sie wurde eingeführt, weil die Kontonummern in jedem Land anders aussahen. • 4. Man erkennt das Land an den ersten beiden Buchstaben der IBAN. • 5. Man erlaubt ihm, einen Betrag vom eigenen Konto einzuziehen. • 6. Sie muss die Lastschrift einlösen und den Betrag auf das Konto des Zahlungsempfängers überweisen.

6D Gewährleistung und Garantie

1 2c: geben • 3a: bezieht • 4b: feststellt • 5a: ersetzt • 6b: haftet • 7b: entstanden • 8c: umgekehrt • 9c: geregelt • 10a: gilt

Rechtschreibung

1a 2. hoffen • 3. halt • 4. alt • 5. Ecke • 6. Hecke • 7. alle • 8. als • 9. Halle • 10. Hals • 11. Hier her! • 12. Eis • 13. heiß • 14. hören • 15. Ohren • 16. Hört er?

1b 2. Herr Unger bedankt sich herzlich für die Anfrage. • 3. Die Handwerker haben heute die Rohmontage beendet. • 4. Der Händler muss 24 Monate Gewährleistung auf neue Waren geben. • 5. Er haftet für Mängel, die die Ware schon beim Kauf hatte. • 6. Hersteller bieten häufig eine Garantieverlängerung an.

Lektion 7

7A Kein guter Start!

1a 2. das Mängelcontrolling • 3. die Bauherren • 4. die Baustelle • 5. das Planungsbüro

1b **Arbeitsablauf von Architekten:** 2 • 5 • 7 • 8 • 10 • 11 • **Büroorganisation:** 3 • 4 • 6 • 9 • 12

1c 2. Bauplan • 3. Planungsbüro • 4. Bauleistungen • 5. Baustelle • 6. Mängelcontrolling • 7. Abrechnungen • 8. Bauherren

1d 2. die Dokumentation • 3. die Neuheit • 4. die Diskussion • 5. die Leistung • 6. die Einarbeitung • 7. die Organisation • 8. die Zuständigkeit • 9. die Selbstständigkeit • 10. die Tätigkeit

2a 2E • 3A • 4C • 5B

2b 2. Den Bauherren gefällt der Grundriss nicht, sodass der Architekt den Bauplan ändern muss. • 3. Die Handwerker haben Terminprobleme, sodass der Bauprozess länger dauert als geplant. • 4. Die Baukosten sind gestiegen, sodass die Bauherren kein Geld mehr übrig haben. • 5. Der Architekt ist mit den Fenstern unzufrieden, sodass es Ärger mit der Fensterbaufirma gibt.

2c 2. Den Bauherren gefällt der Grundriss nicht. Also muss der Architekt den Bauplan ändern. / Der Architekt muss also den Bauplan ändern. • 3. Die Handwerker haben Terminprobleme. Also dauert der Bauprozess länger als geplant. / Der Bauprozess dauert also länger als geplant. • 4. Die Baukosten sind gestiegen. Also haben die Bauherren kein Geld mehr übrig. / Die Bauherren haben also kein Geld mehr übrig. • 5. Der Architekt ist mit den Fenstern unzufrieden. Also gibt es Ärger mit der Fensterbaufirma. / Es gibt also Ärger mit der Fensterbaufirma.

2d 2. Die Kredite sind jetzt so günstig, dass viele Leute bauen wollen. • 3. Die Mentorin hat so viel Stress, dass sie sich nicht um die neue Mitarbeiterin kümmern kann. • 4. Mit der neuen Software geht das Arbeiten so einfach, dass wir viel Zeit gewinnen. • 5. Auf der Baustelle gibt es so viele Probleme, dass das Projekt nicht mehr im Zeitplan ist.

2e 2. sodass • 3a. so • 3b. dass • 4. also • 5a. so • 5b. dass

7B Ein Konflikt im Team

1a 3. ich hätte • 4. ihr würdet hören • 5. du wär(e)st • 6. ihr würdet kommen / kämt • 7. er könnte • 8. ich würde gehen / ginge • 9. wir würden machen • 10. sie würden schreiben

1b 2. bekäme • 3. müsste • 4. hätte

1c 1. Irrealität • 2. Realität •
Regel: b

1d 2. Wenn Frau Hesse mehr Eigenkapital hätte, würde sie ein eigenes Planungsbüro gründen. • 3. Wenn die Mitarbeiter Frau Kleinfeld besser helfen könnten, wäre Frau Kleinfeld zufriedener und würde sich weniger ärgern. • 4. Wenn der Praktikant mehr Erfahrung hätte, dürfte er selbstständiger arbeiten. • 5. Wenn die Firma mehr Mitarbeiter einstellen würde, könnte sie größere Projekte übernehmen.

1e **Markierungen:** 2. Wenn die Kredite jetzt nicht so günstig wären, würden wir kein eigenes Haus bauen. • 3. Wenn Sie heute den Mängelbericht fertig machen würden, könnten wir endlich weiter arbeiten. • 4. Wenn ich nicht diese Aktennotiz suchen müsste, könnte ich mit euch in die Kantine gehen! **Sätze:** 2. Wären die Kredite jetzt nicht so günstig, würden wir kein eigenes Haus bauen. • 3. Würden Sie heute den Mängelbericht fertig machen, könnten wir endlich weiter arbeiten. • 4. Würde ich nicht diese Aktennotiz suchen müssen, könnte ich mit euch in die Kantine gehen.

2a 2. sich • setzen • 3. treffen • 4. unterstützen • 5. berichten • 6. bekommen • 7. arbeiten • 8. prüfen

2b 2. unterstützt • 3. in Verbindung setzen • 4. bekommt • 5. selbstständig • 6. arbeitet • berichtet • 7. Vereinbarungen

7C Gute Kommunikation

1 2f • 3r • 4f • 5r • 6f

2 2b • 3c • 4b • 5c • 6a

3a 2. einige • 3. einigen • 4. manchen • 5. Mancher • 6. manche • 7. Manchen • 8. manchen

3b 2b • 3b • 4a • 5b • 6a

7D Urlaub genehmigt!

1a **1. Nomen mit „Urlaubs-":** der Urlaubsantrag • der Urlaubsübertrag • die Urlaubsverteilung • die Urlaubsvertretung • **2. Nomen mit „-urlaub":** der Kurzurlaub • der Sonderurlaub • der Sommerurlaub • der Zusatzurlaub

1b 2. Urlaubsanspruch • 3. Sonderurlaub • 4. Urlaubsverteilung • 5. Urlaubsvertretung

2a **Markierungen:** 2. Seit zwanzig Jahren arbeitet er immer in demselben Unternehmen. • 3. Ich glaube, ich habe denselben Vorschlag schon einmal gemacht. • 4. Ach, du hast das neue Handy-Modell von Telsotec. Ich will mir dasselbe kaufen.
Tabelle: Nominativ: dieselbe • **Akkusativ:** denselben • dasselbe • dieselben • **Dativ:** demselben • derselben

2b 1a • 2b

2c 2. derselbe • 3. dasselbe • 4. derselben

2d 2b • 3b • 4a

Rechtschreibung

1a 1. Frage • 2. neutral • 3. Ausruf

1b 1. Auf der Baustelle gibt es wieder Probleme? • 2. Auf der Baustelle gibt es wieder Probleme. • 3. Auf der Baustelle gibt es wieder Probleme!

Lektion 8

8A Kunden gewinnen

1 2. stationär • 3. gefährlich • 4. Konkurrenz • 5. Experte • 6. verbessert • 7. buchen • **Lösungswort:** Kreuzfahrt

2a

Nebensatz			Hauptsatz	
2. Obwohl	manche Urlaubsorte gefährlich	sind,	macht	Reisen Spaß.
3. Obwohl	es oft zu viele andere Urlauber	gibt,	macht	Reisen Spaß.
4. Obwohl	es manchmal teuer	ist,	macht	Reisen Spaß.

Hauptsatz	Nebensatz		
2. Reisen macht Spaß,	obwohl	manche Urlaubsorte gefährlich	sind.
3. Reisen macht Spaß,	obwohl	es oft zu viele andere Urlauber	gibt.
4. Reisen macht Spaß,	obwohl	es manchmal teuer	ist.

2b 2. Wir müssen erst um 9:00 Uhr beginnen. Trotzdem / Dennoch kommen die Kollegen schon um 8:00 Uhr. / Die Kollegen kommen trotzdem / dennoch schon um 8:00 Uhr. • 3. Das Essen in der Kantine ist gut. Trotzdem / Dennoch essen wir oft nur ein Brötchen. / Wir essen trotzdem / dennoch oft nur ein Brötchen • 4. Die Büros sind sehr eng. Trotzdem / Dennoch beschweren sich die Mitarbeiter nicht. / Die Mitarbeiter beschweren sich trotzdem / dennoch nicht.

2c 2a • 3b • 4a • 5b • 6a

2d 2D • 3E • 4A • 5B

2e 2. Zwar reisen die Deutschen gern in andere Länder, aber die häufigsten Reiseziele sind im Inland. / Die Deutschen reisen zwar gern in andere Länder, aber die häufigsten Reiseziele sind im Inland. • 3. Zwar werden Kreuzfahrten immer billiger, aber sie sind noch teurer als Landreisen. / Kreuzfahrten werden zwar immer billiger, aber sie sind noch teurer als Landreisen. • 4. Zwar sind in Deutschland Kreuzfahrten ein Trend, aber viele mögen diese Reiseform gar nicht. / In Deutschland sind Kreuzfahrten zwar ein Trend, aber viele mögen diese Reiseform gar nicht. • 5. Zwar verdient man im Tourismus nicht sehr viel, aber es gibt viele Bewerber für diese Branche. / Im Tourismus verdient man zwar nicht sehr viel, aber es gibt viele Bewerber für diese Branche.

3a **Markierungen:** 1. Das Internet-Angebot ist gut. Trotzdem kann das Buchen einer Reise dort schwierig sein. • 2. Trotz des guten Internet-Angebots kann das Buchen einer Reise dort schwierig sein.
Regeln: 1a • 2b

3b 2. Trotz der hohen Preise sind die Lokale am Strand sehr beliebt. • 3. Trotz der langen Wartezeit wollen viele Touristen das Museum besuchen. • 4. Trotz des starken Regens habe ich gestern die Stadt besichtigt. • 5. Trotz des schlechten Wetters macht er Wanderurlaub in Deutschland.

3c 2. Obwohl das Hotel am Meer liegt, hat es zu wenig Gäste. / Das Hotel hat zu wenig Gäste, obwohl es am Meer liegt. •

3. Dieses Reisebüro bietet eine sehr gute Beratung. Dennoch ist der Umsatz zu niedrig. • 4. Es gibt schon viele Internet-Angebote. Trotzdem will Frau Werf ein Online-Reisebüro gründen. • 5. Zwar ist Frau Werf sehr kompetent, aber sie hat mit Ihrem Reisebüro keinen Erfolg. / Frau Warf ist zwar sehr kompetent, aber sie hat mit ihrem Reisebüro keinen Erfolg. • 6. Obwohl die Dusche im Hotelzimmer kaputt war, haben wir kein neues Zimmer bekommen. / Wir haben kein neues Hotelzimmer bekommen, obwohl die Dusche im Zimmer kaputt war. • 7. Trotz der hohen Preise können wir dieses Restaurant sehr empfehlen.

8B Der Aktionstag

1a 2. Das hier war unser Lieblingsrestaurant, wo wir oft Fisch gegessen haben. / Das hier war unser Lieblingsrestaurant, in dem wir oft Fisch gegessen haben. • 3. Ja, und hier sind wir am Strand, wo es aber immer sehr voll war. / Ja, und hier sind wir am Strand, an dem es aber immer sehr voll war. • 4. In dieser Straße gab es viele kleine Läden, wo ich Souvenirs gekauft habe. • In dieser Straße gab es viele kleine Läden, in denen ich Souvenirs gekauft habe. • 5. Hier waren wir auf einer kleinen Insel, wo wir unsere Nachbarn von zu Hause getroffen haben! • Hier waren wir auf einer kleinen Insel, auf der wir unsere Nachbarn von zu Hause getroffen haben!

1b 2. wo • 3. wohin • 4. mit denen • 5. woher • 6. mit denen • 7. die • 8. wo • 9. der • 10. wo • 11. wo • 12. das • 13. von der

2 A: 3 • 5 • B: 8 • 9 • C: 4 • 7 • D: 2 • 6

3 2D • 3B • 4B • 5D • 6A • 7C • 8A

8C Kunden beraten

1a 2. a • b • 3. a • c • 4. b • c • 5. a • c • 6. a • b • 7. b • c • 8. a • c

1b 2. haben • 3. versteht • 4. bekommen • 5. geben • 6. stellen • 7. bekommt / hat • 8. machen

2 2G • 3A • 4F • 5C • 6D • 7B

3a 2. dessen • 3. deren • 4. dessen

3b **Markierungen:** 2. Wo sind denn die Unterlagen von dem Kunden? Seine Kreuzfahrt sollen wir umbuchen. • 3. Ich empfehle das Hotel nicht mehr. Sein Personal ist so unfreundlich. • 4. Kümmern Sie sich bitte um das Problem von dem jungen Mann. Sein Flug ist ausgefallen. • 5. Ich habe gestern die alte Frau Dehns getroffen. In ihrem Reisebüro war ich Azubi. • 6. Frau Dehns hat einen Sohn. Seine Frau leitet auch ein Reisebüro.

3c 2. Wo sind denn die Unterlagen von dem Kunden, dessen Kreuzfahrt wir umbuchen sollten? • 3. Ich empfehle das Hotel, dessen Personal so unfreundlich ist, nicht mehr. • 4. Kümmern Sie sich bitte um das Problem von dem jungen Mann, dessen Flug ausgefallen ist. • 5. Ich habe gestern die alte Frau Dehns getroffen, in deren Reisebüro ich Azubi war. • 6. Frau Dehns hat einen Sohn, dessen Frau auch ein Reisebüro leitet.

3d **Maskulinum (M):** dessen • **Neutrum (N):** dessen • **Femininum (F):** deren • **Plural (M, N, F):** deren

4a **Markierungen:** Mit diesem Anbieter habe ich schon häufig Pauschalreisen gemacht. Mit denen war ich immer sehr zufrieden und deren Leistungen waren gut. • Ich habe also bei Hip-Reisen einen Kundenberater angerufen. Dem habe ich alles erklärt. • Danach hatte ich dessen Kollegen am Apparat. Der war unfreundlich und meinte nur, dass er die Reise nicht umbuchen kann. Denn deren Termine sind nicht flexibel, das steht so im Reisevertrag. • Das Angebot für die Mexikoreise war so extrem günstig – wenn ich bei dem sofort genauer hingesehen hätte, wäre das nicht passiert!
Tabelle: Nominativ: der • das • die • die **Akkusativ:** den • das • die • die **Dativ:** dem • dem • denen **Genitiv:** dessen • dessen • deren • deren

4b **Regeln:** 1a. deren • 2b. denen

4c 2. Deren (Silvia Drexler ist die Inhaberin der Filiale.) • 3. deren • 4. von denen • 5. Dessen • 6. mit denen • 7. Bei dem

8D Die Reisebranche

1 2. Kette • 3. nachhaltig • 4. Kooperation • 5. Stammkunden • 6. neutral

Rechtschreibung

1a Das Hotel , das nah am Zentrum der kleinen , sehr lebendigen Stadt liegt , ist sehr ruhig . Es bietet alles : ein wunderbares Frühstücksbuffet , Freizeitprogramme , Ausflüge und Shows . In unserem großen Spa haben Sie die Gelegenheit , sich zu entspannen . Zum Meer sind es nur 10 Minuten Fußweg , trotzdem gibt es einen Shuttle , mit dem Sie den Strand bequem erreichen können . Weil wir unsere Gäste verwöhnen möchten , warten unsere freundlichen Kosmetikerinnen und Physiotherapeuten auf Sie , und natürlich können Sie in unseren Restaurants auch sehr gut essen . Besuchen Sie uns daher im „Ocean & Spa" . Wir freuen uns auf Sie !

Lektion 9

9A Stellenausschreibung intern

1a 2. analysieren • 3. erschließen • 4. ausbauen • 5. austauschen • 6. bearbeiten • 7. erstellen • 8. kalkulieren

1b 2. betriebswirtschaftlich • 3. technisch • 4. sicher • 5. eigenverantwortlich • 6. zielorientiert • 7. interkulturell • 8. ergebnisorientiert

2 2. Master • 3. Weiterbildung • 4. Zertifikat • 5. Erfahrung • 6. Praktikum • 7. verhandlungssicher • 8. regelmäßig • 9. Ausbildung • 10. fortgebildet • 11. muttersprachlich • 12. Berufserfahrung

3 2r • 3f • 4f • 5r • 6r

9B Hard Skills und Soft Skills

1a die Belastbarkeit • die Ergebnisorientierung • die Flexibilität • die Leistungsbereitschaft • die Loyalität • die Teamfähigkeit • die Zuverlässigkeit

1b 2. Leistungsbereitschaft • 3. Loyalität • 4. Ergebnisorientierung • 5. Teamfähigkeit • 6. Flexibilität • 7. Zuverlässigkeit • 8. Belastbarkeit

2 2. er war gefahren • 3. sie hatten eingeladen • 4. ihr hattet beendet • 5. wir hatten uns informiert • 6. du warst geblieben

3a 2. 2 • 1 • 3. 1 • 2

3b 2. Nachdem / Als er mit seiner Frau gesprochen hatte, hat er sich beworben. • 3. Nachdem / Als eine Kollegin ihn beraten hatte, war er nicht mehr unsicher.

3c 2. 1 • 2 • 3. 2 • 1

3d 2. Nachdem / wenn man sich über die Firma informiert hat, schreibt man eine Selbstpräsentation. • 3. Nachdem / wenn man sich gute Beispiele für Soft Skills überlegt hat, übt man die Präsentation.

3e 2g • 3n • 4n • 5v

3f 2b • 3b • 4a

3g 2. Während er seine Ausbildung gemacht hat, hat er verschiedene Abteilungen kennengelernt. • 3. Nachdem er die Ausbildung abgeschlossen hatte, ist er fest angestellt worden. • 4. Während er bei ABS tätig war, hat er in seiner Freizeit zwei Weiterbildungen gemacht. • 5. Bevor er sich bei Feddersen beworben hat, hat er sich gut über die Firma informiert. • 6. Bevor er den Vorstellungstermin hatte, trug er seiner Frau die Präsentation vor.

4a 2. Während seiner Ausbildung • 3. Nach dem Abschluss der Ausbildung • 4. Während seiner Tätigkeit bei ABS • 5. Vor seiner Bewerbung bei Feddersen • 6. Vor dem Vorstellungstermin

4b **Nebensatzkonnektor:** bevor • **Präposition:** während

5a 2. Während • 3. Während • 4. Nach • 5. Nachdem / Als • 6. Bevor • 7. Vor

5b 2. Während der Vorbereitungen habe ich viel Neues gelernt. • 3. Vor dem Termin hatte ich eine Freundin getroffen und sie um Rat gebeten. • 4. Nach dem Treffen mit ihr habe ich mich sicherer gefühlt. • 5. Während des Gesprächs / dem Gespräch mit dem Personalchef habe ich viele Fragen gestellt. • 6. Nach dem Vorstellungsgespräch bin ich in die Kantine gegangen und habe etwas gegessen. • 7. Während des Essens habe ich lange über das Vorstellungsgespräch nachgedacht.

9C Die Selbstpräsentation

1a 2. der Einstieg, -e • 3. der Werdegang • 4. der Erfolg, • 5. die Sitzhaltung, -en • 6. die Blickrichtung, -en

1b 2A • 3B • 4C • 5F • 6E • 7H • 8G
Mögliche Lösung: 2. Der Kollege konzentriert sich auf das Telefongespräch. • 3. Die Chefin verbindet das Meeting mit einer Ankündigung. • 4. Der Praktikant ordnet die Bücher nach der Jahreszahl. • 5. Das Team beschäftigt sich mit einem wichtigen Auftrag. • 6. Die Chefin bittet um schnelle Information. • 7. Der Bewerber begeistert sich für die Firma. • 8. Die Teamleiterin achtet auf einen fairen Umgang.

2 3. An den Universitäten gibt es oft einen „Career Service" mit Seminaren zur Vorbereitung. 4. Üben Sie zuerst mithilfe Ihres Ablaufplans, dann ganz frei. (✓) • 5. Achten Sie besonders auf Ihre Körpersprache. Die Sitzhaltung: gerade, aber entspannt. • 6. **Wenn** Sie stehen: Stehen Sie gerade, die Arme locker an der Seite. • 7. Halten Sie die Hände relativ ruhig. Gestikulieren Sie also nicht zu viel. • 8. Sehr wichtig ist auch die Blickrichtung: Schauen Sie nicht nur Ihren Gesprächspartner an, • 9. sondern sehen Sie auch immer wieder die anderen Personen in der Runde an. • 10. Haben Sie keine Angst, über sich selbst zu sprechen!

3   **Regel:** b

4   1. **Begrüßung / Name:** Mein Name ist … • Guten Morgen, meine Damen und Herren! • 2. **Einleitung / Überleitung:** In meiner kurzen Präsentation möchte ich auf folgende Punkte eingehen: … • Meine kurze Präsentation besteht aus … Teilen. • Nun komme ich zu Teil … meines kleinen Vortrags. • 3. **Werdegang:** Ich komme aus … und wollte schon immer … • Wer bin ich? Was kann ich? • Zu meiner Ausbildung möchte ich nur ganz kurz etwas sagen: … • Ich war für … verantwortlich. • Berufserfahrung habe ich während … gesammelt. • Meine Tätigkeit umfasste … • 4. **Kenntnisse / Erfolge:** Ein Beispiel für mein erfolgreiches Arbeiten ist das folgende: … • Mich fortzubilden, war mir immer wichtig, deshalb habe ich … • Besonders gut kann ich … • 5. **Grund für Bewerbung:** Ich habe mich auf die Stelle beworben, weil ich … • Ich glaube, dass ich fachlich und persönlich genau zu der Stelle passe, weil … • Ich bin überzeugt, dass ich für die Stelle geeignet bin, denn … • Ich kann mir sehr gut vorstellen, … zu … • In Ihrer Ausschreibung fordern Sie, dass … • Besonders freue ich mich auf … • 6. **Schluss:** Wenn Sie Fragen haben, beantworte ich sie gern. • Ich danke Ihnen für Ihre Aufmerksamkeit.

9D Berufliche Pläne

1a   ich werde • du wirst • er / sie / es wird

1b

		Position 2		Satzende
2.	Sie	wird	dort ein höheres Gehalt	bekommen.
3.	Insa	wird	bald bei einem großen Unternehmen in Düsseldorf	anfangen.
4.	Dort	wird	sie für die Markt- und Wettbewerbsanalyse zuständig	sein.

1c   2. Sie bekommt dort ein höheres Gehalt. • 3. Insa fängt bald bei einem großen Unternehmen in Düsseldorf an. • 4. Sie ist dort für die Markt- und Wettbewerbsanalyse zuständig.

1d   **Markierungen:** Auch die deutsche Großstadt Hamburg wird wachsen, da viele Menschen aus dem Ausland nach Hamburg – einem Zentrum des deutschen Außenhandels – kommen werden. • Bis zum Jahr 2020 wird das Angebot an offenen Stellen auf dem Hamburger Arbeitsmarkt zunehmen und der Anteil der Frauen und von Personen aus verschiedenen Ländern am Arbeitsmarkt wird steigen. • Diese Entwicklung wird Hamburgs Wirtschaft positiv verändern.

2   2. der • 3. auf • 4. mit • 5. der

Rechtschreibung

1a   2. Arbeitsstil • 3. Flexibilität • 4. Dienstleister • 5. Finanzen • 6. Stiftung • 7. Notiz • 8. Abitur • 9. Zertifikat • 10. Einstieg • 11. Niederlassung • 12. Ziel • 13. expandieren • 14. Qualifikation • 15. Vertrieb

1b   2. erschlossen • 3. Interesse • 4. Zeugnis • 5. Zeugnisse • 6. Kenntnis • 7. abschließen • 8. Abschluss • 9. zuverlässig • 10. fleißig

1c   2. Lieferant • 3. Hobby • 4. Flipchart • 5. Gruppe • 6. Analyse • 7. interkulturell • 8. Wettbewerb • 9. Erstellung • 10. komplett

Lektion 10

10A Beruflicher Neuanfang

1a   1. **formale Qualifikationen:** Englisch: sehr gut in Wort und Schrift • Kenntnisse in … • Studium im Fach … • verhandlungssicheres Spanisch • 2. **persönliche Kompetenzen:** Flexibilität • kommunikationsstark • Teamfähigkeit • 3. **Arbeitszeitmodell:** Teilzeit (50%) • Vollzeit • 4. **Leistungen des Unternehmens:** Bezahlung nach Tarif • 13. Monatsgehalt • Urlaubsgeld

1b   **von oben nach unten (links):** 5 • 2 • 3 • 7 • 10 • 4 • **von oben nach unten (rechts):** 8 • 6 • 9 • 11 • 12

1c   1. **Das muss man haben:** … ist für Sie selbstverständlich. • Sie verfügen über … • … setzen wir voraus. • … wird / werden vorausgesetzt. • Wir erwarten … • 2. **Das wäre gut zu haben:** … ist / sind erwünscht. • idealerweise … sind von Vorteil. • Wünschenswert ist …

2   2. Ich möchte gern wissen, ab wann Sie die Stelle spätestens besetzen wollen. • 3. Ich wollte außerdem nachfragen, welche Kenntnisse in SAP® unbedingt notwendig sind. • 4. Könnten Sie mir bitte sagen, ob die Tätigkeit mit Reisen verbunden ist? • 5. Zum Schluss würde ich gern noch wissen, ob die Bewerbung auch per E-Mail möglich ist.

10B Der Lebenslauf

1   2. Ausbildung & Schule • 3. Fort- / Weiterbildungen • 4. Sprachkenntnisse • 5. Interessen • 6. Ort, Datum, Unterschrift • 7. EDV-Kenntnisse • 8. Berufserfahrung

2a   2. Sie hat Kunden beraten. • 3. Sie hat das Lager organisiert und verwaltet. • 4. Sie hat eine Kundenumfrage durchgeführt. • 5. Sie hat Arzneimittel hergestellt. • 6. Sie hat Fachliteratur über Naturheilverfahren gelesen.
Regeln: Durchführung, Organisation • Kundenberatung • Lesen von Fachliteratur • Bearbeitung von Bestellungen • Herstellung der Arzneimittel

2b   2. Dann habe ich von September 2009 bis Juni 2012 an der Universität Complutense Madrid Wirtschaft mit dem Schwerpunkt Rechnungswesen studiert. • 3. Ich habe das Studium mit dem Bachelor mit der Note „sehr gut" abgeschlossen. • 4. Nach dem Studium war ich fast zwei Jahre lang (Oktober 2012 – September 2014) als Mitarbeiter im Rechnungswesen des Unternehmens „Día" in Madrid tätig. • 5. Ich habe dort die Rechnungen dokumentiert, geprüft und gebucht. • 6. Außerdem war ich auch in der Lohnbuchhaltung tätig, ich habe die Lohnzahlungen vorbereitet. • 7. Seit Oktober 2014 arbeite ich als Teamleiter in der Buchhaltung des Unternehmens „Telefónica". • 8. Ich bearbeite Rechnungen und Lohnzahlungen und organisiere Fortbildungen für neue Mitarbeiter/innen.

2c 2. September 2009 – Juni 2012: Wirtschaftsstudium an der Universität Complutense Madrid mit dem Schwerpunkt Rechnungswesen • 3. Bachelorabschluss mit der Note „sehr gut" • 4. Oktober 2012 – September 2014: Mitarbeiter im Rechnungswesen des Unternehmens „Día" in Madrid • 5. Dokumentation, Prüfung und Buchung von Rechnungen • 6. Tätigkeit in der Lohnbuchhaltung: Vorbereitung von Lohnzahlungen • 7. Seit Oktober 2014: Teamleiter in der Buchhaltung des Unternehmens „Telefónica" • 8. Bearbeiten von Rechnungen und Lohnzahlungen und Organisation von Fortbildungen für neue Mitarbeiter/innen

2d **Berufserfahrung**: seit 10/2014: Teamleiter in der Buchhaltung des Unternehmens „Telefónica" • **Ausbildung & Schule**: 2009-2012: Wirtschaftsstudium an der Universität Complutense Madrid mit dem Schwerpunkt Rechnungswesen • Abschlussnote: sehr gut • 2003-2009 Bachillerato (= Abitur) Colegio Madrid Secundaria y Bachillerato, Abschluss: Hochschulreife

2e 2A • 3E • 4B • 5C

2f Interessen: Wandern, Lateinamerikanische Geschichte und Kultur

10C Das Anschreiben

1 **von oben nach unten:** 3 • 8 • 4 • 7 • 1 • 6 • 5

2 2. Bewerbung als Mitarbeiterin am Empfang • Ihre Anzeige auf jobpilot.de, ID 2017-901 • 3. Bewerbung als Abteilungsleiter/in im Rechnungswesen • Ihre Anzeige in der „ZEIT" vom 23.02.2017

3 3 • 5

4a **Zuordnung:** 2E • 3B • 4C • 5A

4b 2. Ich verfüge über umfangreiche Kenntnisse in SAP® und eine langjährige Berufserfahrung als Projektmitarbeiter in der Beratung von Energieunternehmen. • 3. Ich habe als Angestellte in einer Apotheke viele Erfahrungen im Bereich der Homöopathie und in der Kundenberatung gesammelt. • 4. Schwerpunkte meiner Tätigkeit als Mitarbeiterin in der Buchhaltung waren die Erstellung, Prüfung und Bearbeitung von Rechnungen, sowie das Erstellen der Monats- und Jahresabschlüsse. • 5. Zu meinen Eigenschaften gehören Flexibilität, ein freundlicher Umgang mit den Kunden und Teamfähigkeit. • 6. Für alle weiteren Auskünfte stehe ich in einem persönlichen Gespräch gerne zur Verfügung.

10D Moderne Stellensuche

1 2. Soziale Netzwerke • 3. Zeitarbeit • 4. Printmedien • 5. Staatliche Vermittlungsagenturen

2a 2. bis • 3. Bis • 4. Seitdem / Seit • 5. seitdem / seit

2b 2. Bis ich im April kündige, habe ich noch genug zu tun. • 3. Bis meine Bewerbungsmappe fertig ist, brauche ich noch etwas Zeit. • 4. Seitdem ich eine neue Stelle suche, habe ich in vielen Online-Börsen recherchiert. • 5. Bis ich eine gute Stelle finde, muss ich sicher viele Firmen kontaktieren. • 6. Seitdem ich mit der Stellensuche begonnen habe, habe ich viele Bewerbungsratgeber gelesen.

3 2. letzte • 3. zum • 4. meiner • 5. nächsten

Rechtschreibung

1 2. 3 • 3. 4 • 4. 6 • 5. 7 • 6. 1 • 7. 2 • 8. 5

Lektion 11

11A Neue Arbeitsformen

1a 2r • 3f • 4r • 5r • 6f

1b 2E • 3B • 4D • 5J • 6H • 7C • 8I • 9N • 10O

1c 2. Wenn die Kinder krank sind, kann man zu Hause arbeiten, z.B. abends Mails lesen. • 3. Diese Flexibilität kann manchmal sehr anstrengend sein. • 4. Man muss sich sehr genau absprechen und informieren. • 5. In Coworking-Räumen hat man die notwendige Ausstattung zur Verfügung. • 6. Man kann sich mit anderen Coworkern austauschen und dort viel von ihnen lernen. • 7. Da viele Menschen in demselben Raum sind, kann man bei der Arbeit gestört werden. • 8. In Großräumen gibt es wenig Privatsphäre, das ist bei Besprechungen ein Problem. • 9. Mikrojobs kann man oft in wenigen Minuten erledigen und von Zuhause Geld verdienen. • 10. Oft dauert ein Mikrojob länger als man denkt und die Bezahlung ist sehr schlecht. • 11. Durch Mikrotasking kann gut bezahlte Arbeit in schlecht bezahlte umgewandelt werden. • 12. Durch diese Arbeitsform können eventuell Arbeitsplätze abgebaut werden.

2a 2V • 3N • 4N • 5V • 6V • 7N • 8N • 9V • 10N • 11N • 12N

2b *Mögliche Lösung:* Es ist ein Vorteil von Coworking, dass man andere Freiberufler treffen kann. • Ein negativer Aspekt von Home Office ist, dass man eine sehr hohe Selbstdisziplin braucht. • Gegen Clickworking spricht Folgendes: Es können dadurch gut bezahlte Arbeitsplätze abgebaut werden. • Günstig ist, dass die Arbeitnehmer ihre Arbeitszeit flexibel gestalten können. • Man muss aber auch berücksichtigen, dass man sich beim Jobsharing sehr genau absprechen muss.

11B Arbeitszeitmodelle

1a 2. Gleitzeit • 3. Regelarbeitszeit • 4. Teilzeit • 5. Vertrauensarbeitszeit • 6. Wochenarbeitszeit

1b 2G • 3B • 4A • 5H • 6I • 7K • 8J • 9D • 10C • 11E

1c 2. erfüllen diesen • 3. gewinnen an • 4. ist auf dem • 5. erreicht

2a 2. Während früher die Tätigkeit meist in festen Arbeitszeiten ausgeübt wurde, ist heute mehr Flexibilität üblich. • 3. Während bei einfacher Gleitzeit eine Kernarbeitszeit festgelegt ist, gibt es das bei variabler Gleitzeit nicht. • 4. Während man bei flexiblen Arbeitszeiten Familie und Beruf gut vereinbaren kann, ist dies bei starren Arbeitszeiten schwierig.

2b **Regel:** b

2c 3. Bei einfacher Gleitzeit ist eine Kernarbeitszeit festgelegt. Bei variabler Gleitzeit dagegen / hingegen / jedoch gibt es das nicht. / Bei einfacher Gleitzeit ist eine Kernarbeitszeit festgelegt. Dagegen / Hingegen / Jedoch bei variabler Gleitzeit gibt es das nicht. / Bei einfacher Gleitzeit ist eine Kernarbeitszeit festgelegt. Bei variabler Gleitzeit gibt es das dagegen / hingegen / jedoch nicht. (Konnektor nach Pronomen. Vgl. Referenzgrammatik 4.1.2.) • 4. Bei flexiblen Arbeitszeiten kann man Familie und Beruf gut vereinbaren. Bei starren Arbeitszeiten ist dies dagegen / hingegen / jedoch schwierig. / Bei flexiblen Arbeitszeiten kann man Familie und Beruf

gut vereinbaren. Bei starren Arbeitszeiten dagegen / hingegen / jedoch ist dies schwierig.

3 2. Entgegen ihrer früheren Pläne arbeitet Frau Seiler jetzt ganztags. • 3. Im Gegensatz zu ihrer Kollegin arbeitet Frau Heller nur 12 Stunden pro Woche. • 4. Entgegen der Wünsche von vielen Arbeitnehmern bieten nicht so viele Arbeitgeber Telearbeit an.

4a **Regeln:** 1. Alternativen • 2a • 3a

4b 2. Anstatt dass sie sich am Abend ausruht, telefoniert sie mit Kunden in den USA. / Anstatt sich am Abend auszuruhen, telefoniert sie mit Kunden in den USA. • 3. Anstatt Arbeit und Privates zu trennen, ist sie immer erreichbar. / Anstatt dass sie Arbeit und Privates trennt, ist sie immer erreichbar. • 4. Anstatt sich mit ihr abzusprechen, nimmt ihre Kollegin Urlaub, wann sie will. / Anstatt dass sich ihre Kollegin mit ihr abspricht, nimmt sie Urlaub, wann sie will. • 5. Anstatt mit ihrer Kollegin zu sprechen, ärgert sich Frau Singer weiter darüber. / Anstatt dass sie mit ihrer Kollegin spricht, ärgert sich Frau Singer weiter darüber.

4c 2. Am Abend ruht sie sich nicht aus. Stattdessen telefoniert sie mit Kunden in den USA. / Sie telefoniert stattdessen mit Kunden in den USA. • 3. Sie trennt Arbeit und Privates nicht. Stattdessen ist sie immer erreichbar. / Sie ist stattdessen immer erreichbar. • 4. Die Kollegin spricht sich nicht mit ihr ab. Stattdessen nimmt sie Urlaub, wann sie will. / Sie nimmt stattdessen Urlaub, wann sie will. • 5. Frau Singer spricht nicht mit der Kollegin. Stattdessen ärgert sie sich weiter darüber. / Sie ärgert sich stattdessen weiter darüber.

5 2. Anstelle ihres alten PCs hat sie jetzt einen neuen Laptop. • 3. Sie nimmt anstelle von ihrem Chef am Kongress teil. • 4. Statt eines schriftlichen Berichts liefert sie einen mündlichen. • 5. Statt im Büro treffen ihre Kollegin und sie sich in einem Café. • 6. Statt über den Kongress sprechen sie über ihre Kommunikation.

11C Der Arbeitsvertrag

1a 2c • 3b • 4c • 5a

1b 1a • 2b • 3c

1c **Zuordnung:** 2G • 3N • 4H • 5E • 6O • 7M • 8L • 9F • 10J • **Übrig bleiben:** A • C • D • I • K

2a 1. eine spannende Tätigkeit • spannende Aufgaben • 2. den vorliegenden Vertrag • für das vorliegende Dokument • in die vorliegende Dokumentation • 3. dem vortragenden Bewerber • im beiliegenden Schreiben • mit den beiliegenden Zeugnissen • 4. des interviewten Bewerbers • des diskutierten Themas • wegen der vereinbarten Arbeitszeit

2b **Tabelle:** 2. **Partizip I + Nomen:** der unterschreibende Chef → der Chef, der unterschreibt • 3. **Partizip II + Nomen:** der unterschriebene Vertrag → Vertrag, der unterschrieben wurde • 4. **Partizip II + Nomen:** die vereinbarte Arbeitszeit → Arbeitszeit, die vereinbart wurde • 5. **Partizip I + Nomen:** die diskutierenden Kollegen → die Kollegen, die diskutieren • 6. **Partizip I + Nomen:** der abreisende Referent → der Referent, der abreist • **Partizip II + Nomen:** der abgereiste Referent → der Referent, der abgereist ist

2c Pyramide: die heute in Backnang verhandelnden Parteien • die heute über das Jahresgehalt in Backnang verhandelnden Parteien •
Regel: Nomen • Nomen

2d Die Parteien, die heute in Backnang über das Jahresgehalt verhandeln, treffen sich um 10:00 Uhr. • Das Verb „verhandeln" steht im Aktiv, weil die Verhandlungen noch nicht abgeschlossen sind, sondern noch laufen.

3a Markierungen: 2. Der dem Personalchef seit gestern vorliegende Änderungsantrag wird sicher genehmigt. • 3. Der dem Personalchef von Herrn Mohn vorgelegte Änderungsantrag ist unvollständig. • 4. Herr Mohn muss die noch fehlenden Dokumente schnell vorbeibringen. • 5. Der Wunsch nach mehr Flexibilität ist auch ein häufig in den Medien diskutiertes Thema. •
Relativsätze: 2. Der Änderungsantrag, der dem Personalchef seit gestern vorliegt, wird sicher genehmigt. • Aktiv • 3. Der Änderungsantrag, der dem Personalchef von Herrn Mohn vorgelegt worden ist, ist unvollständig. • Passiv • 4. Herr Mohn muss die Dokumente, die noch fehlen, schnell beibringen. • Aktiv • 5. Der Wunsch nach mehr Flexibilität ist auch ein Thema, das häufig in den Medien diskutiert wird. • Passiv

3b 2. Im Jobsharing hatte er viele Überstunden gemacht, die nicht vergütet wurden. • Im Jobsharing hatte er viele nicht vergütete Überstunden gemacht. • 3. Die Plusstunden, die man angesammelt hat, werden bezahlt. • Die angesammelten Plusstunden werden bezahlt. • 4. Die Betriebsvereinbarung, die dem Vertrag beiliegt, regelt weitere tarifliche Punkte. • Die dem Vertrag beiliegende Betriebsvereinbarung regelt weitere tarifliche Punkte. • 5. Die Mitarbeiter, die schon länger im Unternehmen arbeiten, bekommen neue Verträge. • Die schon länger im Unternehmen arbeitenden Mitarbeiter bekommen neue Verträge.

11D Vielfalt im Unternehmen

1 2. die Arbeitsgruppe • der Gruppenraum • 3. der Baustein • das Steinhaus • 4. die Freizeit • die Zeitarbeit • 5. das Netzwerk • das Werkzeug • 6. das Technologieunternehmen • die Unternehmenspolitik

2 2A • 3B • 4E • 5F • 6D

Lektion 12

12A Handel im Wandel

1a 4. Einzelhandel • 5. Versandhandel • 6. Multi-Channel-Handel • 7. Onlinehandel • 8. Onlineshop • 9. Onlinemarketing • 10. Vertriebskanal • 11. Vertriebsweg • 12. Vertriebskonzept

1b 2. Einzelhandel / Versandhandel • 3. Vertriebsweg • 4. Onlinehandel • 5. Multi-Channel-Handel • 6. Filialgeschäfte

2 sowohl … als auch: 2. Als Zahlungsmethode bieten wir Ihnen sowohl das Lastschriftverfahren als auch Kreditkartenzahlung an. • 3. Wir informieren Sie per E-Mail sowohl über den Warenversand als auch über den Liefertermin. • **nicht nur . . ., sondern auch:** 5. Für die Kaufentscheidung sind nicht nur Produktbeschreibungen, sondern auch Kundenbewertungen

wichtig. • 6. Online-Shopping ist nicht nur bei jüngeren, sondern auch bei älteren Kunden beliebt. • **entweder . . . oder:** 8. Den Gutscheincode können Sie entweder beim nächsten Einkauf oder bei der nächsten Onlinebestellung einlösen. • 9. Ihre Bestelldaten können Sie entweder löschen oder für die nächste Bestellung speichern.

3 2. Ich will weder Benachrichtigungen noch einen Newsletter erhalten. • 3. So günstig wie im Internet findet man die Artikel weder im Einzelhandel noch im Großhandel. • 4. Auf der gesamten Webseite finde ich weder (die) Telefonnummer noch (die) Mailadresse.

4a Markierungen: Das macht die Bedienung einerseits einfacher, andererseits lassen sich nicht alle Kamerafunktionen auf die Taste legen.

4b 2. Einerseits kann man verschiedene Käufergruppen direkt ansprechen, andererseits führt man einen Dialog mit dem Kunden. • 3. Zum einen schätzen sie die große Flexibilität, zum anderen kann die Digitalisierung die Beratung im Geschäft nicht ersetzen. • 4. Einerseits verbringen die Menschen immer mehr Zeit im Internet, andererseits lässt sich Einkaufen so nebenbei erledigen.

5 2. sammeln • 3. anzeigen • 4. erkennen • 5. bekommen • 6. reservieren

12B Neue Strukturen

1a Tabelle: 2. kam • käme • 3. blieb • bliebe • 4. ging • ginge • 5. fand • fände • 7. konnte • könnte • 8. brauchte • bräuchte

1b 2. Eine andere Möglichkeit wäre, den Termin um eine Woche nach hinten zu verlegen. • 3. Wir bräuchten Ihren Terminvorschlag bis spätestens Ende März. • 4. Ginge es bei Ihnen vielleicht auch am 25. Mai? • 5. Den Termin am Abend fände ich besser. • 6. Für das nächste Treffen hätten wir drei Terminvorschläge.

1c 2. Wären Sie so nett, mir das zu erklären? • 3. Würden Sie die Mail an mich weiterleiten? • 4. Könntet ihr mir bis Donnerstag antworten?

2a 2. Blogtexte • 3. Kundendaten • 4. Marketing-Strategien • 5. Datenbanken • 6. Lieferprozesse • 7. Soll-Ist-Berichte • 8. Produktseiten • 9. Aktivitäten

2b 2. Controller/in • 3. Kampagnenmanager/in • 4. Datenbankadministrator/in

3a 2. der Lieferant • 3. die Expresslieferung • 4. die Lieferanschrift • 5. der Lieferdienst • 6. die Zulieferfirma • 7. das Lieferkettenmanagement • 8. die Frei-Haus-Lieferung

3b 2. Lieferdienst • 3. Lieferanten • 4. Lieferkettenmanagement • 5. Zulieferfirmen • 6. Frei-Haus-Lieferung • 7. Expresslieferung • 8. Lieferanschrift

12C Interne Kommunikation

1 2c • 3d • 4b • 5a • 6c

2a 2. Du hättest die Zeit dafür. • Du hättest die Zeit dafür gehabt. • 3. Das wäre die Lösung. • Das wäre die Lösung gewesen. • 4. Das ginge auch anders. • Das wäre auch anders gegangen.

2b 2K • 3l • 4K

3a 2. Er hat nicht lange überlegt. • 3. Er hat nicht in der Arbeitsdokumentation nachgeschaut.

3b 2. Wenn er länger überlegt hätte, wäre ihm die Idee bestimmt auch selbst gekommen. • 3. Wenn er in der Arbeitsdokumentation nachgeschaut hätte, (dann) wäre er jetzt einen Schritt weiter.

3c Regeln: 1b • 2a

4a 2. Sie hätte auch im neuen Projektteam mitarbeiten können. • 3. Er hätte auch ein internes Stellenangebot annehmen können. • 4. Sie hätte auch eine eigene Mitarbeiterin zur Projektleiterin machen können. • 5. Er hätte sie auch ablehnen können.

4b 2. Sie ist nicht Abteilungsleiterin geworden. • 3. Er musste die Firma damals nicht verlassen. • 4. Ich konnte die Abteilung nicht wechseln.

4c 2. Wäre sie die Abteilungsleiterin geworden, hätte sie einen wichtigen Schritt in ihrer Karriere gemacht. • 3. Hätte er die Firma damals verlassen müssen, hätte er die erfolgreichen Geschäftsjahre nicht miterlebt. • 4. Hätte ich die Abteilung wechseln können, hätte die neue Arbeit gut zu meinen Fähigkeiten gepasst.

4d *Mögliche Lösung:* **Tabelle: Konjunktiv II Vergangenheit (hätt.../wär... + Partizip Perfekt):** 2. Wenn sie die Abteilungsleiterin geworden wäre, hätte sie einen wichtigen Schritt in ihrer Karriere gemacht. • **Konjunktiv II Vergangenheit + Modalverb (hätt... + Infinitiv Vollverb + Infinitiv Modalverb):** 3. Hätte er die Firma damals verlassen müssen, hätte er die erfolgreichen Geschäftsjahre nicht miterlebt. • 4. Hätte ich die Abteilung wechseln können, hätte die neue Arbeit gut zu meinen Fähigkeiten gepasst.

12D Alles ändert sich

1 2. übernehmen • 3. einstellen • 4. erbringen • 5. vergrößern • 6. erschließen • 7. investieren • 8. erhöhen

2 2r • 3f • 4r

Lektion 13

13A Börse und Aktienkurse

1 2. Innerhalb von 12 Stunden ist der DAX von 9.834,32 Punkten auf 9.715,78 Punkte gefallen. • 3. Heute Mittag ist er auf 9.000,04 Punkte abgestürzt. • 4. Von Anfang Oktober bis Mitte November ist er wieder auf 10.870,25 Punkte gestiegen. • 5. Ende November hat er wieder bei 11.320,15 Punkten gestanden.

2 2. das Wertpapier • 3. der Börsenstandort • 4. der Umsatzanteil • 5. die Preisentwicklung • 6. der Aktienindex • 7. die Leitindizes

3 2a • 3c • 4b • 5a • 6c

4a

Nebensatz				Hauptsatz		
2. ... je mehr	Käufer es		gibt,	umso knapper	wird	das Angebot an Aktien.
3. Je mehr	Anleger diese Aktie	verkaufen wollen,		umso weiter	sinkt	der Preis, denn ...

Regel: 1. • 2.

4b 2. Je größer die Nachfrage ist, desto höher wird der Preis. • 3. Je tiefer der Ölpreis sinkt, umso billiger wird das Benzin. • 4. Je besser die Zahlen eines Unternehmens sind, desto mehr Leute wollen seine Aktien kaufen. • 5. Je besser die Aussichten sind, umso schneller steigt der Aktienkurs. • 6. Je länger ich darüber nachdenke, umso komplizierter finde ich den Aktienhandel.

13B Kurse steigen und fallen

1 2. scheitern • 3. der Absturz, ¨e • 4. der Einbruch, ¨e • 5. schwanken • 6. die Fusion, -en • 7. sich erholen • 8. der Höhepunkt, -e

2a Regeln: 1. 3. • 2. 1. • sein

2b 2. sei • 3. zusammenwachsen würden • 4. würde hoffen • 5. dauern werde • 6. habe • 7a/b. würden ... schauen • 8a/b. werde ... geben • 9a/b. könne ... kennenlernen

2c Markierungen: Er bewerte die geplante Übernahme durch Mundo-Moden positiv und sei sich sicher, dass ihre beiden Unternehmen schnell zusammenwachsen würden. Seine Geschäftspartner und er würden hoffen, dass dieser Prozess nicht lange dauern werde. Er selbst habe keine Angst vor den neuen Entwicklungen – im Gegenteil, er und sein Team würden sehr zuversichtlich in die Zukunft schauen. Am nächsten Tag werde es eine Versammlung mit den Mitarbeitern von Mundo-Moden geben. So könne man sich schon etwas kennenlernen. Ein Mitglied des Betriebsrats äußerte sich so: „Wir hoffen, dass es zu keinen Kündigungen kommt und dass Herr Lima mit seinen Prognosen recht hat!"

2d „Ich bewerte die geplante Übernahme durch Mundo-Moden positiv und bin mir sicher, dass unsere beiden Unternehmen schnell zusammenwachsen werden. Meine Geschäftspartner und ich hoffen, dass dieser Prozess nicht lange dauern wird. Ich selbst habe keine Angst vor den neuen Entwicklungen – im Gegenteil, ich und mein Team schauen sehr zuversichtlich in die Zukunft. Morgen wird es eine Versammlung mit den Mitarbeitern von Mundo-Moden geben. So kann man sich schon etwas kennenlernen."

2e Sie würden planen, die Modekette „inex-moden" zu übernehmen. Er sei überzeugt davon, dass dies seinem Unternehmen nützen werde, da sie durch die Übernahme eines Billig-Anbieters weitere Kundengruppen gewinnen würden. Am nächsten Tag würden die ersten Gespräche geführt. Er hoffe auf ein positives Klima. Seine Mitarbeiter seien vorbereitet, sie könnten sich diese Erweiterung gut vorstellen. Niemand habe Angst vor der Zukunft, sondern alle würden sich wünschen, dass die Gespräche Erfolg hätten, denn dadurch könne sich die Situation des Unternehmens nur verbessern, da sie zurzeit mit vielen Problemen kämpfen würden.

3a 2. Nach einem leichten Abfall ist sie bis Ende des Jahres gleich geblieben. • 3. Aufgrund negativer Pressemeldungen ist sie im neuen Jahr von 101,0 € auf 97,2 € gefallen. • 4. Wegen Umsatzrückgängen ist sie kontinuierlich gesunken bis zu einem katastrophalen Absturz auf 55 €. • 5. Heute Morgen lag sie immer noch um 6,2% unter ihrem Wert. • 6. Der Vorstand teilte mit, dass sie um mindestens weitere 4% zurückgehen werde. • 7. Er sei aber zuversichtlich, dass sich die Aktie schnell wieder erholen werde.

3b

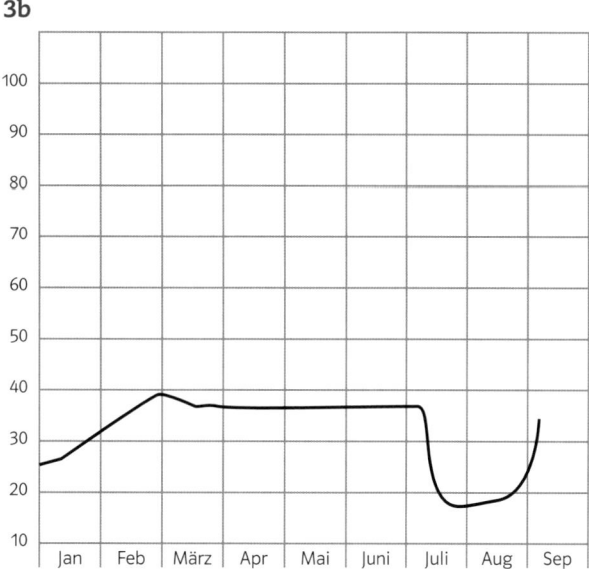

13C Was sagt der Geschäftsbericht?

1a 2. zu • 3. zu • 4. auf • 5. mit • 6. auf • 7. zu • 8. an • 9. an

1b *Mögliche Lösungen:* das Geschäftsjahr, -e • der Kurseinbruch, ⁼e • die Käufergruppe, -n • der Onlinevertrieb, -e • das Säulendiagramm, -e • die Schlussfolgerung, -en • der Umsatzanteil, -e • der Umsatzrückgang, ⁼e • die Warengruppe, -n

2a Quelle und Art des Diagramms: Das Kreisdiagramm aus dem Jahr … stammt aus dem / der … • Das Schaubild wurde von … herausgegeben. • Die Grafik liefert Informationen über … • **Inhalt:** Die Liniengrafik gibt Auskunft über … • Aus dem Kreisdiagramm geht hervor, wie / dass … • Das Schaubild zeigt deutlich einen kontinuierlichen Rückgang des / der … • Dem Diagramm kann man entnehmen, dass … • Das Säulendiagramm zeigt die Anteile von … am / an der … • **Kommentar:** Aus dem Diagramm ergibt sich, dass die Prognose für … positiv / negativ ist. • Es ist überraschend, dass …

2b Falsche Wörter: 2. Minus • 3. auf • 4. eröffnet • 5. kam • 6. steigender • 7. Betrieb • 8. gefallen

13D Börsenpsychologie

1 2. Verstand • 3. schwanken • 4. sinken • 5. Panik • 6. treffen • 7. verkaufen • 8. aber

2a Markierungen: Er sei nur kurz dort gewesen. • Er habe sich schnell entscheiden müssen.

2b 1a • 2. haben • sein • 3. haben • Modalverb • 4. er • sich • Vortag • dort

2c 2. hätte gekauft • 4. seist gekommen • 5. seien geblieben • 6. habe begonnen • 7. sei gestiegen • 8. hättet geglaubt • 9. hätten gewusst

2d Markierungen: 2. „Ich hatte den Plan, das Geld in ein anderes Unternehmen zu investieren." • 3. „Kollegen hatten mir gesagt, dass das ein gutes Geschäft ist." • 4. „Ich habe mich gestern von der Begeisterung der anderen anstecken lassen." • 5. „Ich war eben auch gierig wie so viele meiner Kollegen!" • 6. „Morgen werde ich vielleicht anders darüber denken, aber ich hoffe es nicht." •
Sätze: 2. Er habe den Plan gehabt, das Geld in ein anderes Unternehmen zu investieren. • 3. Kollegen hätten ihm gesagt, dass das ein gutes Geschäft sei. • 4. Er habe sich von der Begeisterung der anderen anstecken lassen. • 5. Er sei eben auch gierig gewesen so wie viele seiner Kollegen. • 6. Am nächsten Tag werde er vielleicht anders darüber denken, aber er hoffe es nicht.

2e Regeln: Satzende • ob • sollen

2f 1. Sie fragte, ob das Risiko nicht zu hoch sei. Sie sagte, sie mache sich große Sorgen. Sie bat ihn, er solle das lieber nicht tun. • 2. Er antworte ihr, morgen würden alle Kollegen Aktien von dem Unternehmen kaufen, da wolle er auch dabei sein. Er denke, sie würden eine gute Rendite erzielen, denn ihrer Firma gehe es gut. Ihr Vorstand habe das noch am Vortag bei der Vorstellung des Geschäftsberichts besonders betont. • 3. Auf der Betriebsversammlung sagte der Chef, leider müsse er ihnen mitteilen, dass die Firma Absatzprobleme im Ausland habe. Ihre Aktie sei stark gefallen. Ob sie bald wieder steigen werde? Das könne er ihnen leider heute noch nicht sagen, aber sie würden an der Lösung des Problems arbeiten.

Lektion 14

14A Arbeit & Versicherung

1a 2. abschließen • 3. sich … krankenversichern • 4. beträgt • 5. erhalten • 6. dienen • 7. tritt … ein

1b 2. die Gesundheitskarte, -n • 3. der Jahresbeitrag, ⁼e • 4. die Krankenkasse, -n • 5. das Merkblatt, ⁼er • 6. die Mitgliedsbescheinigung, -en • 7. die Pflegeversicherung, -en • 8. der Sozialversicherungsausweis, -e • 9. der Wohnsitz, -e

2a 2. Unfallversicherung • 3. Rentenversicherung • 4. Pflegeversicherung • 5. Arbeitslosenversicherung

2b 2b • 3a • 4d • 5b • 6c

2c 2D • 3F • 4J • 5L • 6I • 7A • 8C • 9H • 10K • 11B • 12G

3 2. Derjenige • 3. denjenigen • 4. dasjenige • 5. denjenigen • 6. derjenigen

4 2. Sie wird nur vom Arbeitgeber finanziert. • 3. Der Versicherte erhält Zahlungen bei Berufskrankheiten. • 4. Die Versicherung sorgt für Umschulungen.

14B Brutto- und Nettoverdienst

1 2. geringfügig Beschäftigte • 3. Lohnsteuer / Einkommensteuer • 4. Solidaritätszuschlag • 5. Entgeltfortzahlung im Krankheitsfall • 6. Kirchensteuer

2a 2. der Studierende • 3. die Handelnden • 4. der Beschäftigte • 5. die Betreute • 6. die Festangestellten

2b 1. ein Angestellter • mit den Angestellten • viele Angestellte • 2. die Betreuenden • mit der Betreuenden • für Betreuende • einer Betreuenden • 3. das Erreichte • vom Erreichten • wegen des Erreichten • nichts Erreichtes • alles Erreichte

2c 2. Beschäftigten • 3. Arbeitenden • 4. Studierende • 5. Arbeitnehmenden • 6. Versicherten • 7. Erkrankte

3a 2b • 3a • 4b

3b 1. Frau Novák ist 25 Jahre alt. • 2. Sie hat keine Kinder, denn sie zahlt den Zusatzbeitrag zur Krankenversicherung. • 3. Sie gehört keiner Religion an. • 4. Sie hat 1.764,55 € zur Verfügung.

14C Und privat? Welche Versicherungen?

1a Zuordnung: 2A • 3B • 4E • 5F • 6D •
Mögliche Lösung: 2. Die Höhe des Gehalts kommt auf die Steuer an. • 3. Der Beitrag hängt vom Gehalt ab. • 4. Ich schütze mich vor Einbrüchen. • 5. Die Versicherung kommt für den Schaden auf. • 6. Es geht um das neue Projekt.

1b 2. verursachen • 3. abschließen • 4. gehen • 5. spielen • 6. bieten

1c 2a. geht • 2b. um • 3. schützt / bietet Schutz • 4. verursacht • 5. Zehntausende gehen • 6. Angst • 7. abschließen • 8a. kommt • 8b. auf • 9a. hängt • 9b. von • 10a. spielt • 10b. Rolle • 11a. kommt • 11b. auf

2 *Mögliche Lösung:* Sehr geehrter Herr Merk,
vielen Dank für Ihre Nachricht. Ich war auf einer nicht geplanten Dienstreise und anschließend im Urlaub, deshalb habe ich Sie nicht kontaktiert. Ich würde gern die Rechtsschutzversicherung abschließen und verzichte auf die Berufsunfähigkeitsversicherung. Ich würde gern noch eine Beratung zu einer günstigen Versicherung bzw. einem günstigen Versicherungspaket in Anspruch nehmen. Ich würde mich freuen, wenn Sie mir zwei Terminvorschläge für die nächste Woche machen könnten.
Mit freundlichen Grüßen
Adela Novák

3a Sätze: 2. Man ist berufsunfähig, falls man seinen Beruf nicht mehr zu 50 % ausüben kann. • 3. Im Falle, dass man z. B. weniger als 20 Stunden von 40 Stunden arbeiten kann, ist man berufsunfähig. • 4. Falls man eine Vorerkrankung hat, kann man diese Versicherung nicht abschließen. • 5. Im Falle, dass man rechtliche Probleme mit dem Vermieter hat, zahlt die Rechtsschutzversicherung die Anwaltskosten. • 6. Falls man Leistungen von verschiedenen Versicherungen vergleichen will, kann man in Spezialportalen nachsehen.

3b 2. Sollten die Kinder einen Schaden verursachen, tritt die Haftpflichtversicherung ein. • 3. Sollte man eine Vorerkrankung haben, muss man die Versicherung informieren. • 4. Sollte etwas unklar sein, melden Sie sich einfach.

3c 1a • 2b

3d Zuordnung: 2A • 3E • 4C • 5D •
Sätze: 2. Im Falle eines Einbruchs tritt die Hausratversicherung ein. • 3. Im Falle von Wasserschäden zahlt die Hausratversicherung die Reparaturen. • 4. Im Falle des Diebstahls von Schmuck ist es gut, wenn man Fotos der Wertsachen hat. • 5. Im Falle von rechtlichen Problemen kann eine Rechtsschutzversicherung helfen.

4 2. Vertragsunterlagen • 3. Bedingungen • 4. beträgt • 5. Angabe von Gründen • 6a. Einschreiben • 6b. Rückschein • 7. Einzugsermächtigung • 8. widerrufen • 9. Bestätigung

14D Als Freiberufler versichert

1a 1a • 2b • 3a

1b 2. Als Lehrer ist man versicherungspflichtig, d.h., man muss sich kranken- und rentenversichern. • 3. Eine Berufshaftpflichtversicherung ist für Freiberufler ein Muss. • 4. Die Berufshaftpflichtversicherung bietet Schutz bei Personen-, Sach- und Vermögensschäden. • 5. Die private Haftpflicht ist in den meisten Berufshaftpflichtversicherungen enthalten. • 6. Als Freiberufler braucht man unbedingt auch eine private Unfallversicherung. • 7. Der Beruf des Fitnesstrainers ist mit vielen Risiken verbunden. • 8. Deshalb sollte ein Fitnesstrainer unbedingt eine Berufsunfähigkeitsversicherung abschließen.

2a 2. irgendwem • 3. irgendwen • 4. irgendwie • 5. irgendwann • 6. irgendwoher

2b 2. Irgendwann • 3. Irgendwie • 4. Irgendjemand • 5. irgendeinem

3 *Mögliche Lösung:* 2. betragen • erheben • sinken • steigen • richten … nach • 3. entrichten • abziehen • beinhalten • 4. beanspruchen • absichern • abdecken

Lektion 15

15A Das neue Produkt

1a 2. Konkurrenzanalyse • 3. Unique Selling Point • 4. Alleinstellungsmerkmal • 5. Beschaffenheit der Zielgruppe • 6. Marktforschungsinstitut • 7. Marktlücke

1b 2. die Marktkenntnis, -e 3. die Marktanalyse, -n • 4. die Marktlücke, -n • 5. der Zeitschriftenmarkt, ̈e • 6. der Konkurrenzmarkt, ̈e• 7. die Marktforschung, -en • 8. die Marktforscherin, -nen • 9. die Markteinführung, -en • 10. der Absatzmarkt, ̈e

1c 2C • 3D • 4B • 5A

1d 2. Alleinstellungsmerkmal • 3. Konkurrent • 4. Adressatenkreis • 5. Hauptaspekt eines Themas • 6. Art und Aussehen

1e 2a • 3c • 4b • 5c

2 2r • 3r • 4r • 5f • 6r • 7f • 8r • 9f • 10f

3 2d • 3b • 4c • 5a

15B Werbestrategie

1a 2A • 3D • 4B

1b 2. Desire • 3. Interest • 4. Action

1c/d Verkäufer: Werbephase, mit dem Ziel, beim Empfänger eine konkrete Handlung auszulösen: Kauf das Produkt! •

Ein Produkt auf den Markt bringen. • Erste Werbebotschaften für das Produkt aussenden, damit es wahrgenommen wird. • **Kunde:** Eine Werbebotschaft empfangen und ein neues Produkt wahrnehmen. • Eine Werbebotschaft prüfen: „Will ich haben!" Einen Kaufwunsch spüren. • **Reihenfolge von oben nach unten:** 6 • 4 • 3 • 1 • 2 • 5

2a 2. Pressemitteilung • 3. Anzeige • 4. Plakat • 5. Posts in Sozialen Medien • 6. Werbebrief • 7. Radio-/TV-Spot

2b 2. gebracht • 3. zustande kommt • 4. zusagt • 5. Einsatz • 6. geklebt • 7. geschaltet • 8. gesendet • 9. Sonderpreis

3a 2. Unsere Werbestrategie funktioniert vermutlich. • 3. Das neue Konzept kommt höchstwahrscheinlich an. • 4. Die Zielgruppe ist wahrscheinlich begeistert. • 5. Die Auflage steigt vielleicht schnell. • 6. Das neue Produkt macht den Verlag möglicherweise reich.

3b **Tabelle: Grad der Sicherheit ca. 98 %: Adverb:** bestimmt • sicher • sehr sicher • ganz sicher (nicht) • auf jeden/keinen Fall • **Modalverb:** muss • kann nicht/kein • **Grad der Sicherheit ca. 90 %: Adverb:** sicherlich • fast sicher • ziemlich sicher • **Modalverb:** müsste • **Grad der Sicherheit ca. 75 %: Adverb:** wahrscheinlich • wohl • **Modalverb:** dürfte • **Grad der Sicherheit ca. 50 %: Adverb:** eventuell • möglicherweise • vermutlich • vielleicht • **Modalverb:** kann • könnte

3c 2. Eine schlecht gemachte Zeitschrift kann keine Leserinnen finden. • 3. Eine gute Zeitschrift für Frauen kann keine langweiligen Beiträge haben!

3d 2. Jüngere Leserinnen dürften ein anderes Onlineverhalten haben als ältere. • 3. Fotostrecken zu den Themen könnten für die Zielgruppe interessanter sein als der Bericht im Heft. • 4. Der Austausch mit anderen Leserinnen muss auch ein wichtiges Thema für unsere Zielgruppe sein. • 5. Es müsste völlig egal sein, ob wir mit den Spots im Radio oder im Fernsehen beginnen.

3e 2. Die Interviews mit Privatsendern kommen eventuell/möglicherweise/vermutlich/vielleicht zustande. • Eventuell/Möglicherweise/Vermutlich/Vielleicht kommen die Interviews mit Privatsendern zustande. • 3. ClaraWoman wird wahrscheinlich/wohl erfolgreich./Wahrscheinlich wird ClaraWoman erfolgreich.

4 2. Das sehe ich nicht so. • 3. Meiner Meinung nach wäre es gut, wenn … • 4. Darf ich hier kurz einhaken? • 5. Lassen Sie mich bitte ausreden. • 6. Dem kann ich nicht zustimmen. • 7. An dem Punkt teile ich Ihre Meinung.

15C Wie ist die Entwicklung?

1a Anzeigenpreis • Verkaufte Auflage • Copypreis • Page Impressions • Visits

1b 2. Eine halbe Werbeseite kostet 16.000 €. • 3. Sie erscheint 26 Mal im Jahr. • 4. Sie erscheint montags. • 5. Es werden 148.976 Exemplare verkauft. • 6. Die Website wurde 17,02 Mio. Mal angeklickt.

2a 2. Wenn die Verkaufszahlen steigen, werden sicherlich auch die Anzeigenpreise steigen. • 3. Wenn die Verkaufszahlen sinken, werden die Klickzahlen auf der Website von ClaraWoman möglicherweise sinken.

2b 2. Wenn sich die Interessen der Zielgruppe ändern, dürfte das die Verkaufszahlen beeinflussen. • 3. Wenn die Seitenaufrufe der Website steigen, könnten die Verkaufszahlen steigen.

2c 2V • 3P • 4P • 5P • 6V

2d 2. Die Leserinnen werden bestimmt begeistert sein. • 3. Die Konkurrenz wird vielleicht an Auflage verlieren. • 4. Die Leserinnen werden die Artikel in ClaraWoman wahrscheinlich mit jeder Ausgabe interessanter finden.

3 **1. Einleitung und Thema benennen:** Die vorliegenden Zahlen geben Auskunft über … • Die Zahlen vergleichen … • **2. Schlüsse ziehen:** Daraus lässt sich die Schlussfolgerung ziehen, dass … • Das könnte bedeuten, dass … • Hieraus ergibt sich … • **3. Vermutungen anstellen:** Das müsste dazu führen, dass … • Es dürfte ziemlich sicher sein, dass … • Vermutlich werden … sinken. • Vielleicht wird … gleich bleiben. • Wahrscheinlich wird … steigen.

15D Das Frauenmagazin „Barbara"

1 2. 9-16 • 3. 18-24 • 4. 29-32 • 5. 39-46 • 6. 56-61 • 7. 62-64 • 8. 68-70 • 9. 73-74 • 10. 74-76

Lektion 16

16A Konflikte im Projekt

1a 2a • 3b • 4c • 5b • 6a • 7c

1b 2. Die Zahlenbasis steht jetzt für die Analyse zur Verfügung. • 3. Der Projektleiter sollte jetzt eine Entscheidung treffen. • 4. Wir erwarten, dass das Projekt die Voraussetzungen für eine effiziente Logistik schaffen wird. • 5. Die Umbaumaßnahmen wurden letzten Monat zum Abschluss gebracht. • 6. Über die Weiterführung des Projekts muss das Management eine Vereinbarung mit dem Projektleiter treffen. • 7. Als neue Teamleiterin wird Frau Maier innovative Projekte durchführen.

2a **Markierungen:** 1b. Für den Umbau steht keine ausreichende Summe zur Verfügung. • 2b. Die Kollegen haben den Vertrag nicht zum Abschluss gebracht.

2b **Regel:** 1. kein • 2. nicht

2c 2. Die Zahlenbasis steht nicht für die Analyse zur Verfügung. • 3. Der Projektleiter sollte jetzt keine Entscheidung treffen. • 4. Wir erwarten, dass das Projekt nicht die Voraussetzungen für eine effiziente Logistik schaffen wird. • 5. Die Umbaumaßnahmen wurden letzten Monat nicht zum Abschluss gebracht. • 6. Über die Weiterführung des Projekts muss das Management keine Vereinbarung mit dem Projektleiter treffen. • 7. Als neue Teamleiterin wird Frau Maier keine innovativen Projekte durchführen.

3a 2. effiziente Nutzung • 3. Ist-Analyse • 4. Meilenstein • 5. Prozessoptimierung • 6. Ressourcen • 7. Soll • 8. Werkslogistik • 9. Werkverkehr

3b 2. effizienten Nutzung • 3. beschleunigen • 4. Werkverkehrs • 5. Ist-Analyse • 6. Soll • 7. Prozessoptimierung • 8. Meilenstein • 9. Ressourcen

4a 2. Die Arbeit am Projekt läuft nicht gut. Infolgedessen ist der Zeitplan nicht mehr realistisch. / Die Arbeit am Projekt läuft nicht gut, der Zeitplan ist infolgedessen nicht mehr realistisch. • 3. Die neue Software muss erst noch angepasst werden. Somit können wir an dieser Stelle nicht weiterarbeiten. / Die neue Software muss erst noch angepasst werden, wir können somit an dieser Stelle nicht weiterarbeiten. • 4. Zwei Kollegen wurden in ein Projekt geholt. Folglich haben wir für unsere Aufgaben nun zu wenig Mitarbeiter. / Zwei Kollegen wurden in ein Projekt geholt, wir haben folglich für unsere Aufgaben nun zu wenig Mitarbeiter. • 5. Wir haben in der Firma immer mehr Projekte bekommen. Infolgedessen hat die Geschäftsführung keinen Überblick mehr. / Wir haben in der Firma immer mehr Projekte bekommen, die Geschäftsführung hat infolgedessen keinen Überblick mehr.

4b **Regeln:** 1b • 2. von • 3. Nomen

4c 2. Infolge der Prozessbeschleunigungen wird der Güterfluss erhöht. • 3. Infolge effizienterer Nutzung der Ressourcen arbeitet der Betrieb rentabler. • 4. Infolge von Umbaumaßnahmen im Werk gibt es jetzt mehr Lagerkapazitäten.

4d 2. Infolge von Lieferschwierigkeiten hat die Firma Telko jetzt keine neue Ware. • 3. Infolge schwerer Konflikten über die Zielsetzung ist das Projekt gescheitert. • 4. Infolge von Bauarbeiten auf der Autobahn A8 muss mit Staus gerechnet werden. • 5. Infolge der Modernisierung des Werks können jetzt höhere Stückzahlen produziert werden.

16B Scheitert das Projekt?

1a *Mögliche Lösung:* **Markierungen:** Bei Teamarbeit sinken die Motivation und die Zufriedenheit der Mitarbeiter. • Den Arbeitnehmern ist bei der Teamarbeit klar, dass ihre Arbeitsleistung und ihr Engagement nicht direkt gemessen werden, sondern dass nur das Teamergebnis gesehen wird. • Wenn infolgedessen einzelne Teamkollegen auch noch besonders wenig arbeiten, entstehen Ärger und Konflikte. • Wenn die individuelle Leistung gesehen wird, steigt die Motivation. **Argumente gegen Teamarbeit:** Die Mitarbeiter wissen, dass nicht sie allein für Fehler verantwortlich gemacht werden und arbeiten so weniger gewissenhaft. • Die Mitarbeiter fühlen sich nicht persönlich verantwortlich, deshalb können leichter Fehler passieren. • **Argumente für Teamarbeit:** Teamkollegen können voneinander profitieren, wenn sie unterschiedliche Fähigkeiten haben. • Der Zusammenhalt unter den Kollegen steigt, wenn sie ein Projekt zusammen erfolgreich abgeschlossen haben.

2a 2E • 3B • 4A • 5D

2b 2. Wir entwickeln mehr Innovationen, indem die Entwickler an eigenen Ideen arbeiten dürfen. / Indem die Entwickler an eigenen Ideen arbeiten dürfen, entwickeln wir mehr Innovationen. • 3. Wir modernisieren das Lager, indem wir eine neue Lager-Software einführen. / Indem wir eine neue Lager-Software einführen, modernisieren wir das Lager. • 4. Wir schaffen dadurch mehr Gelegenheit zum Austausch, dass wir die Kommunikation verbessern. / Dadurch, dass wir die Kommunikation verbessern, schaffen wir mehr Gelegenheit zum Austausch. • 5. Der Chef vermeidet dadurch jedes Risiko, dass er keine neuen Methoden probiert. / Dadurch, dass der Chef jedes Risiko vermeidet, probiert er keine neuen Methoden.

2c **Markierungen:** 1. Das Unternehmen hat die Wochenarbeitszeit reduziert. Dadurch muss niemand entlassen werden. • 2. Durch die Reduzierung der Wochenarbeitszeit im Unternehmen muss niemand entlassen werden. **Regeln:** 1b • 2a

2d 2. Durch die Kooperation unterschiedlicher Spezialisten werden neue Lösungswege möglich. • 3. Durch die vielen neuen Pläne des Projektteams ist jetzt ein Durcheinander entstanden. • 4. Durch das fehlende Projektmanagement scheitern einige Projekte. • 5. Durch gezielten Einsatz von Projektarbeit können technische Entwicklungsprozesse beschleunigt werden.

2e 2. Dadurch / So • 3. dadurch, dass / indem • 4. durch • 5. dadurch, dass / indem • 6. Dadurch, dass / Indem • 7. Durch • 8. Dadurch / So

16C Schwierige Gespräche

1 2b • 3a • 4b • 5b • 6a • 7a

2a 2. davon • 3. darüber • 4. darum • 5. daran • 6. damit

2b 3 • 4 • 9 • 10

3 2H • 3A • 4F • 5G • 6B • 7E • 8C • 9D

16D Konfliktlösungswege

1a 2c • 3b • 4c • 5b • 6a

1b 2f • 3r • 4f • 5f • 6r

1c 2. in • 3. um • 4. dass • 5. um • 6. Ihre

2 1. **Vorgespräch:** Könnten Sie bitte zuerst … • Was möchten Sie denn mit diesem Gespräch erreichen? • Wir sind zusammengekommen, um … • 2. **Sammeln von Themen:** Es ist mir wichtig, dass … • Ich sehe das Problem so: … • Aber dann müssen wir auch darüber sprechen, dass … • In unserer aktuellen Situation stört mich wirklich, dass … • Ich denke, das Problem bei uns ist, dass … • Außerdem müssen wir noch … ansprechen. • 3. **Verhandeln / Argumentieren:** Wenn du …, dann wäre ich bereit … • Wir könnten doch versuchen … • Haben Sie noch weitere Vorschläge für die Zukunft? • Tut mir leid, das finde ich nicht in Ordnung, weil … • Mein Vorschlag wäre … • Damit habe ich ein Problem, weil … • Nein, damit bin ich nicht einverstanden, weil … • Ich denke, es wäre besser, wenn … • Das sehe ich anders. • Was müsste denn aus Ihrer Sicht passieren, damit …? 4. **Entscheiden:** Was könnte eine Lösung für … sein? • Welche Lösungsmöglichkeiten sehen Sie? • 5. **Schriftlich festhalten:** Halten wir jetzt also fest: … • Ich habe mir jetzt folgendes Ergebnis notiert: …

Lektion 17

17A Meine Rechte im Betrieb

1 1a • 2b

2a 2b • 3a • 4b

2b 2. Tarifabschluss • 3. Vertragslaufzeit • 4. Tariflohn • 5. Tarifbindung • 6. Personalrat • 7. Tarifvertrag

3a b

3b 2. **Beispiel aus dem Text:** wurde eingeführt • **Bildung der Form:** Präteritum • Partizip Perfekt • 3. **Beispiel aus dem Text:** ist behauptet worden • **Bildung der Form:** Präsens • 4. **Beispiel aus dem Text:** war diskutiert worden • **Bildung der Form:** Präteritum • „worden" 5. **Beispiel aus dem Text:** wird verbessert werden • **Bildung der Form:** Präsens • 6. **Beispiel aus dem Text:** würden gebracht • **Bildung der Form:** Konjunktiv II

3c 2a/b. wurde … eingruppiert • 3a/b. waren … getroffen worden • 4a/b. ist … verändert worden • 5a/b. werden … geprüft • 6. vertreten werden • 7. geschult würden

4a 1. Subjekt • Position 1 • 2b

4b 2. Es wurde nach mehreren Verhandlungstagen eine Lohnerhöhung erreicht. / Nach mehreren Verhandlungstagen wurde eine Lohnerhöhung erreicht. • 3. Es wurde dabei auch über viele Punkte gestritten. / Dabei wurde auch über viele Punkte gestritten. • 4. Es wurde jedoch bis jetzt keine Einigung über die Wochenarbeitszeit erzielt. / Bis jetzt wurde jedoch keine Einigung über die Wochenarbeitszeit erzielt. • 5. Es wird im Moment viel über das Verhandlungsergebnis in den Gewerkschaften diskutiert. / In den Gewerkschaften wird im Moment viel über das Verhandlungsergebnis diskutiert.

5a 2. Die Beschäftigten sind schon informiert. • 3. Die TOPs sind schon festgelegt. • 4. Der Raum ist schon vorbereitet. • 5. Der Ablauf ist schon geplant. • 6. Die PowerPoint-Präsentation ist schon erstellt.

5b **Korrekte Formen:** 2. sind • 3. wurden • 4. wurde • 5. wird • 6. wurden • 7. sind • 8. war

17B Mitbestimmung

1a 2b • 3c • 4d • 5a • 6b • 7a

1b 2f • 3f • 4r • 5r • 6r • 7f • 8r

2 b

17C Hilfe vom Betriebsrat

1a **Markierungen:** 2. Der Fall soll endlich abgeschlossen werden. • 3. Der Fall sollte endlich abgeschlossen werden. **Regeln:** Position 2 • werden

1b 2. Die komplizierte neue Tarifregelung konnte kaum verstanden werden. • 3. In der Sprechstunde des Betriebsrats darf um Rat gefragt werden. • 4. Am 31.12. muss nicht gearbeitet werden. • 5. Es sollten Verbesserungsvorschläge gemacht werden. • 6. Es musste eine Dokumentation vorgelegt werden.

1c 2. Die Betriebsrätin sagt, dass eine schriftliche Beschwerde formuliert werden muss. • 3. Wir finden, dass dieser Plan so nicht akzeptiert werden kann. • 4. Der Geschäftsführer erklärte, dass Lohnkosten eingespart werden mussten.

2a 2k • 3m • 4m • 5k • 6k

2b 2. Durch den Betriebsrat lässt sich die Gleichbehandlung im Betrieb besser kontrollieren. • 3. Vor einer Kündigung ist immer die Ansicht des Betriebsrats zu hören. • 4. Die Entscheidungen des Geschäftsführers waren nicht zu verstehen. • 5. Die Chefin behauptet, dass die Höhergruppierungen nicht bezahlbar sind. • 6. Nur von einem Betriebsrat lassen sich effektive Sozialpläne verhandeln.

3 2f • 3f • 4r • 5r • 6r • 7f • 8r • 9f

4 2. Die Situation ist nicht länger hinnehmbar • 3. Hier besteht konkreter Handlungsbedarf • 4. Ich sehe aber leider keine Möglichkeit • 5. Ich erwarte, dass • 6. Ich fürchte, das lässt sich nicht so einfach machen • 7. Es muss doch machbar sein • 8. Kurzfristig könnten wir vielleicht • 9. Gut, dann halten wir also fest

17D Kampf oder Kooperation?

1a 2. die Konfrontation • 3. die Verhandlung • 4. die Schlichtung • 5. der Vermittler • 6. der Streik • 7. der Kampf • 8. der Aufruf • 9. die Auseinandersetzung • 10. die Abstimmung • 11. der Zwang • 12. der Ausgleich

1b 2. Streiks • 3. Verhandlungen • 4. Vermittler • 5. Schlichtung • 6. aufgerufen • 7. Ausgleich • 8. abstimmen • 9. kampfs • 10. zwingen • 11. Einflussnahme • 12. Auseinandersetzungen

2 3. … und ich die Information gesehen habe, dass Sie für Gewerkschaftsmitglieder eine kostenlose Beratung im Arbeitsrecht anbieten. • 4. Aufgrund gesundheitlicher Probleme kann ich keine stehende Tätigkeit mehr ausüben, deshalb wurde ich versetzt. ✓ • 6. Die neue Stelle liegt 2 Tarifgruppen unter meiner alten Stelle. • 7. Aber das ist doch ungerecht, weil / da ich nicht mehr so lange stehen kann! • 8. Ich möchte gern wissen, ob ich etwas dagegen unternehmen kann. • 9. Für eine Beratung wäre ich Ihnen sehr dankbar. 10. Mit kollegialen Grüßen – Hajo Köhler ✓

Lektion 18

18A Messezeiten

1 2. **Person / Institution:** der Aussteller • **(Ergebnis der) Handlung:** die Ausstellung • 3. **Person / Institution:** der Ausstatter • **Gegenstand:** die Ausstattung • 4. **(Ergebnis der) Handlung:** das Einrichten • **Gegenstand:** die Einrichtung • 5. **Person / Institution:** der Hersteller • **(Ergebnis der) Handlung:** die Herstellung • 6. **Person / Institution:** der Lieferant • **(Ergebnis der) Handlung:** die (Zu)Lieferung • die Lieferung • 7. **Gegenstand:** die Beleuchtung • die Leuchte • 8. **Person / Institution:** der Sender • **Gegenstand:** die (Post)Sendung • 9. **Person / Institution:** der Endverbraucher • **(Ergebnis der) Handlung:** der Verbrauch

2a 2. finden • 3. erhöhen • 4. sammeln • 5. vorstellen • 6. testen

2b *Mögliche Lösung:* 2. Wir nehmen an der Messe teil, um Handelsvertreter zu finden. • 3. Unser Messeziel ist es, unsere Exportchancen zu erhöhen. • 4. Wir sind hier, um Marktinformationen zu sammeln. • 5. Unsere Absicht ist es, Prototypen vorzustellen. • 6. Die Messe bietet uns die Gelegenheit, die Akzeptanz des Produkts zu testen.

3 2b • 3a • 4c

4 *Mögliche Lösung für das Unternehmen „FRAMA":* Vom 23. Juni 2017 bis 03. Juli 2020 erfahren Sie, wie unsere neuesten Entwicklungen dazu beitragen, das Frankieren und Öffnen von Postsendungen in der Zukunft noch innovativer zu gestalten. Dieses Jahr freuen wir uns, Ihnen unsere neue Serie von Frankiermaschinen vorzustellen. Informieren Sie sich über vielfältige Möglichkeiten und neue Einsatzgebiete bei unseren Experten. Lassen Sie sich kompetent über individuelle Lösungen für Ihr Unternehmen beraten. Registrieren Sie sich auf unserer Webseite und laden Sie sich kostenlos unseren Messekatalog herunter. Wir würden uns freuen, Sie auf der „drupa" an unserem Messestand begrüßen zu dürfen.

18B Halle 7B – Stand 21

1a 2. die Großveranstaltung, -en • 3. die Hochschule, -n • 4. die Komplettlösung, -en • 5. das Schnellrestaurant, -s • 6. das Einmalgeschirr, -e • 7. die Gemeinschaftsverpflegung, -en • 8. die Nahrungsmittelindustrie, -n • 9. das Konditorhandwerk, -e • 10. die Serviceverpackung, -en

1b 2. Nahrungsmittelindustrie • 3. Schnellrestaurants • 4. Serviceverpackungen • 5. Großveranstaltungen • 6. Einmalgeschirr

2a 2A • 3B • 4E • 5C • 6D

2b 2. zurückzugewinnen • 3. ist … zerfallen • 4. schont • 5. recyceln • 6. entsorgt

3a/b 2. bleibt das … so • will der Gast … wissen • 3. Anders dagegen der Endverbraucher • 4. Ich kann Sie beruhigen • 5. Unsere Antwort: …

4a 2a • 3a • 4b • 5b

4b 2. Möchten Sie Ihr Konzept als nachhaltig präsentieren, dann ist unser Sortiment eine gute Wahl für Sie. • 3. Servieren Sie Fingerfood in Schalen aus Zuckerrohr. Damit überzeugen Sie auch Ihre kritischen Gäste. • 4. Unser Unternehmen beliefert viele Großküchen. Trotzdem sind wir in der Gastronomie noch nicht so bekannt. • 5. Wir wollen die Zukunft der Branche gestalten. Deshalb entwickeln wir unsere Produkte ständig weiter.

5a 1b. Anfang • 1c. Neues • 1d. überlegt • 1e. Problem • 2a. zeichnet • 2b. geeignet • 2c. Merkmal • 2d. Vorteil • 2e. Ansprüche • 3a. Eindruck • 3b. empfehle • 3c. Aufmerksamkeit • 3d. Interesse • 3e. Fragen

5b *Mögliche Lösung für B. Siegelmaschine:* Dieses Produkt zeichnet sich durch die einfache und schnelle Bedienung aus. Es ist bestens geeignet für den Außer-Haus-Verkauf heißer, kalter und tiefgekühlter Gerichte. Ein besonderes Merkmal ist, dass die Siegelmaschine wenig Stellfläche benötigt, und daher für kleine Theken geeignet ist. Ein weiterer Vorteil besteht darin, dass die Siegelmaschine KLI robust und sehr stabil ist. Sie ist bestens geeignet für Menüschalen von 45 bis 95 mm Tiefe. Sie erfüllt alle Ansprüche, die an ein solches Produkt gestellt werden.

18C Messegespräche

1 2. von • 3. an • 4. auf • 5. Beim

2a 2. auf den Kunden eingehen • 3. für ein Angebot werben • 4. im Gespräch nachfragen • 5. Vorschläge machen • 6. schriftliche Informationen anbieten • 7. eine Vereinbarung prüfen • 8. Kunden verabschieden

2b 2. Sie sprechen da einen wichtigen Punkt an. • 3. Ich hätte gern gewusst, … • 4. Ich hätte da ein Angebot für Sie: …

3a 2. stehen • 3. geben • 4. nehmen • 5. legen • 6. nehmen • 7. geben

3b 2. Für uns steht die Umweltverträglichkeit im Vordergrund. • 3. Wir möchten die Lagerung der Becher in Auftrag geben. • 4. Bitte nehmen Sie Platz. • 5. Wir legen Wert auf Kundenzufriedenheit. • 6. Wann wird die neue Druckmaschine in Betrieb genommen? • 7. Können Sie mir eine Vorstellung davon geben, was das kostet?

4 2. Wie viele Becher haben wir im letzten Jahr eigentlich bedrucken lassen? • 3. Haben Sie mit dem Lieferanten Verträge über das Einweggeschirr abschließen können? • 4. Ich habe viele Gespräche führen müssen, bis ich den richtigen Partner für uns gefunden habe.

18D Der Druckauftrag

1a/b *Mögliche Lösung:* Sehr geehrte Damen und Herren, wir danken Ihnen für Ihr Interesse an unseren Produkten. Für nachhaltige Verpackungen aus Papier und Kartonwaren ist unsere Firma, die DEVEPA GmbH, der richtige Ansprechpartner. Gern können wir Ihnen unsere Kuchenboxen in den Größen M (22,8x22,8x10cm) und L (30x30x10cm) empfehlen. Sie bestehen aus recycelten Rohstoffen und entsprechen dabei den höchsten Umweltstandards. Auch unsere Backpapierformen sind frei von Plastik und biologisch abbaubar. Im Anhang finden Sie dazu die Preisliste sowie die Zahlungs- und Lieferbedingungen. Bei einer Abnahme von 20.000 Stück bieten wir einen Mengenrabatt von 10 % an. Gern können wir Ihnen auch Produktmuster zusenden.
Wir würden uns freuen, Sie als Kunden zu gewinnen und hoffen, dass unser Angebot Ihren Vorstellungen entspricht.
Mit freundlichen Grüßen
Julia Müller

2 2. zahlbar • 3. zuzüglich • 4. freibleibend • 5. Lieferung • 6. Abzüge

Lektion 19

19A Globale Transportwege

1 2. Sie werden auf der Wasserstraße mit Binnenschiffen über Flüsse und Kanäle transportiert. • 3. Sie werden auf dem Luftweg mit Flugzeugen transportiert. • 4. Sie werden auf dem Seeweg auf Schiffen über das Meer transportiert. • 5. Sie werden auf dem Landweg in Güterzügen auf der Schiene transportiert.

2 **Reihenfolge der Transportschritte von oben nach unten:** 10 • 3 • 2 • 7 • 6 • 5 • 8 • 11 • 4 • 9 • **In der richtigen Reihenfolge notiert und nummeriert:** 2. Der Vertrieb der Produzentenfirma macht die Frachtpapiere – auch Ausfuhrzollpapiere – bereit und legt sie der verpackten und für den Transport bereitgestellten Pumpe bei. • 3. Die Pumpe wird vom Spediteur abgeholt und in einen Container geladen. • 4. Die Pumpe wird im Container von der Speditionsfirma in einem Schwerlaster auf dem Straßenweg zum Hafen Rotterdam gebracht. • 5. Der Container mit der Pumpe wird mit einem

Kran auf ein Schiff verladen. • 6. Die Pumpe wird auf dem Seeweg an den Zielhafen Walvis Bay in Namibia gebracht. • 7. Die Pumpe wird mit dem Kran abgeladen und zum Zoll gebracht. • 8. Die Pumpe wird zur Einfuhr ins Land verzollt. • 9. Die Pumpe wird auf einen LKW umgeladen. • 10. Mit dem LKW wird die Anhängerpumpe dann zum Zielort in Namibia gebracht. • 11. Die Pumpe wird ausgeladen und an den Kunden ausgeliefert.

3 2. die • ein-/ausführen • 3. der • übergehen • 4. die • beschädigen • 5. der • transportieren • 6. die • übergeben

4 B. Abnahmeverpflichtung • C. Lieferbedingungen • D. Gefahrenübergang

5a **FCA: Verkäufer / Lieferant:** Er liefert die Ware transportgerecht verpackt an einen vom Käufer bestimmten Lieferort und trägt bis zur Warenübergabe alle Kosten und Risiken des Transports, inklusive Zoll. • **FOB: Verkäufer / Lieferant:** Er bringt die Ware an Bord eines vom Käufer bestimmten Schiffes. Der Verkäufer zahlt den Ausfuhrzoll. • **Käufer:** Er trägt die Kosten und Risiken des Transports sobald die Ware an Bord ist. Er muss auch den Einfuhrzoll bezahlen. • **CIF: Verkäufer / Lieferant:** Er liefert die Ware an Bord eines von ihm bestimmten Schiffes. • Er bezahlt die Kosten für die Fracht bis zum Zielhafen und muss die Zollanmeldung übernehmen. • Er muss einen Versicherungsvertrag abschließen, um die Ware bei Verlust oder Beschädigung abzusichern. • **DAP: Verkäufer / Lieferant:** Er liefert die Ware an den Bestimmungsort und stellt sie dort entladebereit zur Verfügung. • Er trägt bis zur Entladung alle Kosten und Risiken des Transports. • **Käufer:** Er erledigt die Zollformalitäten für die Einfuhr und bezahlt Einfuhrzoll. • **DDP: Verkäufer / Lieferant:** Er liefert die Ware an den vom Käufer benannten Zielort und trägt bis zum Zielort alle Kosten und Risiken. Er muss die Zollformalitäten erledigen und die Ware bei Einfuhr verzollen.

5b FOB und CIF sind nur für den See- und Wasserweg bestimmt.

5c Es gibt außer EXW, FCA, FOB, CIF, DAP, und DDP noch folgende Incoterms®:
CPT (Carriage Paid To = Fracht bezahlt bis) • **CIP** (Carriage Insurance Paid = Fracht und Versicherung bezahlt) • **CFR** (Cost And Freight = Kost und Fracht) • **DAT** (Delivered At Terminal = geliefert Terminal) • **FAS** (Free Alongside Ship = frei längsseits Schiff)
Am günstigsten für den Verkäufer sind die Incoterms® EXW, FCA, FAS, FOB, CFR und CIF. Aber für den Käufer sind CPT, CIP, DAP und DDP günstiger.

6 2. definieren • 3. trägt • 4. erlassen • 5. abschließen • 6. erledigen • 7. verzollen • 8. bezahlen

19B Der Exportauftrag

1 2. tragen • 3. in Auftrag geben • 4. in Auftrag geben • 5. sich einigen auf / vorschlagen

2 2. **FCA:** A. Der Verkäufer trägt das Risiko bis zu einem Lieferort, ab dem Lieferort trägt der Käufer das Risiko. • B. Der Verkäufer trägt die Transportkosten bis zu einem Lieferort, ab dem Lieferort trägt der Käufer die Transportkosten sowie den Einfuhrzoll. • C. Der Verkäufer zahlt die Versicherungskosten bis zu einem Lieferort, ab dem Lieferort zahlt der Käufer die Versicherung. • 3. **FOB:** A. Der Verkäufer trägt das Risiko bis die Ware auf dem Schiff ist, der Käufer sobald die Ware an Bord ist. • B. Der Verkäufer trägt die Kosten bis zum Schiff, der Käufer sobald die Ware an Bord ist. Er muss auch den Einfuhrzoll übernehmen. • C. Der Käufer zahlt die Versicherung ab der Auslieferung bis die Ware an Bord eines Schiffes ist. Sobald die Ware an Bord ist, zahlt der Käufer die Versicherungskosten. • 4 **CIF:** A. Der Verkäufer trägt das Risiko bis die Ware am Zielhafen ist, der Käufer sobald die Ware am Zielhafen ist. • B. Der Verkäufer trägt die Kosten bis die Ware am Zielhafen ist, der Käufer sobald die Ware am Zielhafen ist. Er muss auch den Einfuhrzoll bezahlen. • C. Die Versicherung trägt der Verkäufer. • 5. **DAP:** A. Das gesamte Risiko trägt der Verkäufer. • B. Die gesamten Kosten trägt der Verkäufer. • C. Die Versicherung zahlt der Verkäufer. Der Käufer muss aber die Zollformalitäten erledigen und den Einfuhrzoll bezahlen. • 6. **DDP:** A. Das gesamte Risiko trägt der Verkäufer. • B. Die gesamten Kosten trägt der Verkäufer. Er muss auch die Zollformalitäten erledigen und den Einfuhrzoll bezahlen. • C. Die Versicherungen zahlt der Verkäufer.

3a 2. Wenn es beim Transport keine Probleme gibt, trifft die Ware immer pünktlich am Lieferort ein. • 3. Falls es bei der Einfuhrabwicklung Schwierigkeiten gibt, müssen die Vertragspartner schnell reagieren. • 4. Falls der LKW in Namibia auf dem Transportweg ein Problem hat, kann man von Deutschland aus nicht schnell reagieren. • 5. Sofern der Transport der Pumpe perfekt funktioniert, werden der Käufer und der Verkäufer weiter zusammenarbeiten.

3b 2. Sollte es beim Transport Probleme geben, trifft die Ware nicht immer pünktlich am Lieferort ein. • 3. Sollte es bei der Einfuhrabwicklung Schwierigkeiten geben, müssen die Vertragspartner schnell reagieren. • 4. Sollte der LKW in Namibia auf dem Transportweg ein Problem haben, kann man von Deutschland aus nicht schnell reagieren. • 5. Sollte der Transport der Pumpe perfekt funktionieren, werden der Käufer und der Verkäufer weiter zusammenarbeiten.

4 2. Sobald der Vertrag von der Firma Klein und Herrn Mollner unterschrieben worden ist, tritt er in Kraft. / Der Vertrag tritt in Kraft, sobald er von der Firma Klein und Herrn Mollner unterschrieben worden ist. • 3. Sobald auf dem Transportweg ein Schaden an der Ware oder der Verlust der Ware eintritt, regeln die Vertragsbedingungen, wer die Kosten dafür tragen muss. / Die Vertragsbedingungen regeln, wer die Kosten dafür tragen muss, sobald auf dem Transportweg ein Schaden an der Ware oder der Verlust der Ware eintritt. • 4. Sobald die Pumpe am Bestimmungsort in Namibia eintrifft, gehen die Arbeiten im Bergwerk weiter. / Die Arbeiten im Bergwerk gehen weiter, sobald die Pumpe am Bestimmungsort in Namibia eintrifft. • 5. Sobald die Techniker da sind, kann die Arbeit mit der Pumpe beginnen. / Die Arbeit mit der Pumpe kann beginnen, sobald die Techniker da sind.

5a **Markierungen:** 2. Der Verkäufer muss bei der Aushandlung der Lieferbedingungen fair sein, der Käufer wird andernfalls nicht mehr bei ihm bestellen. • 3. Der Verkäufer braucht die Maße der Pumpe, andernfalls kann er keine passende Verpackung auswählen.
Regeln: 1a • 2. 1 • Satzmitte

5b 2. Der Verkäufer muss ein gutes Angebot machen, andernfalls bestellt der Kunde bei einer anderen Firma. • Der Verkäufer muss ein gutes Angebot machen, der Kunde bestellt andernfalls bei einer anderen Firma. • 3. Der Vertrieb muss günstige Lieferkonditionen aushandeln, andernfalls macht die Firma kein gutes Geschäft. • Der Vertrieb muss günstige Lieferkonditionen aushandeln, die Firma macht andernfalls kein gutes Geschäft. • 4. Die Pumpe muss schnell in Namibia sein, andernfalls gibt es Verzögerungen beim Bergbau. • Die Pumpe muss schnell in Namibia sein, es gibt andernfalls Verzögerungen beim Bergbau.

6 2c • 3a • 4b

7 *Mögliche Lösung:* 1. Verpackung: Container. • Transportweg ist der Seeweg: Per LKW zum Hafen (z.B. Hamburg / Bremerhaven / Rotterdam), dann mit dem Schiff nach Hongkong. Von dort per LKW / Schiene zum Bestimmungsort. • Lieferbedingungen: FOB / CIF. • 3. Lieferweg und Lieferbedingungen sind für den Verkäufer am günstigsten.

19C Geliefert, aber …

1a Passende Präpositionen / Konnektoren: 2. Binnen • 3. Gemäß • 4. sofern • 5. andernfalls • 6. entsprechend • 7. Entsprechend • 8. Innerhalb

1b 3. Gemäß nachträglich getroffener Vereinbarung zwischen den Vertragspartnern zahlt der Käufer die Entsorgung der Verpackung. • 6. Entsprechend Lieferkonditionen übernehmen Sie die Risiken des Transports. • 7. Entsprechend mündlicher Vereinbarung der beiden Vertragspartner vom 12.12.2017 zum Vertrag zahlt der Käufer die Versicherungskosten.

2 Markierungen: Wir müssen diese Fehllieferung dringend heute noch korrigieren! • Der Vertrieb muss die korrekte Lieferung noch heute auf den Weg bringen, wir verärgern den Kunden sonst noch mehr. • Wenn alles erledigt ist, müssen wir analysieren – das ist nötig und sehr wichtig!!! – warum der Fehler passieren konnte, damit so etwas in Zukunft nicht noch einmal vorkommt.
Sätze: Wir müssen diese Fehllieferung unbedingt heute noch korrigieren! • Der Vertrieb muss die korrekte Lieferung unbedingt noch heute auf den Weg bringen, wir verärgern den Kunden sonst noch mehr. • Wenn alles erledigt ist, müssen wir unbedingt analysieren, warum der Fehler passieren konnte, damit so etwas in Zukunft nicht noch einmal vorkommt.

3a 2. … wir dem Kunden bis 18:00 Uhr geantwortet haben. • 3. …Tatjana und Sven bis morgen mit dem Kunden alles geklärt haben. • 4. … der Vertrieb das Problem bis morgen aus der Welt geschafft hat. • 5. … der Versand die Nachlieferung bis morgen Abend verschickt hat. • 6. … die Sendung bis spätestens übermorgen beim Kunden eingegangen ist.

3b 2. Die Mitarbeiter müssen dem Kunden bis 18:00 Uhr geantwortet haben. • 3. Tatjana und Sven müssen bis morgen mit dem Kunden alles geklärt haben. • 4. Der Vertrieb muss das Problem bis morgen aus der Welt geschafft haben. • 5. Die Mitarbeiter müssen die Nachlieferung bis morgen Abend verschickt haben. • 6. Die Sendung muss bis spätestens übermorgen beim Kunden eingegangen sein.

19D Beschwichtigung

1a *Mögliche Lösungen:* Manche Redemittel passen zweimal. 1. **sich entschuldigen:** Wir bedauern das. • Wir können uns nur entschuldigen. • Die Schuld … liegt bei uns. • 2. **Verständnis äußern:** Ich verstehe Ihr Problem. • Sie sind zu Recht verärgert. • Ich verstehe, dass Sie aufgebracht sind. • 3. **beschwichtigen:** Ich kümmere mich noch heute darum. • Das wird nicht wieder vorkommen. • Ich werde persönlich dafür sorgen, dass Ihnen der Ersatz mit allergrößter Eile zugestellt wird. • Morgen hat sich sicher alles geklärt. • 4. **Fehler benennen:** Durch den Stau / den Streik / die Wetterlage konnte die Ware nicht pünktlich ausgeliefert werden. • Da ist uns ein Fehler unterlaufen. • Da ist bei … / im … ein Fehler passiert. • Da wurde bei der Verpackung nicht gut gearbeitet. • 5. **Lösungsvorschlag machen:** Wir bieten Ihnen als Entschädigung beim nächsten Auftrag an: … • Wären Sie mit dieser Lösung / Entschädigung einverstanden? • Wir werden (gemeinsam) eine Lösung finden. • Ich kümmere mich noch heute darum. • Wäre das eine Lösung für Sie? • Ich werde persönlich dafür sorgen, dass Ihnen der Ersatz mit allergrößter Eile zugestellt wird.

2a 2f • 3f • 4r • 5r

2b 2c • 3b • 4a • 5c

Lektion 20

20A Zum Vorstellungsgespräch eingeladen

1a 2. erstellen • 3. analysieren • 4. definieren • 5. optimieren • 6. weiterentwickeln

1b 2. Ich bringe mehrjährige Berufserfahrung mit. • Ich habe mehrjährige Berufserfahrung. • 3. Ich kann sicher mit dem ERP-System umgehen. • Ich bin sicher im Umgang mit dem ERP-System. • 4. Ich besitze sehr gute Englischkenntnisse. • Ich verfüge über sehr gute Englischkenntnisse. • 5. Ich bin ein Teamplayer. • Ich sehe mich als Teamplayer.

1c 2. Ich kann die Umsatz- und Budgetplanung erstellen. • 3. Ich kann besonders gut die Umsatz- und Kostenentwicklung analysieren. • 4. Ich bin imstande, Optimierungsmaßnahmen zu definieren. • 5. Eine meiner Stärken ist, interne Prozesse zu optimieren. • 6. Ich bin in der Lage, vorhandene Controllinginstrumente weiterzuentwickeln.

1d 2D • 3B • 4H • 5F • 6A • 7E • 8G

1e *Mögliche Lösung:* 2. Können Sie mir Genaueres zu den flexiblen Arbeitszeiten sagen? • 3. Ich möchte gern wissen, was Sie unter einem innovativem Team verstehen? • 4. Was bedeutet leistungsrechte Entlohnung konkret für mich? • 5. Können Sie mir Genaueres zu dem abwechslungsreichen Aufgabengebiet sagen? • 6. Ich möchte gern wissen, was Sie unter einem etablierten Unternehmen verstehen? • 7. Flache Hierarchien – was heißt das konkret für mich? • 8. Können Sie mir Genaueres zu der vertraulichen Behandlung der Bewerbungsunterlagen sagen?

2 1. Das Unternehmen hat fünf Geschäftsbereiche: Es entwickelt Filtersysteme für Küche & Bad, produziert Haustechnik sowie Industrie- und Gebäudetechnik, Schwimmbadtechnik und Produkte für Hotellerie, Gastronomie. Zu seinen Produkten gehören neben Geräten zur Wasseraufbereitung beispielsweise auch Spültechnik und Wasserspender. Die BWT produziert außerdem Weichwasseranlagen, Kalk- und Heizungsschutz, sowie Dosiertechnik. • 2. Die BWT-Gruppe wurde 1990 gegründet. • 3. Die Produktionsstätten befinden sich in Mondsee in Österreich, Schriesheim in Deutschland, St. Denis in Frankreich und Aesch in der Schweiz. • 3. Preise haben der BWT Tischwasserfilter, der BWT Einhebelfilter, die BWT Weichwasseranlage AQA Perla und das Anti-Kalk-System BWT Quick & Clean gewonnen. Außerdem haben der Rondomat Duo, ein Wasserenthärter für die Industrie und der BWT Osmotron, eine Pharma-Wasser-Anlage, eine Auszeichnung bekommen.

3a 2b • 3a • 4b • 5d

3b 2. Ich muss den Termin leider verschieben. • 3. Würde ein anderer Termin vielleicht besser passen? • 4. Da sieht es bei mir schlecht aus. • 5. Ich halte den Termin am 25.7. um 9:00 Uhr fest. • 6. Ginge eventuell auch ein anderer Termin? • 7. Den Termin habe ich notiert. • 8. Wäre Ihnen ein anderer Tag lieber?

3c 1. **Termin absagen:** Ich muss den Termin leider verschieben. • Da sieht es bei mir schlecht aus. • 2. **nach alternativen Terminen fragen:** Würde ein anderer Termin vielleicht besser passen? • Ginge eventuell auch ein anderer Termin? • Wäre Ihnen ein anderer Tag lieber? • 3. **einen Termin festhalten:** Ich halte den Termin am 25.7. um 9:00 Uhr fest. • Den Termin habe ich notiert.

20B Gespräch vorbereiten

1a 2. abgelegt • 3. absolviert • 4. besucht • 5. erworben • 6. erstelle • 7. erstelle

1b *Mögliche Lösung:* 2. Studium • Prüfung • Kurs • 3. Übersicht • Präsentation • Angebot

1c 2. Ich bin für alle Aufgaben im Zusammenhang mit der Weiterbildung der Mitarbeiter/innen zuständig. • 3. Zu meinen Aufgaben gehören außerdem die Definition und Durchführung von Optimierungsmaßnahmen. • 4. Der Schwerpunkt meiner Tätigkeit ist der Aufbau einer Datenbank zum Wissensmanagement. • 5. Ich bringe mehrjährige Erfahrungen im Bereich der Personalentwicklung mit. • 6. Eine meiner Stärken ist meine Konfliktlösungskompetenz. • 7. Mir liegt die individuelle und nachhaltige Entwicklung von Lösungen sehr.

1d 1. **Über die eigene Ausbildung und Berufserfahrungen sprechen:** 20.. habe ich mein Studium in … / meine Ausbildung als … mit Erfolg abgeschlossen. • Schwerpunkte meiner Ausbildung / meines Studiums waren … • Ein Erfolg war für mich … • Ich habe … • So habe ich 20… als … gearbeitet. • Deshalb gelang es dem Unternehmen … • 2. **Wichtige Qualifikationen und Stärken betonen:** Eine meiner Stärken ist …, deshalb … • Eine weitere wichtige Qualifikation ist … • … liegt mir sehr, deshalb arbeite ich gern im Bereich … / als … • Die ausgeschriebene Stelle interessiert mich, weil ich viele Erfahrungen in … mitbringe. • 3. **Über berufliche Ziele sprechen:** Ich möchte gern … -erfahrungen einbringen und mein/e Kenntnisse in … weiterentwickeln. •

Insbesondere interessiert mich auch … • In 5 Jahren möchte ich gern … sein / als … arbeiten.

1e 2. Nachdem ich erste Berufserfahrung in einem mittelständischen Betrieb gesammelt hatte, habe ich Betriebswirtschaft an der Universität Madrid studiert. • 3. Noch bevor ich mein Studium erfolgreich abgeschlossen habe, habe ich bereits eine neue Stelle in der Personalabteilung eines großen Konzerns gefunden. • 4. Nachdem ich zwei Jahre als Mitarbeiterin der Personalabteilung tätig gewesen war, habe ich eine Weiterbildung im Bereich Wissensmanagement absolviert. • 5. Während ich die Weiterbildung besucht habe, habe ich eine Leitungsstelle im Unternehmen übernommen. • 6. Bevor ich mich sich auf diese Stelle beworben habe, habe ich mich intensiv mit meiner beruflichen Entwicklung und meinen eigenen Zielen beschäftigt.

20C Das Vorstellungsgespräch

1 2E • 3A • 4B • 5C • 6D

2a 2a • Tipps: 1, 2, 5 • 3b • Tipps: 3, 6 • 4a • Tipp: 8 • 5a • Tipps: 5, 6 • 6b • Tipps: 5, 1 • 7a • Tipp: 4 • 8b • Tipp: 7

2b 2. Da ich fließend Spanisch spreche und außerdem bereits Erfahrung im Controlling mitbringe, bin ich sicherlich eine Bereicherung für das Team. • 3. Ich habe bereits erste Projektmanagementerfahrung gesammelt, deshalb kann ich mir vorstellen, die Teamleitung zu übernehmen. • 4. Aufgrund meiner mehrjährigen Berufserfahrung und umfassenden Qualifikationen erfülle ich alle Voraussetzungen für die Stelle. • 5. Da ich bei der Projektplanung schnell und gründlich arbeite, habe ich von meinem Chef viel Lob bekommen.

3 2. betreut • 3. Rahmen • 4. ausbauen • 5. eingearbeitet • 6. reizen • 7. Beweggrund

4a 1. **Geräusche:** Es hat geklopft. • 2. **Thema:** Heute geht es um die Weiterbildung im Job. • Es handelt sich um das neue Konzept. • 3. **persönliches Empfinden:** Es geht mir gut. • Es freut mich, dass du kommst. • Es ärgert mich, dass er oft fehlt. • 4. **Zeit:** Dafür ist es jetzt zu spät. • Es ist noch zu früh. • 5. **Wetter:** Es schneit schon die ganze Woche. • Es hagelt.

4b 2. Es ist wünschenswert, einen Tag im Home Office zu arbeiten. • 3. Ich kann gerne prüfen, ob es entsprechende Schreibtrainings gibt. • 4. Es ist sehr hilfreich, während der Einarbeitung einen persönlichen Ansprechpartner zu haben. • 5. Wir wollen noch klären, ob es sich um einen sinnvollen Projektplan handelt.

4c 2. Einen Tag im Home Office zu arbeiten, ist wünschenswert. • 3. Ob es entsprechende Schreibtrainings gibt, kann ich gerne prüfen. 4. Während der Einarbeitung einen persönlichen Ansprechpartner zu haben, ist sehr hilfreich. • 5. Ob es sich um einen sinnvollen Projektplan handelt, wollen wir noch klären.

20D Außerdem wissenswert

1a 2b • 3c • 4a • 5d • 6b

1b 2b • 3a • 4d

1c 1c • 2a • 3d

Im Folgenden finden Sie die Transkriptionen der Hörtexte im Übungsbuch, die weder dort noch in den Lösungen abgedruckt sind.

Lektion 1

▶ 2|36 *Moderator:* Guten Tag, meine Damen und Herren. Willkommen zur Sendung „Besser selbstständig als angestellt". Wir haben eine Umfrage zum Thema gemacht. Hören Sie nun, was unsere Interviewpartner gesagt haben.
Sprecherin: Isa Holm-Witt, Besitzerin eines Cafés
Isa Hom-Witt: Früher war ich in einer Konditorei angestellt. Da habe ich an der Theke im Verkauf und im Café gearbeitet. Das war oft sehr anstrengend und ich habe nicht viel verdient. Außerdem hat mir die Atmosphäre dort nicht gut gefallen. Ich war nicht glücklich! Und lange wusste ich keine Lösung. Aber dann hatte ich eine Idee: Ich konnte schon immer sehr gut backen und da dachte ich mir, warum machst du nicht ein Geschäft aus deinem Talent. Ich habe Fotos von vier Kuchen gemacht und Zettel in die Briefkästen in meiner Straße gesteckt. Na ja, am Anfang haben sich nur sehr wenige Leute gemeldet und Kuchen bestellt. Aber mit der Zeit kamen dann immer mehr Bestellungen. Ja, so hat es angefangen – heute habe ich mein eigenes kleines Café – es heißt „Isas Kaffee & Kuchen" und ist immer voll, aber bis dahin war es ein sehr langer Weg. Kommen Sie doch mal rein!

▶ 2|37 *Sprecherin:* Horst Lebach, Franchisenehmer
Horst Lebach: Ich bin Informatiker und Techniker und habe viele Jahre in einer kleinen Firma Computer repariert und Software installiert. Das wurde mir mit der Zeit sehr langweilig – immer vor dem Bildschirm! Ja, und mit dem Geld war es auch nicht so toll. Durch meine Arbeit habe ich aber viele Leute kennengelernt. Ein Kunde hat bei BackWerk gearbeitet. Er war immer sehr lustig und hat viel erzählt. Zuerst dachte ich, dass er dort angestellt ist. Aber dann hat er gesagt, dass er der Chef dort ist und hat mir das Franchise-System erklärt. Ich habe mir das bei ihm angesehen und fand das sehr interessant. Dann habe ich mit den Leuten von BackWerk gesprochen, die zuständig für neue Partner sind. Ich hab' mich um einen Kredit gekümmert und so weiter und bin Partner geworden. Und nun bin ich selbstständig. Aber ich weiß nicht, ob ich es schaffe. Es ist nicht einfach! Vielleicht arbeite ich besser wieder als Informatiker.

▶ 2|38 *Sprecherin:* Lara Bäcker, Texterin
Lara Bäcker: Ich habe Germanistik studiert – das hat mir immer Spaß gemacht – und ich habe einen sehr guten Abschluss. Aber ich habe keine Arbeit gefunden, die mir gefallen hat. Da kam mir die Idee mit der Selbstständigkeit: Im Studium habe ich gemerkt, dass viele Leute Probleme haben, wenn sie Texte schreiben. Ich fand das gar nicht schwer und konnte schon immer gut und schnell schreiben. Deshalb dachte ich, warum machst du das nicht zum Beruf? Jetzt schreibe ich Texte im Auftrag von privaten Kunden, aber auch von Firmenkunden. Ich arbeite sogar regelmäßig für einige große Firmen. Für die korrigiere ich die Geschäftsberichte. Das mache ich am liebsten, aber leider bekomme ich von den Firmen nicht genug Aufträge und so muss ich manchmal schon auch Aufgaben übernehmen, die ich nicht so gerne mache, z. B. Reden schreiben, für Familienfeiern. Denn ohne so etwas, verdiene ich leider nicht genug.

Lektion 3

▶ 2|40 *Sprecherin:* Gespräch 1
Leiter eines Gründerseminars: Und warum besuchen Sie das Gründerseminar, Herr Solms?
Herr Solms: Ich habe eine sehr gute Geschäftsidee und brauche Beratung.
Leiter eines Gründerseminars: Und in welchem Bereich brauchen Sie Beratung?
Herr Solms: Naja, eine Idee ist nicht alles. Es gibt auch noch den Finanzplan, da brauche ich Hilfe: Reichen meine 12.000 Euro? Die Ladenmiete kostet schon 882 Euro jeden Monat. Und: Ist meine Marketingstrategie richtig? Stimmt meine Vertriebsstrategie? – Das sind Fragen, die mir wichtig sind.

▶ 2|41 *Sprecherin:* Gespräch 2
Seminarteilnehmer: Sagen Sie, Frau Markel, warum haben Sie sich eigentlich selbstständig gemacht und eine eigene Firma gegründet? Waren Sie unglücklich in Ihrem Job?
Frau Markel: Nein, nein, das war nicht das Problem, sondern ich hatte gar keine Arbeit. Das war der Grund. Und außerdem hatte ich eine super Geschäftsidee und hatte etwas Geld geerbt. Eine eigene Firma war schon immer mein Traum.
Seminarteilnehmer: Und, sind Sie mit Ihrer Entscheidung zufrieden?
Frau Markel: Ja, absolut, als Chefin bin ich mit mir nicht immer zufrieden, aber meine Firma läuft gut.

▶ 2|42 *Sprecherin:* Gespräch 3
Dozent: Liebe Gründerinnen und Gründer, ich freue mich, dass Sie gekommen sind. In den nächsten zwei Stunden sprechen wir über Marketing, Werbung und Vertrieb. Nach der Pause beschäftigen wir uns mit den Themen Finanzierung, Startkapital, Kredit und so weiter. Zu diesem Themenkomplex „Geld" gehört natürlich auch das Thema „Steuern", aber Steuern behandeln wir nicht heute Nachmittag, sondern morgen Vormittag. Und morgen Nachmittag sehe ich mir Ihre individuellen Geschäftsideen an.

▶ 2|43 *Sprecherin:* Gespräch 4
Interviewer: Es gibt spezielle Existenzgründerseminare nur für Frauen, Frau Dr. Dreyer, warum ist das so? Gibt es da wirklich Bedarf?
Frau Dr. Dreyer: Ja, absolut. Gründerinnen haben andere Probleme als Gründer. Sie brauchen eine spezielle Beratung.
Interviewer: Können Sie uns ein Beispiel sagen?
Frau Dr. Dreyer: Frauen sind oft sehr vorsichtig und unsicher. Sie brauchen daher mehr Unterstützung. Außerdem müssen viele Gründerinnen lernen, sich zu vernetzen. Deshalb ist der Kontakt zu anderen Unternehmerinnen sehr wichtig. Das Wissen über finanzielle Fördermöglichkeiten ist auch immer ein ganz großes Thema.

▶ 2|44 *Sprecher:* 1. ökologisch – ökologisch produzieren – Ökoprodukte sind beliebt.
Sprecherin: 2. allgemein – Ärztin für allgemeine Medizin – Sie ist Allgemeinärztin mit eigener Praxis.
Sprecher: 3. einzeln – einzeln unternehmen – Ein Einzelunternehmer ist oft Freiberufler.

Lektion 6

▶ 2|48 *Sprecher:* 1. offen
Sprecherin: 2. hoffen
Sprecher: 3. halt
Sprecherin: 4. alt
Sprecher: 5. Ecke
Sprecherin: 6. Hecke
Sprecher: 7. alle
Sprecherin: 8. als
Sprecher: 9. Halle
Sprecherin: 10. Hals
Sprecher: 11. Hier her!
Sprecherin: 12. Eis
Sprecher: 13. heiß
Sprecherin: 14. hören
Sprecher: 15. Ohren
Sprecherin: 16. Hört er?

▶ 2|49 *Sprecher:* 1. Hannah Herz zahlt die Hälfte der Auftragssumme.
Sprecherin: 2. Herr Unger bedankt sich herzlich für die Anfrage.
Sprecher: 3. Die Handwerker haben heute die Rohmontage beendet.
Sprecherin: 4. Der Händler muss 24 Monate Gewährleistung auf neue Waren geben.
Sprecher: 5. Er haftet für Mängel, die die Ware schon beim Kauf hatte.
Sprecherin: 6. Hersteller bieten häufig eine Garantieverlängerung an.

Lektion 18

▶ 4|43 *Sprecherin:* Gespräch 1
Standmitarbeiter 1: Ach, Herr Klein, bevor ich ins Hotel zurückfahre, noch eine Frage: Wo bekomme ich einen Ausweis für den Messeparkplatz? Heute habe ich auf eigene Kosten geparkt.
Standmitarbeiter 2: Das wird leider auch an den kommenden Tagen nötig sein. Die Messegesellschaft hat uns viel zu wenige Parkplätze gegeben.
Standmitarbeiter 1: Das gibt es doch nicht! Kann man da gar nichts machen?
Standmitarbeiter 2: Nicht viel. Am besten Sie lassen das Auto auf dem Hotelparkplatz stehen und kommen wie ich mit der Straßenbahn.

▶ 4|44 *Sprecherin:* Gespräch 2
Standmitarbeiterin 1: Sag mal, Silke. Ich habe gerade auf dem Dienstplan gesehen, dass ich am Samstag für den Nachmittag eingeteilt bin.
Standmitarbeiterin 2: Da hast du es ja gut. Du musst dann ja nicht so früh raus, wie ich.
Standmitarbeiterin 1: Stimmt, aber mein Freund feiert am Samstagabend seine Geburtstagsparty. Da wär' ich gern dabei. Würdest du mit mir den Standdienst tauschen?
Standmitarbeiterin 2: Du, Nicole, das können wir gerne machen. Am Nachmittag ist bestimmt auch nicht mehr so viel los wie am Vormittag.

▶ 4|45 *Sprecherin:* Gespräch 3
Geschäftsführer: Im Anschluss an die Vorbesprechung gibt Herr Gillen Ihnen Ihr persönliches Tablet. Auf dem Gerät finden Sie alle Unterlagen zur diesjährigen Messepräsentation. Besonders hinweisen möchte ich Sie auf die Datei mit den Verkaufsargumenten und den Hinweisen zur Gesprächsführung. Was auch noch wichtig ist – auf unserem Stand haben wir WLAN, sodass Sie bei Bedarf auch in unserem Gesamtkatalog nachsehen können.

▶ 4|46 *Sprecherin:* Gespräch 4
Geschäftsführerin: Na, das sieht doch alles sehr schön aus. Da liegen wir mit dem Aufbau ja voll im Zeitplan.
Techniker: Ich muss nur noch die obere Reihe Leuchten anschließen.
Geschäftsführerin: Ach, ja, da oben leuchtet noch nichts.
Techniker: Das liegt daran, dass statt der im Plan vorgesehenen 10 nur 5 Stromanschlüsse vorhanden sind.
Geschäftsführerin: Na toll. Ist das nicht herrlich! Jedes Jahr eine neue Überraschung.